本书为社科基金一般项目"自然之债在债法体系中的地位研究"（项目号：12BFX078）之研究成果

李永军◎著

自然之债论纲
——源流、规范体系与效力

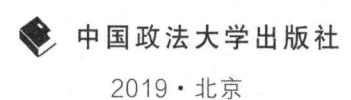

中国政法大学出版社

2019·北京

声　明　1. 版权所有，侵权必究。
　　　　2. 如有缺页、倒装问题，由出版社负责退换。

图书在版编目（CIP）数据

自然之债论纲:源流、规范体系与效力/李永军著.—北京：中国政法大学出版社，2019.2
ISBN 978-7-5620-8830-1

Ⅰ.①自… Ⅱ.①李… Ⅲ.①债权法－研究　Ⅳ.①D913.304

中国版本图书馆CIP数据核字(2019)第036114号

出版者	中国政法大学出版社
地　址	北京市海淀区西土城路25号
邮　箱	fadapress@163.com
网　址	http://www.cuplpress.com（网络实名：中国政法大学出版社）
电　话	010-58908435（第一编辑部）　58908334（邮购部）
承　印	北京中科印刷有限公司
开　本	880mm×1230mm　1/32
印　张	9
印　数	1～3000
字　数	218千字
版　次	2019年2月第1版
印　次	2019年2月第1次印刷
定　价	66.00元

序

在编纂民法典的今天,有些概念和制度需要特别研究。"自然之债"实际上就是一个在我国民法理论、立法和司法实践中特别需要提出、澄清的重要问题。我之所以研究这一问题,是因为在长期对于债法体系思考的过程中,"自然之债"始终难以厘清,而我国几乎没有可以查到的资料。因此,我下决心来解决这一问题。

在民法上,"自然之债"的概念是最不确定和最具争议的问题之一,直到今日,各国的学理及立法、判例对自然之债的认识尚不一致。而在我国的立法、教学和研究中,自然之债是一个不被重视,甚至是被遗忘的问题。但它在罗马法上是一个极其重要的概念,继承罗马法传统和体系的国家,也大多都对其十分重视。因此,法国、德国、意大利等国家的立法和学理、司法都十分重视自然之债。"自然之债"中具有学术价值和实践价值且有争议的问题很多:"自然之债"是如何产生的以及为什么会产生？"自然之债"对应的概念是什么？没有"责任"的债还是"债"吗？债务人本可以拒绝履行却在明知的情况下自动履行，为什么不是赠与？即使在不知的情况下，一旦履行或者承诺履行为什么不能返还或者必须履行承诺？这是一个逻辑问题还是价值问题？也就是说，债务人的自动履行或者承诺履行是激活了自然之债的责任效力还是法律基于公平的衡量如此规定？"自然之债"除了不能通过诉讼成功获得满足以外，是否能够成为其他法律行为的依据（如抵销、转让等）？判断一项义务是否为"自然之债"的法律标准是什么？"自然之债"真的是游离于法律和社会之间的灰色地带吗？如果以上问题不能解释清楚，那么，债权体系就难以完整和清楚，赠与和不当得利的基本原理就要受到挑战。因此，对"自然之债"的考证意义重大。

  罗马法上，由于其特殊的政治制度，导致了许多"自然之债"，因此，法学家对自然之债的认识也最为宽泛：不拥有诉权或者不能要求强制执行的债，为自然之债。由于政治文明的进步，不拥有诉权的自然之债退出了人们的视野，因此，当今意大利学者根据其民法典的规定给自然之债所下的定义是：债权人不能通过诉讼获得清偿，并且在债务人违反给付义务时也不产生任何法律后果的债，因此，将引起自然之债的原因概括为宗教、道德及单纯的社会规范所引发的非法律义务。但这种过窄的限制，即使意大利的学者也有不赞同者。事实是：当今世界各国立法和判例实际存在的自然之债也超出意大利学者定义的上述范围，因而，该定义难以成为普遍认同的概念。例如，《荷兰民法典》第六编第1条就规定："有下列情形的债为自然之债：a. 因法律或者法律行为丧失可强制执行性；b. 一方对另一方负有不可推卸的道德义务，尽管在法律上不可强制执行，但按照一般观念应认为另一方有权获得该项给付的履行。"法国民法承认这一观念，不仅《法国民法典》第1235条有明确规定，判例和学说也支持这种观点。但学说上存在很大的争议：自然之债难道已经具有民事之债的本质？二者之间仅仅以缺乏强制性来区分？或者自然之债与民事债务在根本上就不同？在德国，《德国民法典》并没有直接规定"自然之债"，但相当于自然之债的规则在关于债的效力及不当得利的有关部分进行规定，而在德国学者的著作中，也多将自然之债作为"不完全债权"来论述，认为其是排除了债务或者排除了可诉请履行性的债权，这些根据法律规定不完全有效的债务关系，我们称之为自然债务。例如，德国学者认为，所谓不完全债务，指的是在诉讼上无法执行的债务，但可以自愿履行。对此，相关术语的使用并不统一（也可称为自然债务或者自然之债）。自然之债是"债法上的给付义务关系，这种义务关系无法单方通过法律上的强制手段执行"。在日本，旧民法有明确规定，而现行民法典没有明确规定，但学说上以"肯定说"为主流，判例对此也予以承认。在我国，"自然之债"这一概念在学理上是被承认的，但学术研究并不重视，甚至在民法典的起草过程中，各个学者的草案版本都没有提到这一问题。但随着《最高人民法院关于审理民间借贷案件适用法律若干问题的规定》的颁布施行，自然之债终于得到了司法判例的承认。然而，由于对自然之债的学术研究不够深入，对自然之债规则的讨论仍欠缺统一认识。

  我认为：自然之债是指缺乏法定之债的债因，不产生法定义务，故不能经由诉讼获得满足，但债务人自愿履行的，不得请求不当得利返还的债。也就是说，自然之债的债权人可以起诉债务人，但法院是不可能判决对债务人进行强制执行的。债务人自愿履行或者承诺履行的，债权人即可保有给付或者因债务人的承诺获得强制执行力而不视为不当得利。同时，我赞成使用"自然之债"的概念，相比使用"不完全债务"，"自然之债"更加贴切和更具涵摄性，使其与非债、赠与、不当得利和无因管理区别开来，使得民法体系更加清晰。在"债"之前加上"自然"二字，虽然从其产生和渊源来看，是非常合适的，但是，有下列原因引起了其性质存在争议的可能性：①自然之债既然被冠以"债"，那么它与"债"肯定具有某种内在的联系，就如虽然我们都知道"准契约"不是契约，但它确实与契约有着某种必然的联系一样；②自然之债的债因与一般民事债的债因是不同的，因此，不能与民事债具有同样的效力，自然债的这些义务类型都是不被民法纳入自己调整范围内的"法外空间"义务，与民法调整的民事权利义务是不同的；③有的国家的民法典（如《德国民法典》）直接用"不完全债权"称呼之，说明其具有某些条件就可以成为民法上的债，因此，这种联系是必然的。

一般来说，债都是有"债因"的，自然之债的"债因"是什么？自然之债的债因与一般债的债因之区别是什么？在私法体系中，私人行为无论是想获得债法上的效果，还是想获得物权法上的效果，均需要得到法律的认可，但是，并非所有的私人行为都会得到法律的认可。在考虑是否认可私人行为，进而赋予这些私人行为以法律效力时，实际上存在一个评价与筛选的机制。被法律纳入这一机制中的因素众多，例如，法律行为的无效因素与可撤销因素等，但是，有一种因素是这一机制中不可或缺的，它既反映交易本质，又决定交易效果，它就是"债因"。也就是说，一个法律行为除了无效及可撤销的因素外，还有一种限制私人自治的因素——债因，也就是《法国民法典》第1108条规定的"原因"。但是，如果我们认为债因或者原因仅仅是大陆法系国家的专利，那就大错特错了。其实，债因或者原因在各个国家或者地区的民事法律上都有体现，只是表现形式不尽相同：在法国被称为"原因"，在英美法系国家被称为"约因"，德国学理与立法上众所周知的"有因"与"无因"之中的"因"，其实就是指"原因"，只有在债的关系中才要求有"原因"，称为"债因"。同时，在债的关系中，还有一种起到矫正功能的原因的表现形式——无法律承认的原因时，受损害的一方可以请求返还。也就是说，不当得利制度的构造及规范功能就在于从另一方面来确认或者矫正无原因给付的问题。

"债因"之所以重要，还在于它是确认法律义务、道德义务以及社会义务的标准，从而确定民法上的债、自然债务以及非债的界限，并且是确定各种不同合同种类的标准。例如，如果一种社会生活关系十分重要，立法就会确认其为法律关系，从而纳入自己的涵摄范围内；如果有些社会关系不十分重要，就可以留给道德或者宗教去调整，从而不上升为法律关系。因此，总体上而言，民法上的法定之债与自然之债的区别在于债因不同。另外，不同的债因，也决定不同种类的合同，例如，买卖合同的债因是金钱与货物；互易合同的债因为物与物；租赁合同的债因是金钱与使用权；等等。如果这样来解释"债因"，容易造成"债因"与"合同标的"的混淆。请千万不要混淆这两个概念，它们是不同的：债因仅仅关注宏观的东西，即所有买卖合同的主要特征就是一方交付货物、对方交付金钱，但它不关注交付具体何种货物和金钱，只要这种表现形式是买卖合同。而标的是具体的，甚至每一个合同的标的都是具体的、是不同的。例如，毒品买卖合同，其债因是存在的，但标的不合法，因而是无效的。

"债因"从历史上看，实际上是民法（具体就是债法）调整的社会关系的范畴,也即哪些社会关系应纳入民法债的规范范围内的问题。那些不被民法债法规范纳入其调整范围内的社会关系就不具备"债因",从而在民法上不具备债的效力。也正是在这一意义上,债因与自然之债有了本质的联系,正是债因将自然之债与一般民事债(法定之债)相区别:民事债是具备民法债法所承认的债因的,例如,因合同所生之债、因侵权所生之债、因无因管理所生之债、因不当得利所产之债、因缔约过失所生之债等,因这些事实所发生的特定人与特定人之间的权利义务关系为民法上的债的原因,从而被定性为"法定之债"。而"自然之债"虽然也具有债因,但其债因却与民事债不同:其所反映的社会关系恰恰是民法债法所不承认纳入自己调整范围的社会关系,也即非民事债的法律关系,而是在民事债的法律关系之外的"次民事债之法律关系",民法不承认其具备实现的保护力,也不一般地承认其具有民法上的效力,因而表现出来的就是不具备民法上的请求权的全部要素,故德国民法及我国台湾地区"民法"称之为"不完全债"。因此,正常情况下,它被排斥在民法救济的大门之外。但由于这些自然之债也是有"债因"的,故一旦履行就不得反悔,所以,民法虽然不保护其实现,但却拒绝反悔。因为义务人实际上对债权人是负有义务的,只不过,这些义务难以上升到民事权利义务的高度,对社会并不具有极其重要的意义和价值,故将其放逐到"民事法律关系之外",但一旦履行,即不得反悔。就如德国学者所言,自然债务满足了法律义务的所有前提要件,自然债务涉及的是人与人之间的关系,其内容决定了这种债务是无法拒绝的。自然债务向其权利人提供了对履行的一项相对主观权利,民法债务和自然债务的义务地位是相同的,自然债务作为一种法律义务,其缺乏强制执行权限和自愿履行之间并不冲突。

和民事债务一样,自然债务也存在所谓的客观上的债务原因。可以看到,自然之债只具有一般民事债的某个效力:履行后的保有之正当性。只有在这里与民法规范有关,其他则与民法规范无关。并且,从这里将其与"不当得利"相区别。同时,也将其与"赠与"相区别,从而不适用赠与的规则。因为,一旦将其视为赠与,则义务人的许多抗辩将会对自然之债的债权人不利。

综观大陆法系具有代表性的民法典,其立法模式大概可以分为两种:一是德国式的(间接规定,以不完全债权替代);二是法国与意大利式的(直接规定)。德国民法典的模式是:不明确规定自然债务,也没有一般性的规定,而是在具体制度中个别处理。虽然从《德国民法典》的第二编(债务关系法)之第四章(各种债务关系)的第19节"不完全债务"(第762~764条)看,似乎是对"不完全债务"作出一个概括性规定,但实际上却不是这样的,实际上是对赌博、打赌和射幸合同等具体问题的规定,而不是一般性规定。另外,通过《德国民法典》第214条第2款、第814条对具体的自然债务作出个别化处理。我国台湾地区现行的"民法"体系就是德国式的。

《法国民法典》及《意大利民法典》的模式是"一般规定+具体的个别化处理"模式,即首先规定一个关于"自然债务"的概括条款,然后再在具体条文中规定个别化处理的规则。《法国民法典》第1235条第1款规定:"清偿必须以债务为前提,无债务而清偿者,得请求返还。"该条第2款规定:"对于自然债务作自愿清偿者,不得请求返还。"这里实际上指出了两点:①自然债务不是民法上的债务;②即使对于这种不是民法上债务的自然债务,一旦自愿清偿即不得请求返还。从《法国民法典》的总体结构来看,第1235条所在的位置,大概相当于"债法总论"的位置。在第 1965～1967 条的"射幸契约"中又有具体的个别化处理。从《法国民法典》的结构看，其位置相当于债法分论。

我国的各种立法中，虽然没有直接规定"自然债务"或者"自然之债"，但民法教科书上都有介绍，学者与法官都能够接受这种概念。我国有的学者在民法典建议稿中，已经明确规定了这一概念，例如，徐国栋教授在其《绿色民法典草案》中就已经明确了自然债，并且有些条文具有开创性意义。因此，我国民法典采取法国式的模式更合适。另外，我国社会生活中也实际存在着"自然之债"，例如：①经过诉讼时效期间的债务经过债务人抗辩后；②民间借贷中的限制性利息：在 24%～36% 之间的利息；③赌债——存在争议，但像在民间大量存在的"打麻将带彩"等民间娱乐性的数额较小的赌债是否都一律以违法认定无效，值得商榷；④因限定继承而发生的债务；⑤因婚姻家庭或者同居关系而发生的义务；⑥破产程序终结后免责的债务；⑦判决或者裁决后确定的债权超过了申请执行期间；等等。除此之外，还有很多介于社会与法律、道德之间的义务，也可以通过"自然债务"的方式予以缓和，例如，有因果关系但不构成法律上侵权行为的，"加害人"如果"良心发现"，可以通过自然之债来补偿，尽管受害人在法律上对"加害人"无请求权，但"加害人"一旦履行，就不能以受害人"不当得利"为由要求返还。

总之，自然之债是一种工具性概念，它描述和表达的是处于法定义务与社会、道德义务之间的一种"亚类义务"，用"自然"加"债"表明了这种义务的边缘性和跨域性（法律领域与社会道德领域）特征。因此，意大利学者说"自然之债不过是有财产性的社会债"，是有一定道理的。它具有下列属性：①自然债务的履行或者承诺履行不构成赠与，债务人仅是完成应付的义务；

②自然之债在各国法或者判例中都有实证的存在,其发生具有多元化特点,但其结果是统一的,即不得请求不当得利的返还;③对自然之债的认定,与其说具有统一的理论基础,倒不如说是掌握在法官手中的有权的灵活的工具,使他们能够在社会道德义务与法律义务之间找到平衡。

也许有人对于用"自然之债"这种表达和统领这些义务颇有微词,但除此之外,还有什么概念能够更确切地表达或者更合适用来表现这一灰色地带呢?我们最好能够借助于历史上形成的这样一种概念,赋予其较为确定的内涵,为我们的司法实践提供一种便利的工具来规范处在法律与社会之间的这些义务。更重要的是,如果民法典中没有关于自然债务的规范,民法典的债法体系是不完整的。

由于"自然之债"的问题性所限,本书不可能形成"鸿篇巨制",如果这一本"小册子"能够给诸位学界同仁和有兴趣的读者带来一点点有益的思考,那将是作者最大的荣幸。同时,由于本"成果"在我国学界算是有一点点"开创性研究"的样子,因此,错误在所难免,恳请学界同仁和广大读者给予批评指正。

李永军

2018 年 10 月 15 日

目　录

第一章
自然之债的概念及源流 ... 001

第一节　对研究论题的说明　｜　001
  一、关于自然之债的学术争议概述　｜　001
  二、研究的意义与问题　｜　009
第二节　自然之债的源头考察
　　　——罗马法上的自然之债　｜　011
  一、"自然之债"在罗马法上的考察　｜　011
  二、对罗马法上"自然之债"的小结　｜　042
第三节　自然之债的当代概念　｜　045
  一、当代自然之债与罗马法上的自然之债的根本区别　｜　045
  二、"自然之债"的当代定义　｜　050

第二章
自然之债的性质与效力 ... 054

第一节　自然之债的性质 | 054
　　一、关于自然之债性质的争论 | 054
　　二、对自然债务性质的评述及观点 | 059

第二节　自然债务的效力 | 064
　　一、自然之债的对应概念应是法定之债 | 064
　　二、自然之债是"债"吗？| 068
　　三、自然之债的效力 | 083
　　四、影响自然之债效力的其他因素 | 088
　　五、债务人的其他债权人对债务人承诺履行或者履行的撤销权 | 094

第三章
债法体系中的债因与自然之债 ... 098

第一节　概　述 | 098
　　一、私法体系中的债因概述 | 098
　　二、关于债因起源的简单说明 | 100

第二节　罗马法上的债因及其作用 | 105
　　一、罗马法上债产生的根据 | 106
　　二、契约、债、合意（协议）的关系 | 120
　　三、债因的概念 | 125
　　四、债因的作用 | 129

五、罗马法中的债因在"物债二分"的前提下的另外作用 | 134

　　六、小结 | 146

第三节　法国法上的原因 | 148

　　一、概述 | 148

　　二、原因的概念与发展 | 149

　　三、对法国法上原因的概念及其作用的评价 | 170

第四节　英美法上的约因 | 177

　　一、对约因问题的说明 | 177

　　二、约因理论创立的初因及在契约法上的作用 | 178

　　三、约因的发展与衰落以及对契约效力的影响 | 181

　　四、约因理论的衰亡 | 184

　　五、对约因的评价及约因的未来 | 190

　　六、与原因的比较性结论 | 194

第五节　德国法上的原因及其应用 | 195

　　一、概述 | 195

　　二、德国法上原因的概念 | 198

　　三、要因法律行为与不要因法律行为 | 201

第六节　对原因作用的总体评价及其与我国债法的关系 | 204

　　一、对原因作用的总体评价 | 204

　　二、原因与我国债法 | 208

第七节　原因或者债因与自然之债的关系 | 210

　　一、债因与法定之债及自然之债、非债的关系 | 210

　　二、债因在区别自然之债及赠与中的作用 | 212

　　三、债因与合同的正当原因的区别 | 215

第四章
自然之债与债法体系
——民法中应然与实然意义上的自然之债 ... 219

第一节 自然之债在现代债法中的意义及其价值 | 219
一、自然之债在民法中的价值之争与规范模式 | 219
二、对自然债务的意义及立法体例之我见 | 223

第二节 契约自由与自然之债
——自然债务可以通过约定产生吗？| 227
一、该问题的意义 | 227
二、理论说明与见解 | 229

第三节 自然之债与无因管理及不当得利的关系 | 238
一、自然之债与无因管理的关系 | 238
二、自然之债与不当得利的关系 | 243

第四节 自然之债的实证考察 | 245
一、概述 | 245
二、作为实证存在的自然之债 | 246
三、小结 | 263

第五节 对未来我国民法典中自然之债的设计思路 | 265
一、我国未来民法典规范自然之债的立法模式 | 265
二、结论 | 266

第一章　自然之债的概念及源流

第一节　对研究论题的说明

一、关于自然之债的学术争议概述

在民法上，自然之债的概念是最不确定和最具争议的问题之一，直到今日，各国的学理及立法、判例对自然之债的认识尚不一致。而在我国的立法、教学和研究中，自然之债甚至是一个不被重视的问题。但它在罗马法上是一个极其重要的概念，继承罗马法传统和体系的国家，也大多都对其十分重视。在罗马法上，由于其特殊的政治制度，导致了许多"自然之债"，因此，法学家对自然之债的认识也最为宽泛：不拥有诉权或者不能要求强制执行的债，为自然之债[1]。由于政治文明的进步，不拥有诉权的自然之债退出了人们的视野[2]，因此，当今意大利学者根据

---

〔1〕［意］彼德罗·彭梵得：《罗马法教科书》，黄风译，中国政法大学出版社1992年版，第299~305页。

〔2〕现在人们是否可以约定没有"诉权"之债？许多人对此持肯定的意见，如［日］我妻荣：《新订债权总论》，王燚译，中国法制出版社2008年版，第65页；［韩］崔吉子："教会奉献金与自然债务——韩国宗教赠与纠纷案评析"，载《法学》2004年第6期。但是，即使如此，也是现代法注重"意思自治"的结果，同罗马法意义上的"无诉权"有着本质上的区别。

其民法典的规定给自然之债所下的定义是：债权人不能通过诉讼获得清偿，并且在债务人违反给付义务时也不产生任何法律后果的债[1]。并且将引起自然之债的原因概括为宗教、道德及单纯的社会规范所引发的非法律义务[2]。但这种过窄的限制，即使意大利的学者也有不赞同者，认为民法典的限制过于狭窄。事实上，按照当今世界各国立法和判例实际存在的自然之债也超出意大利学者的上述范围，因而，难以成为普遍认同的概念。例如，《荷兰民法典》第六编第1条就规定："有下列情形的债为自然之债：a. 因法律或者法律行为丧失可强制执行性；b. 一方对另一方负有不可推卸的道德义务，尽管在法律上不可强制执行，但按照一般观念应认为另一方有权获得该项给付的履行。"法国民法承认这一观念，不仅《法国民法典》第1235条有明确规定，判例和学说也支持这种观点[3]。但学说上存在很大的争议：自然之债已经具有民事之债的本质，二者之间仅仅以缺乏强制性来区分？还是自然之债与民事债务在根本上就不同[4]？在德国，《德国民法典》并没有直接规定"自然之债"，但相当于自然之债的规则在关于债的效力及不当得利的有关部分进行规定，而在德国学者的著作中，也多将自然之债作为"不完全债权"来论述，认为是排除了债务或者排除了可诉请履行性的债权，这些根据法律

---

［1］［意］恺撒·米拉拜利："自然之债"，载杨振山主编：《罗马法·中国法与民法法典化》，中国政法大学出版社2001年版，第381页。

［2］［意］恺撒·米拉拜利："自然之债"，载杨振山主编：《罗马法·中国法与民法法典化》，中国政法大学出版社2001年版，第378、381页。

［3］［法］雅克·盖斯旦、吉勒·古博：《法国民法总论》，陈鹏等译，法律出版社2004年版，第673~699页；罗结珍译：《法国民法典》，法律出版社2005年版，第949页。

［4］David Deroussin, "Histoire du Droit des Obligation", *Economica*, 2007, pp. 68~69.

规定不完全有效的债务关系,我们称之为自然债务[1]。例如,德国学者认为,所谓不完全债务,指的是在诉讼上无法执行的债务,但可以自愿履行。对此,相关术语使用并不统一(也可称为自然债务或者自然之债)。自然之债是"债法上的给付义务关系,这种义务关系无法单方通过法律上的强制手段执行"[2]。在日本,旧民法有明确规定,而现行民法典没有明确规定,但学说上以肯定说为主流,判例对此也予以承认[3]。在我国,"自然之债"这一概念在学理上是被承认的,但学术研究并不重视,甚至在民法典的起草过程中,各个学者的草案版本都没有提到这一问题。但随着《最高人民法院关于审理民间借贷案件适用法律若干问题的规定》[4]的颁布施行,自然之债终于得到了司法判例的承认。虽然如此,但是,由于对自然之债的学术研究不够深入,对自然之债规则的讨论欠缺统一认识。

我国台湾地区"民法"基本效仿了德国的模式,在第180条中将基于道德的给付作为不当得利的特例,虽然无原因,但是给付后不必返还。在学说上,学者也多承认自然之债的存在,但关于具体什么是自然之债,却存在不同的认识和观点。

史尚宽先生认为,有责任无债务者,称为自然债务。对于自然债务,债权人不得以诉的方式请求强制履行,但如果债务人已为履行,则其履行有效,不得请求返还,例如,已罹消灭时效之

---

[1] [德]迪特尔·梅迪库斯:《德国债法总论》,杜景林、卢谌译,法律出版社2004年版,第19~23页、第407页。
[2] Jauernig/Mansel, 16. Aufl. 2015, BGB § 241 Rn. 20~22.
[3] [日]我妻荣:《新订债权总论》,王燚译,中国法制出版社2008年版,第61页。
[4] 2015年6月23日最高人民法院审判委员会第1655次会议通过,自2015年9月1日起施行。

债务，基于不法原因之债务，超过利息限制之利息债务，债权人于受有胜诉之终局判决后而撤回诉讼之债务，或由当事人约定成立无强制执行请求权（以不悖于公序良俗为限）之债务是也[1]。

林诚二教授则认为，一般学者依债务之效力为标准，将债务分为完全债务与不完全债务，前者指在法律上具有完全效力之债务，故又称为法定债务；后者指债务之履行与否，唯债务人之意思是视，法律不加干涉，通常是指自然债务，或者称为无责任债务。自然债务与无责任债务相区别，良以自然债务系指无诉权保护之债务，而无责任债务，则系债与责任分离之问题。从而无责任债务，在成文法上乃系肯定或者否定债权之问题，并非谓有责任之债务与无责任之债务系一种加减关系。债务既包含在责任之内，同时无责任之债务，其债权失去法律上之经济利益，而不得为让与之标的，则吾人依法之动的理论来分析，似应认定无责任之债务，应系非法律所承认之债务。既然无责任之债务在法的领域内不能认定为债务，其性质究竟为何？余以为，无责任之债务系一种道德领域内所表现之债务，自无债权可言，例如，父母对于子女嫁妆及生活费之约定、礼仪之约定等；反之，自然债务则仍然有债权存在，仅系债权与诉权分离而已，例如，消灭时效完成后的债务、超过利息限制的债务、赌额所生之债等[2]。

林诚二先生仍然坚持我国台湾地区的主流观点及立法体例，将自然之债作为一种不完全债务来看待，他指出：债务依效力可以区分为完全债务与不完全债务。完全债务是指依诉权请求法院

---

[1] 史尚宽：《债法总论》，荣泰印书馆1978年版，第3页。
[2] 林诚二：《债法总论新解（上册）》，瑞兴图书股份有限公司2010年版，第374～375页。

强制执行之债务。而不完全债务是指不能依诉权请求法院强制执行的债务。但依据我国台湾地区"民法"的规定，债权、请求权及诉权仍然存在，只是发生抗辩权而已。不完全债务的典型是自然债务，其特色如下：

（1）有债务存在，但经债务人抗辩后不能强制实现。

（2）依我国台湾地区"民法"的规定，仍可以诉权请求，但受到下列限制：①债务人得抗辩；②债务人若自愿履行，不得依民法之不当得利的规定请求返还，盖债权人之受领有债权之原因也；③若债务人承认或者提供担保，则不得拒绝履行，盖其抛弃时效利益也；④若债务人不抗辩，仍可作为抵销之标的；从发生根据看，自然之债可以根据法律规定而发生，也可以根据当事人约定而发生。法定自然债务主要是指我国台湾地区"民法"第180条规定的履行道德义务的给付及不法原因的给付、第205条规定的年利率超过20%的部分、第419条规定的赠与撤销后之返还、第573条规定的婚姻居间之报酬。约定的自然债务只要不违背公序良俗即可，但事实上鲜有发生[1]。

我国台湾地区学者黄立教授认为，不完全债务也被称为自然债务，《德国民法典》第762条规定的赌博及打赌等不能发生债务。但已为给付者，不得以债务不存在为理由，请求返还。这种债务因被法律规定任其自生自灭，所以也可以称为自然债务。我国台湾地区"民法"对这种债务虽然没有明文规定，但是应采相同立场。就这种法律关系，债权人不能请求给付，这种债权性质上欠缺了可诉性、可执行性及自力救济的机会，却依旧构成保有

---

〔1〕 林诚二：《债法总论新解（上册）》，瑞兴图书股份有限公司2010年版，第17页。

给付的原因。对于这种债权的处分仍予以肯定,唯债权原有的弱点不因移转而排除[1]。

我国台湾地区王泽鉴教授认为,自然债务系学术上之用语,非法律上之概念。其意义如何,学者基本见解相同,即认为,所谓自然债务,系指债权人有债权,而请求权已不完整,债权人请求给付时,债务人得拒绝给付。但如果债务人已为给付者,债权人得基于权利而受领,而非不当得利,债务人不得请求返还。所谓自然债务,包括:消灭时效完成后之债务、因不法原因而生之债务、基于道德上义务之债务。又有学者认为,自然债务依其效力之强弱,分为两类:一类为效力较强之自然债务。此种债务除不得强制执行外,其余均与一般债务无异,不但债务人任意清偿时,其清偿有效,即对之提供担保者,其担保也有效,如其在成为自然债务以前已附有担保者,于其成为自然债务后,尚得就其担保求偿,有时且得以抵销。另一类为效力较弱之自然债务,不得附以担保或者以契约承认,唯得于债务人清偿时,债权人得保持之,不必依不当得利之规定请求返还[2]。

我国台湾地区郑玉波教授则认为,债务以其效力为标准,可分为完全债务与不完全债务。所谓完全债务,乃在法律上具有完全效力的债务,此种债务,如不履行,则债权人得依诉权及强制

---

[1] 黄立:《民法债编总论》,元照出版有限公司2006年版,第9页。不过,黄立教授说"自然债务属于被法律规定任其自生自灭",恐怕与自然债务的确切的法律含义有别,容易引起误解。自然之债绝对不是在法律上自生自灭的东西。这种过分口语化的称呼,余认为似有不妥。

[2] 王泽鉴:《民法学说与判例研究(第二册)》,中国政法大学出版社1998年版,第125页。不过,在这里需要指出的是,王泽鉴先生说,对自然债务的认识"学者基本见解相同",根据我的考察,大概不是如此,争议好像还是很大,例如,赌债是否属于自然债务,就有不同认识,如黄立教授就认为其属于自然债务。

执行请求权，请求公权力之援助者。所谓不完全债务，即自然债务或者称为无责任之债务（注意：在这里，郑教授把不完全债务直接等同于自然债务或者无责任债务，与林诚二教授的观点很不相同），乃其履行与否，惟债务人之意思是视，亦即纯粹听其自然，法律不加以干涉者。申言之，此种债务尚债务人不履行时，债权人不得以诉权或者强制执行请求权，以强制其履行，然若债务人业已履行时，则其履行有效，不得依不当得利之规定请求返还。因而自然债务之履行与非债清偿应有区别。至于自然债务之性质如何，学说有认为系法律义务之贬降者，有认为系道德义务之异化者。自然债务之观念肇端于罗马法，盖罗马法上对于依契约成立有诉权保护之债权，本有限定，只有实践契约、言语契约、文书契约、承诺契约四种方可成立市民法上的债，因而自然债务的发生相当广泛。近代法因受自然法思想之影响，认为个人间之一切合意，皆当然地发生法律效力，而债务之履行，原则上均应由国家权力予以强制，于是自然债务之成立，乃形减少，不过仍非不认其存在。《法国民法典》第1235条有明文之规定，德国普通法上亦承认自然债务，但其现行民法典无明文，因而其学说认识不一，以肯定说为有力说。日本旧民法对于自然债务有详细规定，而现行民法无明文，学者间持肯定见解者有之，持否定见解者也有之。我国台湾地区"民法"对于自然债务是否承认，亦无明文，学者间多作肯定[1]。

我国台湾地区学者丘聪智先生认为，请求力固然为债之效力之主要内容，惟因特定事由存在，有时请求力减弱，有时甚而根本丧失。前者如消灭时效后之债权，后者如因给付赌债后对受领

---

[1] 郑玉波：《民法债编总论》，三民书局2002年版，第9~10页。

人之债权。由于此类债权之效力尚不完全，故学理上或称不完全债权或者自然债权（债务）。反之，其请求力尚有减弱或者丧失情事者，则为完全债权债务。请求力之不完全之债之关系，我国台湾地区文献，通常多从债务之角度通称为自然债务。债之请求权虽已实现，但其强制实现力有时亦会发生减弱或者丧失。有此情形，债权亦难称完全，盖其亦属难以强制实现。因此，性质上亦应归类于自然债务之范畴，例如，判决确定后而再逾消灭时效期间者，其债权人虽仍得申请执行，但债务人得提起异议之诉，阻碍强制执行程序之进行，终其结果，债权亦难以实现。由此，可知自然债务之概念，尚有类型之分。"欠缺请求力的债权＝自然债权"之思考模式，尚不足以严谨说明。自然债务有四个类型：A型为请求力欠缺型，例如，不法原因给付后所生之不当得利之债，有受领保持力；B型为请求力减弱型，例如，消灭时效后之债，其效力为具有请求力，但减弱；C型为强制实现力缺欠型，例如，原告于胜诉判决后撤回起诉，其效力为强制实现力欠缺；D型为强制执行力减弱型，例如，判决确定后再逾消灭时效期间，其效力为强制实现力减弱[1]。

至于自然之债与责任的关系，我国台湾地区学者丘聪智先生认为，依现代债法原理言之，债务人须以其可供执行之总财产（或称一般财产）担保债权之实现，是为无限责任。特殊情形，或仅仅以特定财产担保实现之责任，或以一定数额之财产负担保实现之责任，是为有限责任。前者称为物的有限责任，如物上保证人、船舶所有权人之责任；后者称为量上的责任，如有限责任公司及股份有限公司股东之责任。自然债务之债务人，毋庸以其

---

［1］ 邱聪智：《新订民法债编通则》，中国人民大学出版社2003年版，第6~7页。

财产担保债务之履行或者债权之实现，债务人为给付与否，端视债务人之意思而定，法律不得强制其实现。故从债务与责任之对应立场言之，自然债务亦称为无责任之债务。反之，完全债务则称为有责任之债务[1]。

可以看出，大部分我国台湾地区学者的态度与德国相同，是将"自然之债"作为"不完全债权"来论述的。这种认识显然与法国及意大利、荷兰等国家的自然之债不同，这也给我国台湾地区的学理和判例带来了争议：责任与债是什么关系？不法原因的给付是自然之债的清偿吗？因为因不法原因而产生的债根本就不是债，但自然之债却仍然是债。如果按照丘聪智先生的观点和划分方式，自然之债这一概念能否抽象出来？自然之债的"质的规定性"是什么？因为丘先生是从债的"三效力"——强制执行力、请求力和保持力来分析自然之债的，有些自然之债的强制执行力减弱，而请求力与保持力并没有发生变化，有些却根本缺乏前两种效力，这样一来，它们的共同之处是什么呢？

二、研究的意义与问题

从比较法的视角看，鲜有对"自然之债"的概念进行规定的，例如，1942年的《意大利民法典》用了整整一编对"债"进行了规定，但却未对债下定义，也没有涉及自然之债的任何定义。事实上，立法者更希望不为其下定义，正如在《法典说明》中所表述的那样，这是一个"纯理论问题"，如果法典为债下定义，那么就超出了立法者的权限范围，而这一界限却是应当严格

---

[1] 邱聪智：《新订民法债编通则》，中国人民大学出版社2003年版，第7~8页。

遵守的[1]。当然，不能说《意大利民法典》对自然之债没有规定，恰恰相反，《意大利民法典》第2034条对自然之债是有规定的，仅仅是说它没有对自然之债或者债的定义没有规定。法国民法典、智利民法典、我国澳门地区民法典等对自然之债都是有规定的，但它们对自然之债的质的规定性是否一致？我们可以从以下几个方面来考察自然之债的质的规定性：①自然之债的"债因"是什么？自然之债的债因与一般债的债因之区别是什么？②自然之债在法律上之效力是什么？或者说，民法在什么意义上保护自然债务及保护到什么程度？或者更直接地说，所谓的自然之债，在民法上根本就不是一种债的关系，仅仅是在债务人自愿偿还后才进入到法律领域（自愿偿还后不得要求返还），之前根本就不是法律领域内的事情？③自然之债真的与诉权有关系吗？其与责任是什么关系？

另外，"自然之债"在我国具有学术价值和实践价值且有争议的问题很多："自然之债"是如何产生的以及为什么会产生？"自然之债"对应的概念是什么？没有"责任"的债还是"债"吗？债务人本可以拒绝履行但却在明知的情况下自动履行为什么不是赠与？即使在不知道的情况下，一旦履行或者承诺履行为什么不能返还或者必须履行承诺？这是一个逻辑问题还是价值问题？也就是说，债务人的自动履行或者承诺履行是激活了自然之债的责任效力还是法律基于公平的衡量如此？"自然之债"除了不能通过诉讼成功获得满足以外，是否能够成为其他法律行为的依据（如抵销、转让等）？判断一项义务是否为"自然之债"的

---

[1] [意]恺撒·米拉拜利："自然之债"，载杨振山主编：《罗马法·中国法与民法法典化》，中国政法大学出版社2001年版，第381页。

法律标准是什么?"自然之债"真的是游离于法律和社会之间的灰色地带吗?

如果以上问题不能解释清楚,那么,债权体系就难以完整和清楚,赠与和不当得利的基本原理就要受到挑战。因此,对"自然之债"的考证意义重大。

第二节 自然之债的源头考察
——罗马法上的自然之债

一、"自然之债"在罗马法上的考察

(一)"自然之债"概念的由来

在古罗马法上,自然之债的观念是不存在的。法谚有云:无诉权即无债。正如大家所认为的一样,在帝国时期,也即从公元1世纪开始,自然之债才逐步发展出来。由此可见,自然之债并非拜占庭时期的产物,而是要等到帝政时期(Bas-Empire)才在以自然法作为先决条件的意义上发展出自然之债的理论。至迟到公元1世纪末的时候,一些古典法学家(如 Javolenus)开始主张:尽管欠缺权利能力会使其不能享有民事权利,但是奴隶仍然能够通过合同作为家庭成员之外的第三人身份而对家庭享有权利。此外,盖尤斯也是在关于奴隶通过合同所创设的债务这一问题上讨论自然之债的。自然之债是因为其不能被作为市民法上的债而予以对待,才被作为自然之债,与罗马大法官所创设的特有产之诉(action de)(该种诉讼允许债权人对于奴隶主在其允许奴隶所支配的特有财产范围内提起诉讼)或者依令之诉(aciton quod iussu)(该种诉讼允许针对奴隶主提起诉讼,只要该合同系该奴隶在奴隶主的指令下所签订的)一道取得独立的法律地位。

后来，人们甚至认为他同样可以在自然法的意义上成为债权人，尤其是当为其利益而创设遗产时（legs）。与此同时，自然之债的技术也扩张于其他他权人（alieni iuris），如家子等。对于自然之债的承认，实际上降低了无能力人参与法律关系的门槛[1]。

"自然之债"的概念及起源与"自然法"有关吗？这是人们很容易提出的问题。有的法国学者提出，在罗马产生的自然之债与当时对于奴隶的"人文关怀"有关，A. Mantello（曼泰洛）指出，古典时期自然之债的发展与Sénèque（塞内克）的下述思想是密不可分的：给予奴隶以人文关怀。比哲学思想稍晚一些，法学家发展出自然之债以回应对于奴隶的人文关怀的诉求（即在自然法上人人平等，于逻各斯中奴隶亦有其份）[2]。但针对这种观点，有人提出批评并认为，一方面，自然之债并非仅仅限于奴隶自身，例如，Julien（朱利安）即认为，受领保持力（retentio solui）是建立在道德考虑之上的，而非建立在奴隶身份之上，例如，母亲基于错误而赠与其女儿财产在契约之原因方面即被认为是一项自然之债（D. 12，5，32，2）。另一方面，古典时期的作家，尤其是Julien（朱利安），并不使用帝政时期所使用的术语，也不将自然法作为解决受领保持力的理论依据。实际上，他们并没有借助自然法而解释自然之债。他们仅仅满足于指出债权证书（acte de la dette）或者债务证书（acte de la creance）如因某种原因不能产生通过司法诉讼而予以强制执行的效果，即产生受领人保持受领不予返还的权利。此外，他们也认为，应当由其主人负

---

[1] David Deroussin, "Histoire du Droit des Obligation", *Economica*, 2007, pp. 62~63.

[2] References David Deroussin, "Histoire du Droit des Obligation", *Economica*, 2007, p. 63.

责的奴隶就其特留份而缔结契约所产生的债务属于自然之债。因此，对古典法学家而言，自然之债并不仅仅存在于自然法之中，而是存在于一切不能产生司法强制执行力的债务[1]。我认为，对这一问题的回答与我们如何理解"自然法"有很大的关系。因为"自然之债"起源于罗马法，因此，我们只有考察罗马时代的法律分类与社会历史背景，才能正确看到问题的真面目。

  作为"自然之债"产生源头的罗马法上的这一概念的出现，与罗马法被区分为市民法和万民法或者自然法直接相关。盖尤斯在《法学阶梯》的开头写道：所有受法律和习俗调整的民众共同体都一方面使用自己的法，一方面使用一切人所共有的法。每个共同体为自己制定的法是他们自己的法，并且称为市民法，即市民自己的法；根据自然原理在一切人当中制定的法为所有共同体共同遵守，并且称为万民法，就像是一切民族所使用的法。因而，罗马人民一方面使用自己的法，一方面使用一切人的法[2]。西塞罗把万民法当作自然法的同义语[3]。萨维尼指出，在罗马法学家中，法在涉及其一般产生时存在两种不同的区分：一种区分是二元式的：只在罗马人中有效的法（市民法 civile），或者在所有民族中都有效的法（万民法 gentium 或者自然法 narurale）。另一种区分是三元式的：只在罗马人中有效的法（市民法），或者在所有民族中都有效的法（万民法），或者同时在人类和动物中都有效的法（自然法）。对于第一种区分（二元式），我不仅认

---

  [1] References David Deroussin, "Histoire du Droit des Obligation", *Economica*, 2007. p. 64.
  [2] ［英］巴里·尼古拉斯：《罗马法概论》，黄风译，法律出版社2004年版，第54页。
  [3] ［英］巴里·尼古拉斯：《罗马法概论》，黄风译，法律出版社2004年版，第54页。

为它是唯一正确的区分，而且我还主张，它在罗马人那里也应被视为通说，而另一种区分（三元式）既没有取得普遍的认同，也没有影响到具体的法理论[1]。市民法与万民法的二元对立通过"市民法的（civilis）"和"自然法的（narurale）"而被指出，尤其重要的是市民法之债与自然法之债之间的对立，乌尔比安也以此名称而承认了这个对立。自然法之债的含义是通过万民法而被确立的债。这一点不仅本身就非常清晰，而且在较多的篇章中被明确表达出来[2]。意大利学者也认为：市民法债与自然法债的划分是对市民法和自然法或者万民法这一划分的适用[3]。

但是，如果以这样一种逻辑进行推导的话，既然市民债是市民法上的债，那么与万民法有关的债应该都是自然债。实际情况并非如此，盖尤斯在《法学阶梯》中多次提到了万民法上的债，但是他的目的不是说明这些债是万民法上的债，因此，在罗马法上没有诉权，实际上这些债在罗马法上是有诉权的。他的目的是告诉读者，这些债是纯正的市民法没有考虑的，它们来源于万民法[4]。也就是说，这些债的起源在罗马纯正的市民法上找不到根据，而是起源于万民法。对此，意大利学者朱塞佩指出：出现的一系列契约法律关系，它们恰恰通过诚信标准对社会进行直接的法律写照，所采用的方式是市民法出现时所采用的表现方式。

---

[1]〔德〕萨维尼：《当代罗马法体系》，朱虎译，中国法制出版社2010年版，第319页。

[2]〔德〕萨维尼：《当代罗马法体系》，朱虎译，中国法制出版社2010年版，第323~324页。

[3]〔意〕彼德罗·彭梵得：《罗马法教科书》，黄风译，中国政法大学出版社1992年版，第299页。

[4] 方新军："自然债的起源"，载费安玲主编：《第四届罗马法、中国法与民法法典化国际研讨会论文集》，中国政法大学出版社2009年版。

这一系列关系的基本历史核心表现为罗马人和异邦人的互通性。既然这些关系在罗马人之间及在罗马人与异邦人之间都是有效的，罗马人就认为：产生这些关系的法一方面同市民法相区别，另一方面它也是市民法[1]。所有起源于万民法上的债可以分为两个部分：一部分得到市民法的承认，另一部分没有得到市民法的承认。得到市民法承认的债当然就具有市民法的效力，具有强制执行的效力；得不到市民法承认的万民法上的债就可能产生自然债：凡是同市民法债的原则发生矛盾并且由于该原则而使自然债不产生或者归于消灭时，债务和债权毫无疑义地丧失民法效力，因而债权人不再享有要求清偿的诉权。但是，对于其他一些不同市民法规完全相抵触的效力，人们可以采用稍自由的逻辑确定债的关系，比如，不得索回已经清偿之物的效力。这些债就是自然债。这种自然债在其基本效力被废除后，在优士丁尼法文献中被称为"纯自然债"[2]。专门研究罗马私法的德国学者指出，"自然"债务被法学家们（尤其是自尤里安（有人翻译为朱利安）起）用以表示某些负担义务，基于它们不能提起诉讼或者至少不能予以执行，但它们在其他方面确实又具有法律效力。"自然的"与"市民法的"相对，意指某些东西事实上看起来如同债务一样，但在法律上却不是债务[3]。

(二) 罗马法上对"自然之债"的分类

根据不同的标准，可以对罗马法上的自然之债作出不同的分

---

〔1〕［意］朱塞佩·格罗索：《罗马法史》，黄风译，中国政法大学出版社1994年版，第238页。

〔2〕［意］彼德罗·彭梵得：《罗马法教科书》，黄风译，中国政法大学出版社1992年版，第300页。

〔3〕［德］马克斯·卡泽尔、罗尔夫·克努特尔：《罗马私法》，田士永译，法律出版社2018年版，第343页。

类：以"自始即为自然之债还是嗣后才成为自然之债"为标准，可以将自然之债分为自始的自然之债与嗣后的自然之债两个类型；以具体的形成原因为标准，可以分为纯正的自然之债与非纯正的自然之债。下面分别阐述其分类内涵。

1. 自始的自然之债与嗣后的自然之债。

（1）自始的自然之债。在一些情形中，契约自创设之始即不具有市民法上的效力，但是对自然法而言却是有效的。对此可以举出如下这些例子：

第一，奴隶所缔结的债务契约（然而奴隶的不法行为却产生市民法上的债务，因为此种债务对于其主人而言是可以执行的）。我们可以将所有能力欠缺的人所缔结的契约均纳入这一范畴之中：未经其监护人授权的不能独立行为的妇女的行为，精神有障碍的人未经其财产管理人同意的行为，未经监护人同意的未成年人的行为（该种情况在古典时期的《优士丁尼法典》中是比较有争议的：在其受益的范围内是市民法上的债务，对于超过其所受利益的部分则属于自然之债）。至于家子（尤其是成年的男性家子，其一直处于向家父发展的通道之中），自共和国末期开始，其原则上是可以通过契约为自己创设有效的债务的，当然还有一系列契约是禁止其缔结的，例如，公元1世纪时的元老院会议（Senatus-consulte）禁止其缔结借贷契约。如果家子从高利贷放贷者处借入一笔金钱并且对其予以清偿，那么不得请求其予以偿还。古典时期的法学家并没有讨论自然之债，只是简单地认为此种基于对高利贷者的憎恶而进行的禁止，并不能因此就免除家子本身的责任。基于此，如果家子自动偿还，则受领人享有保留其给付的权利。

第二，自古典时期，家庭成员内部所缔结的契约所产生的债务也属于自然之债,兄弟会法对此提供了例证(D.12,6,38)。

第三,基于自然法理论,拜占庭法在自然之债的家族中又增加了一些在道德上特别重要的义务,如赠与女儿财产的债务[即以母亲负担债务(D.12,6,32,3)]或者给予其不负有法律上义务的父母以膳食的事实(D.3,5,33)。法学家也经常讨论Pietas(敬意)。

第四,最后应当考虑的是基于罗马法对形式的要求所产生的法律后果。原则上,无偿契约(pacte nu,直译是"裸体契约")并不产生债务。自古典时期(或许是自帝政时期)起,一些无偿契约被认为能够产生自然之债,例如无偿借贷契约。相反,如果契约由于欠缺形式而导致契约无效,在自然法的意义上也是没有价值的。

(2)基于偶然事件而产生的自然之债(嗣后的自然之债)。自然之债的第二个类型所涉及的是在成立的时候是市民法上的债务但是事后成为自然之债的情形。换言之,市民法之债发生了贬损,例如,缔约时有能力但是在缔约后却丧失了能力(由于执行刑事处罚或者地位发生变化:一个成年女性由于结婚而变成夫权之下的家子)。此种身份减等在古典时期直接导致以前所缔结的契约之债的终止,积极地或者消极地。在帝政时期,这只能导致其在市民法上的终止,但是在自然法上其继续有效。至于消灭时效的经过,在罗马法上从未被当作产生自然之债的原因[1]。

2. 纯正的自然之债与非纯正的自然之债。

(1)纯正的自然之债。在罗马法中,自然之债的概念始终与

---

[1] David Deroussin, "Histoire du Droit des Obligation", *Economica*, 2007, pp. 63~64.

因其政治制度造就的"人与非人"的区分相联系。在罗马法中，因其政治结构的需要，所有生物意义上的人被"人格"这样一项具有公法意义的桂冠区分为法律上的主体和非主体。这样，许多人就被法律认为是非法律主体的自然人，他们既然不是法律主体，自然也就不享有实体法与程序法上的权利。但这些人却实实在在是"活着的人"，彼此之间有交易的需要，而这些交易的需要不可能全部让作为法律主体的"主人"（或者家父）代劳，于是，在这些非法律主体之间也发生交易。但这些交易是不受法律保护的，如果双方履行完毕、相安无事，若发生纠纷，则任何一方都不具诉讼主体资格而拥有诉权。这些人之间的债当然就是"自然之债"，而且，按照意大利学者的观点，他们之间的债属于"纯自然之债"。在古典法学理论中，"纯自然之债"的主要领域似乎仅限于同"他权人"尤其是同奴隶的关系[1]。"纯自然之债"主要有：

第一，奴隶之间以及奴隶同其主人之间或同外人之间的债，被父权关系联系在一起的人之间（即家父同家子之间或者两个奴隶属于同一父权的家子之间）的债。同奴隶不能缔结法定之债，这一原则起源于市民法或者万民法的一项制度——奴隶制。由于奴隶在罗马法上不具有权利能力，所以和奴隶无法缔结法定之债。但奴隶从第三人处取得的债权在（市）民法上是有效的，因为奴隶是为主人取得的；对于同第三人的被动债，主人应当按照特有产的范围负责。

按照罗马法的一般原则，"家父"是财产权利的唯一主体，

---

[1] [意]彼德罗·彭梵得：《罗马法教科书》，黄风译，中国政法大学出版社1992年版，第300页。

第一章 自然之债的概念及源流

他不仅随心所欲地处置家庭财产，而且所有由"家子"取得的财产也都归属于他[1]。这种家庭财产的制度与罗马法的政治制度始终联系在一起，因为家庭是作为一个单元而存在的，而这一个单元的唯一被法律承认的法律主体只有家父一个人。与其说家子是家父的附庸，倒不如说是家庭的附庸。就如有学者所指出的那样：这种情况是由家庭相对于国家及其权利而具有的自主地位所决定的。一般观念把财产视为家庭的共同权利并认为它是为共同福利服务的，这是很自然的。法学家们自己也宣称："家子在活着时把父母视为主人。"但是，面对国家，只存在作为群体的家庭，国家要想尊重家庭的独立性，它就必须承认家庭首领拥有专属和绝对的主宰权[2]。"特有产"制度实际上是在不改变罗马家父财产制的前提下的一种灵活变通。

"特有产"是指家父在不转移财产所有权的前提下将部分财产委托给家子或者奴隶经营，当家子或者奴隶对外负债时，家父的债务责任以该部分财产总额为限，实际上使家父的财产变成了有限责任。就如有学者所指出的，"家父"常常爱给予"家子"一小笔财产，比如把一间小商行委托给他，但是，对于这一被称为"特有产"的小财产，"家子"并不能成为其主人，即便是父亲愿意也不可以。"家子"对于特有产有权享用和经营，但不能将它赠与他人或者采取临终行为处分它。人们之所以把特有产设立成为一种法律制度，只是因为"家父"对于"家子"的债务在民事上承担的责任以特有产总额为限。这种特有产也可以赐予奴

---

[1] [意]彼德罗·彭梵得：《罗马法教科书》，黄风译，中国政法大学出版社1992年版，第129页。

[2] [意]彼德罗·彭梵得：《罗马法教科书》，黄风译，中国政法大学出版社1992年版，第129页。

隶，甚至它对奴隶而言更重要[1]。

但是，到奥古斯都时代，这一制度发生了灵活的变化，即为了照顾军人而实行了一项变通：允许作为军人的"家子"通过遗赠处分他在服役期间取得的一切——钱、战利品、战友的赠品或者亲属在入伍时的赠品，这些财产构成"军营特有产"。相对于它，"家父"给予的特有产一律被各学派称之为"收益特有产"，以示区别。但是，由于时代的发展和社会的变化，例外一点点地动摇着规则，公元3世纪危机后侵入的希腊主义影响最终侵蚀了罗马法制度的传统根基，特有产制度也就名存实亡了[2]。

至于奴隶的特有产问题，是罗马法对待奴隶这种本身具有二元属性的存在的一种本能的反应——奴隶具双重性：作为自然意义上的人，他是智力工具，是与"家子"相同的代理人；作为物，它是足以产生价值的生产要素。就国家管理来看，对于作为自然意义上的人的奴隶，在相对于"家父"的权力方面，与"家子"没有任何差别[3]。奴隶也可以有自己的特有产，其特有产是一份少量的财产，它可以包括由主人的赏赐或者由第三者赠与的任何物品，但主要是由奴隶自己的积蓄构成。在法律上，这种特有产归主人所有，而在社会习俗中，它实际上被承认属于奴隶。甚至有过这样一种古老且常见的习惯：奴隶以自己的特有产赎买自己。在帝国主义时代，人们甚至允许奴隶对于违反许诺信

---

[1][意]彼德罗·彭梵得：《罗马法教科书》，黄风译，中国政法大学出版社1992年版，第130页。

[2][意]彼德罗·彭梵得：《罗马法教科书》，黄风译，中国政法大学出版社1992年版，第131～132页。

[3]但在家庭内部就完全不同了：家子在习惯和商事法庭中得到可靠的保障以抵御家庭司法权的滥用，而奴隶则不享有这种待遇。参见[意]彼德罗·彭梵得：《罗马法教科书》，黄风译，中国政法大学出版社1992年版，第133页。

义的主人提起诉讼。公共奴隶有权对其特有产的一半订立有效的遗嘱。在与第三人的关系上，奴隶有权同第三人发生关系并使主人受约束。另外，为了成为真正的特有产，必须具备两个条件：一是主人的准许；二是表现为独立经营的对财物的实际处分[1]。

被父权关系联系在一起的人之间（即家父同家子之间或者两个奴隶属于同一父权的家子之间）的债，是一个纯粹的市民法制度，根据这一制度，财产主体原则上只能是家父，即使是上述"特有产"债务制度，也仅仅属于小小的变通，实际上还是在限制"家父"的责任。所有这一切阻碍了法定之债的产生。但是随着家父制度的衰亡，这种自然之债的意义也变得不是很大，最后在古典时期，特有产制度几乎完全被废除。

第二，仅仅为惩罚债权人而通过抗辩使之消灭的债。主要情形是指通过"马切多尼安元老院决议（Senatus Consultum Macedonianum）抗辩"使之消灭的"家子"借贷。这一抗辩源于"Macedo事件"：韦斯帕西亚努斯帝（Vespasianus）时代，元老院议员之子马塞多（Macedo）挥金如土，终因借债过多，人们拒绝续贷，马乃杀其父以继承遗产。这种恶劣的行为引起元老院的愤慨，遂出台了前述元老院决议。根据决议，凡家属借债，无论其到期在家长生前还是死后，也不问有偿无偿、口头或书面，均在禁止之列。因此，出借者不得对家属、家长或其保证人起诉求偿，后者被诉时可提出抗辩，拒绝履行，即使已被判决偿还而未清偿的亦同，该决议只适用于金钱借贷，不适用于其他的种类物。但如果名义上是借粮食、酒等种类物，实际却按货币计值，

---

〔1〕［意］彼德罗·彭梵得：《罗马法教科书》，黄风译，中国政法大学出版社1992年版，第135页。

则仍应受本决议的制裁。违反的，其借贷构成自然债。因此，如履行清偿，即使出于错误，事后也不得追回。[1]这种抗辩不是以家子的无能力为根据，而是以防止任何人不经家父同意把钱借给家子这一社会需要为基础。

第三，因"人格减等"而消灭的债[2]。根据现有的文献及学者的论述，"人格"这一概念首先是由罗马人在划分人的身份时使用的概念。在词源上，"人格"一词来自拉丁文的"persona"，是指演员演出时扮演的各种角色[3]。根据我国著名罗马法学者周枏教授的考证，在罗马法上有关人的三个用语中，"homo"是指生物意义上的人；"caupt"是指权利义务主体；"persona"是指权利义务主体的各种身份[4]。一个人必须同时具有自由人、家父与市民三种身份，才能拥有"caupt"，即在市民名册中拥有一章的资格，才能是罗马共同体的正式成员，否则就被视为奴隶或者从属者或者外邦人[5]。罗马法就是以自由人、城邦、家族三种身份把城邦组织起来：自由人身份把生物学意义上的人区分为自由人和奴隶；城邦的身份把自然意义上的人区分为市民、拉丁人、外邦人；家族的身份把人区分为家父和家子。身份是人格的要素或基础，人格由身份构成，复数的身份构成了单一的人格，诸项身份之一的缺失将导致人格的减少，丧失殆尽的结果是人格消灭。例如，自由人身份和市民身份的丧失导致人格大变

---

[1] 周枏：《罗马法原论（下册）》，商务印书馆1994年版，第674～675页。
[2] [意]彼德罗·彭梵得：《罗马法教科书》，黄风译，中国政法大学出版社1992年版，第300～301页。
[3] [日]星野英一："私法中的人——以民法财产法为中心"，王闯译，载梁慧星主编：《民商法论丛（第8卷）》，法律出版社1997年版，第160页。
[4] 周枏：《罗马法原论（上册）》，商务印书馆1994年版，第97页。
[5] 徐国栋："'人身关系'流变考"，载《法学》2002年第6期。

更,即主体资格的完全丧失;市民身份的丧失导致人格中的变更,引起前市民被拟制为外邦人的后果,换言之,变成有限的法律能力拥有者;自权人被出养或养子被解放造成人格的小变更,使过去的完全法律能力者变成无能力者或相反。相反,同时具有上述三种身份者就具有人格,即完全的主体资格或法律能力[1]。

英国学者尼古拉斯指出,在罗马法中,人的地位涉及三方面要素:自由权、市民权与家庭权。人的地位的变化可以根据这三项要素加以分析。罗马法上的人格还可以减等:最大的人格减等是丧失上述三种权利,即沦为奴隶;中度的人格减等是丧失市民权与家庭权;最小的人格减等是丧失有关家庭的权利[2]。

按照盖尤斯的观点,人格变更分为三种,即人格大变更、人格中变更和人格小变更:①人格大变更是指丧失自由权而沦为奴隶,奴隶不再是权利主体,因而也就当然丧失市民权和家族权。发生人格大变更的原因有三种,即因犯罪而被剥夺自由权、被家长或者债权人出卖到外国、降服外国人违反禁令。②人格中变更是指罗马市民丧失市民权而成为拉丁人或者外国人。由于家族权以市民权为基础,丧失市民权也就丧失了家族权。人格中变更也有三种原因,即受到刑事处罚而被剥夺市民身份、罗马市民加入外国籍、拉丁人或者外国人加入罗马国籍取得市民资格。③人格小变更是指丧失原来的家族权而取得新的家族权。人格变更会发生对人的效果和对财产的效果,在对财产的效果方面,他对他人

---

[1] 徐国栋:"人格权制度历史沿革考",载《法制与社会发展(双月刊)》2008年第1期(总第79期)。

[2] [英]巴里·尼古拉斯:《罗马法原论》,黄风译,法律出版社2004年版,第103页。

负担的债务不因人格的变更而消灭,从而属于自然债[1]。

第四,因争讼程序开始而消灭的债。所谓"争讼程序",在程式诉讼中是一个决定性的时刻,它意味着原告和被告就所争议的问题达成协议:按照一定的程式提交审判并且服从该审判的结论。在争讼程序开始时,执法官先为当事人指定审判员,随后,原告具体地说明需要提交审判员裁决的问题,也就是说,对有关争议的范围作出明确界定,被告也对此作出确认,从而达成协议。一般来说,审判员不得审查未在程式中提交给他的事项或者问题。在达成这样的协议时,不仅执法官在场,当事人还应当邀请见证人出席,就像是缔结一项要式口约一样。该协议一旦采用上述方式达成,就不能再进行修改[2]。因此,意大利学者彼德罗指出,争讼程序标志着"法律审"的完结并构成一种要式行为。由此诉讼才因当事人意思达成一致而真正开始,也就是说,当事人相互均受约束,就像遵守契约一样。在"法律诉讼"的程序中,这种行为是双方当事人的正式表态,他们宣誓服从选定的审判员的裁决。在法定审判和有关权利的对人之诉中,"争讼程序"具有完全消灭以前曾经存在于当事人之间的关系即债的效力,并产生一种新的契约关系,即当事人必须接受审判。因而,从那时起,诉权当然地告终,人们不能再提起诉讼[3]。盖尤斯在列举债的消灭的方式时特别提到了"争讼程序",他明确指出,实际上,主债自那时起解除,被告开始受"争讼程序"的约束[4]。

---

[1] 周枏:《罗马法原论(上册)》,商务印书馆1994年版,第108~113页。
[2] 黄风:《罗马私法导论》,中国政法大学出版社2003年版,第53页。
[3] [意]彼德罗·彭梵得:《罗马法教科书》,黄风译,中国政法大学出版社1992年版,第100页。
[4] 见黄风:《罗马私法导论》,中国政法大学出版社2003年版,第53页。

第一章　自然之债的概念及源流

从上述"争讼程序"的过程与结果看，被"争讼程序"消灭的债很有可能会大于现在双方达成协议所产生的债，甚至有遗漏的请求。而按照罗马法的"一事不再理"及"已决案被视为真理"的原则，这些没有被"争讼程序"的协议所涵盖的债及遗漏的债都可以被看成是"自然之债"[1]。

第五，受监护人未经监护人"准可"而缔结的债。在罗马法上，因保护的对象和方法不同，实际上存在"监护"与"保佐"两种不同的制度。在与自然之债的关系上，也只有监护制度下的被监护人的行为可能产生自然之债，保佐不产生自然之债。

罗马古典时期，监护与保佐的目的是保护家庭的财产利益。随着私有制的发展，家族财产逐步由家族共有过渡到个人私有，财产所有人可以全权处置自己的财产。但是，从家族的利益出发，如果个人无能，又不会或者不善于管理财产，就会影响法定继承人的利益，甚至导致死后无人继承，断绝家祀。于是，在旧的家族共有制向新的个人所有制过渡的时期，罗马产生了折中的监护与保佐制度，以免使家族的财产遭受浪费或者被人侵占。执行监护或者保佐职务的人，就是家族中已达适婚年龄的男性继承人[2]。

---

[1]　在罗马法上，"一事不再理"的原则的适用要求具备两项条件：①有关的诉讼请求针对的是同一事实；②有关的诉讼是在同样的当事人之间进行的。只要具备上述两项条件，即构成"一事"。即使某人提出的诉讼与先前提起的诉讼不同，例如，某人没有按照约定的用途使用出借物，这在罗马法上也将构成"盗窃"，事主可以对他提出"盗窃之诉"或者"出借物之诉"，但只要符合上述条件，在提起其中一种诉讼后，就不能再提起另一诉讼。与"一事不再理"原则密切相关的是"已决案"概念。根据罗马法学家的解释，那些以审判员的判决使争议结束的情况叫作已决案，它随处罚或者随开释而产生。乌尔比安说，"已决案视为真理"，是不能随便推翻的。因此，如果在当事人之间发生的同一问题已经获得了司法裁决，对于重新向司法机关提出此问题的人，对方当事人有权提出"已决案抗辩"。参见黄风：《罗马私法导论》，中国政法大学出版社2003年版，第66~67页。

[2]　周枏：《罗马法原论（上册）》，商务印书馆1994年版，第241页。

025

监护与保佐均是对"自权人"而设的，他权人处于家长权或者夫权之下，受其保护。而且在古代，他权人没有财产，因此，没有设置监护及保佐的必要。不处于家长权之下的未适婚人和自权人妇女，则需要为其设置监护人。

保佐是对精神病人和浪费人设置的，后来的大法官法又将保佐的对象扩充到精神耗弱、聋、哑以及老弱不能处理自己事务的人。共和国末年，又为未成年人设置了保佐人。但未成年人的保佐人可设可不设，一般是临时性职务，与监护这种经常性的职务不同[1]。

根据保罗的说法，罗马法中的监护是指由市民法规定的、对于那些因年龄和法律规定的原因不能自我保护的自由人给予的保护制度[2]。监护人基本上是家父，但法律也允许家子被指定为监护人。根据监护人产生的方式不同，可以分为遗嘱监护人、法定监护人和官选监护人。被监护人主要是指因家父死亡或者脱离父权而终止了处于父权状态下的未成年人，此外，还包括未适婚人、作为自权人的妇女、被解放的奴隶[3]。

在罗马，一般而言，男未满14岁，女未满12岁，如果其家父死亡，或者其家长丧失自由权、市民权或者家长权，或者其被家长或者家主解放，或者出生后即无家长的非婚生子女等，由于他们年幼无能，均应为其设置监护人[4]。

根据罗马人的原始资料，罗马法上的保佐是指对未适婚人之

---

〔1〕 周枏：《罗马法原论（上册）》，商务印书馆1994年版，第242页。

〔2〕 转引自费安玲主编：《罗马私法学》，中国政法大学出版社2009年版，第87页。

〔3〕 费安玲主编：《罗马私法学》，中国政法大学出版社2009年版，第87页。

〔4〕 周枏：《罗马法原论（上册）》，商务印书馆1994年版，第242页。

外的其他人的财产与事务进行管理的行为。未适婚人之外的其他人主要包括浪费人、精神病人等，他们又被称为被保佐人。保佐人应当是具有自由人身份的、具有财产和相关事务管理能力的人。保佐人的职责是保护被保佐人的财产、照顾被保佐人的身体和精神病人的健康。保佐产生的情形主要包括：享有财产所有权的人有浪费的恶习或者因患精神病而无法管理好自己的财产，监护人为共和国事务外出而无法履行自己的监护职责，父亲被敌人俘获以及法律规定的其他情形。其中，当保佐人替代因共和国事务外出的监护人履行职责时，并不意味着监护人已经被撤销监护资格[1]。

在古罗马法中，妇女监护是永久性的。女子的监护，最初也是以保护宗亲的财产为目的的，由于女子当时对内操持家务，对于法律关系缺乏经验，而罗马的要式行为繁琐苛严，稍有出入便导致无效，故设立监护人以辅助为之，以免其不善于管理财产而遭受损失[2]。但是，妇女监护在罗马时代就倍受争议，盖尤斯就指出，未适婚人得到监护人的扶助是很符合自然理由的，但是，以女性的轻浮为借口为性别监护的辩解则似是而非。盖尤斯毫不犹豫地揭露这种权力的利己主义内容，即监护人所关心的只不过是不让妇女的财产落入他人之手。因而，妇女监护在失去真正的权力特色之后，所代表的则是一种没落的制度，不可能具有保护功能[3]。妇女监护与未成年人的监护一样，也分为遗嘱监

---

〔1〕 罗马法原始文献 D. 27. 10. 7pr. , D. 26. 5. 16，转引自费安玲主编：《罗马私法学》，中国政法大学出版社 2009 年版，第 93 页。

〔2〕 周枏：《罗马法原论（上册）》，商务印书馆 1994 年版，第 256 页。

〔3〕 转引自 [意] 彼德罗·彭梵得：《罗马法教科书》，黄风译，中国政法大学出版社 1992 年版，第 171 页。

护、法定监护和官选监护。

监护与保佐之间真正的区别是什么呢？根据前面的论述，我们可以总结出它们之间的一些区别：①担任监护人不同；②被监护对象不同；③职责不同；④选任的条件不同。但这些不同从我们这里所论述的自然之债这一主题的关系来看，并不是最主要的，其最本质的区别是：监护制度下有可能产生自然之债，而保佐制度下无产生自然之债的可能性。对此，意大利学者指出，监护针对的是人，而保佐针对的是物。保佐制度明显的财产性特征使其与监护形成了鲜明的对比：监护的特别之处表现为对监护人的人格予以补充的"准可"，而不是财产管理[1]。正是监护人的"准可"制度的设置，使自然之债具有了产生的可能性与温床。

罗马法学家指出，如果没有监护人的许可，处于被监护时期的未适婚人不能对任何一种法律的行为作出表示。因此，对每一个法律行为作出的表示必须有监护人的许可。尤其是在债的关系形成过程中，如果未经监护人许可，被监护人与他人进行的买卖行为，在监护人与交易对方之间不产生债的关系。不过，如果有证据证明被监护人因此而获得利益时，被监护人要在获得利益的

---

[1] [意]彼德罗·彭梵得：《罗马法教科书》，黄风译，中国政法大学出版社1992年版，第170页。但是，我们也必须看到，到了优士丁尼时代，情况可能发生了变化：在一些情况下，监护人可以要求设置一名保佐人或者代理人，但风险仍然由其承担。在优士丁尼法中，这种增补的保佐人成为独立的制度，因而在设立时，风险不再由监护人承担，同时，还出现了具有监护人地位的保佐人。到了罗马—希腊时代，接受保佐的未成年人开始同受监护人一样在其行为能力方面受到限制，保佐人成为必需的一般管理人，而且保佐人的介入具有了与监护人"准可"相类似的法律特点，即对未成年人的行为同意或者协助，正是这种同意使得这些行为在法律上成为完全有效的。参见[意]彼德罗·彭梵得：《罗马法教科书》，黄风译，中国政法大学出版社1992年版，第179～181页。因此，在可能会存在保佐的情况下，也会出现自然之债的情况。但这仅仅是后来的事情，古典法时期是不可能的，因为那时严格区分监护与保佐。

范围内承担责任[1]。自权人妇女如果未经监护人准可,她不能提起法律诉讼或者要求法定审判,不能举债,不能转让要式物。一般来说,她们不能履行市民法上的适法行为[2]。

从抽象的观点看,人们可能怀疑自然法则或者纯市民法的规则是否排斥受监护人的债:一方面,受监护人无表达意思和同意的能力,这是有自然根据的,而且对受监护人的保护本身也是一项自然法制度;另一方面,未适婚人未适期的固定年限是任意确定的,而且罗马人自己也承认接近适婚年龄的未适婚人具有一定的意思和同意能力。因此,这种债在大量的文献中被承认具有自然之债的通常效力,但在两个著名的文献中受到否定[3]。也就是说,罗马法的文献中,主流观点是承认未经监护人许可的受监护人缔结的债务具有自然之债的效力的。

第六,因对债务人的不当开免而消灭的债。意大利学者彼德罗指出,这种自然债在两份重要文献中受到坚决的肯定,它可能意味着罗马人把"已决案视为真理"这一格言奉为一种纯粹的民法或者形式的原则。对于这种债,仍只承认不得索回已清偿物的效力,至少根据优士丁尼法是这样[4]。但是,彼德罗的这种说法与其在自己的同本著作中的其他地方的说法不一致,至少是重合或者不严谨的。他在其著作《罗马法教科书》的"诉讼的消灭"部分写道:"在诉讼消灭的原因中,有些是当然地产生这种

---

[1] 见费安玲主编:《罗马私法学》,中国政法大学出版社2009年版,第90页。
[2] [意]彼德罗·彭梵得:《罗马法教科书》,黄风译,中国政法大学出版社1992年版,第171页。
[3] [意]彼德罗·彭梵得:《罗马法教科书》,黄风译,中国政法大学出版社1992年版,第302页。
[4] [意]彼德罗·彭梵得:《罗马法教科书》,黄风译,中国政法大学出版社1992年版,第302页。

后果（消灭的后果），有些是因抗辩而产生这种后果。这些原因有已决案，在古典法中还有争讼程序、时效、数个具有相同目的的诉讼竞合，有关不提出请求的简约、宣誓以及某些情况下的死亡。'已决案'在古典法中，当提起对人之诉和权利诉讼时，是法律审当然消灭的原因。相反，当提起对物之诉或者事实诉讼时，'已决案抗辩'是所有依权审判和部分法律审消灭的原因。在优士丁尼法中，这种抗辩总是发生。罗马法曾有一项极为古老的原则：不得对同一标的提起两次诉讼。但确切地说，应当是不对同一议题再次提起诉讼，即不得根据同一法律事实要求承认同一权利。在古典法中，争讼程序使诉讼完结，有时是当然地完结，有时则通过'已决案抗辩'。"[1]

从这里看，"已决案抗辩"这种使市民债变成自然债的原因应该理所当然地包含在"因争讼程序开始而消灭的债"中，为什么这里彼德罗又专门列出来这种原因呢？这种原因至少与因"争讼程序开始而消灭的债"这种产生自然债的原因部分是重合的。他指的是否就是下面所要论述的以"简约"形式而不当免除的债呢？有待考证。如果是将其理解成"因法官的不当判决而免除的债成为自然债"的话，无论如何都是难以理解的。

第七，因时效而消灭的债。按照意大利罗马法专家彼德罗的说法，时效是这样一种制度：根据该制度，一切诉权，即一切体现在诉讼时刻的权利，在经过一定时期之后，可以通过抗辩而加以消灭[2]。古罗马时，债权除了个别例外，是永久性的，且不

---

[1] [意]彼德罗·彭梵得：《罗马法教科书》，黄风译，中国政法大学出版社1992年版，第107页。

[2] [意]彼德罗·彭梵得：《罗马法教科书》，黄风译，中国政法大学出版社1992年版，第107页。

许附以终期和解除条件，故没有消灭时效制度。权利也本不应该因时间的经过而消灭，但对诉权若不加以限制，任其永久拖延，听任当事人纠缠不休，不利于维护良好的社会秩序，且债务人或者在清偿后因时久不再保留证据，或者收据在事变中丧失，对此，应有解除其负担的措施。债权人长期不行使其权利，即可视为有抛弃的意思，否则也显有重大疏忽。所以，产生了消灭时效制度[1]。

在罗马的诉讼制度中，有市民法诉讼与大法官诉讼的区分。市民法的诉讼多为永久性诉讼，在消灭时效尚未形成一项制度之前，市民法的诉讼以永久为原则，但有一些例外，例如，瑕疵担保诉为1年或者2年；保证诉为2年；遗嘱逆伦诉为2年，后改为5年；罚金诉和撤销诉为1年。大法官诉讼多为有期限诉讼，一般以1年为期限[2]。意大利学者也指出，民事诉讼最初是无限期的，只是因裁判官诉讼才受时间限制———一般是一个用益年。随着裁判官管辖权的发展，出现了"无限期诉讼"和"时效诉讼"。时效诉讼是"荣誉法"诉讼以及仿照市民法引入的诉讼，主要是指以市民法为基础的扩用诉讼和拟制诉讼。然而在行省，对于"对物之诉"也采纳了一种类似的消灭。当某人要求归还土地而对另一人提起对物之诉时，如果被告享有权利达10年之久，或者在原告不在的情况下达20年，而且占有是正当的，即不存在胁迫、欺瞒或者临时受让的情形，被告可以采用"长期占有时效抗辩"或者"长期取得时效"反驳原告的请求[3]。

---

[1] 周枏：《罗马法原论（下册）》，商务印书馆1994年版，第851页。
[2] 周枏：《罗马法原论（下册）》，商务印书馆1994年版，第887页。
[3] [意]彼德罗·彭梵得：《罗马法教科书》，黄风译，中国政法大学出版社1992年版，第107~108页。

需要特别指出的是：尽管在我们今天的教科书或者法学著作中，一般都认为超过诉讼时效期间的债权为自然之债，但在罗马似乎并不普遍这样认为。对此，有学者指出，任何文献均未提及这一自然之债，在这种情况下，虽然人们反复说时效排除的只是诉权，我们仍然不倾向于把这种形式承认为地地道道的自然债[1]。但其结果确实与自然债很相似。

第八，无特定形式的简约。其实，从罗马法关于契约的形式及与债的关系上看，"简约"是不能产生债的，也不能有效地消灭债。但是，罗马法允许债务人利用"简约"对于债权人的请求提出抗辩，因此，抗辩后的债就成为自然债。

无特定形式的简约主要是指不具有市民法形式的协议，这些协议也不是以那些无需形式即可产生市民法债并被称为本义上的契约的原因为基础设立的。"简约"最初始的含义是指一种不起诉的承诺，其目的在于消灭因私犯所引起的债；后来，裁判官扩大了"简约"的范围，用来指代所有的协议，允许当事人通过"简约抗辩"（exceptio pacti）来对抗任何诉权。[2]由此也形成了罗马法契约制度中一个重要的格言：无形式简约不产生债，只产生抗辩。[3]在罗马法上，债的消灭分为"当然"地消灭和"因抗辩"而消灭[4]。因抗辩而消灭的债，其实不是真正地消灭权

---

[1] [意]彼德罗·彭梵得：《罗马法教科书》，黄风译，中国政法大学出版社1992年版，第302页。

[2] [英]巴里·尼古拉斯：《罗马法概论》，黄风译，法律出版社2004年版，第206页。

[3] [英]巴里·尼古拉斯：《罗马法概论》，黄风译，法律出版社2004年版，第206页。

[4] [意]彼德罗·彭梵得：《罗马法教科书》，黄风译，中国政法大学出版社1992年版，第318页。

利本身,而是消灭诉权。因而,这种抗辩后的债权,就是自然之债的债权。

还有一种相当于简约的债的抗辩形式:债因非正式免除而导致的自然债。罗马法上的免除分为市民法上的免除和大法官法上的免除(也称为正式免除和非正式免除)。①市民法上的免除或者正式免除注重形式,债务的消灭必须采用与产生债权同一但相反的方法。例如,依要式口约创设的债权,其免除也必须采用要式口约的问答方式,由债务人向债权人发问:"已经受领了我给你所约定的东西了没有?"债权人则答:"我已受领。"这样,债务就完全免除了,即使债务人实际上并未对债权人履行给付,也不影响免除的效力。但债权人必须有处分能力,而且要求双方须亲自到场,唯有债务人可以由其家属或者奴隶代之。若债权人与债务人不在一地时,则可以由一方将其债权或者债务转让给对方所在地的代表,由后者代为履行免除的手续。如果不依这种方式,则债务人虽然履行了给付,债务在市民法上仍不消灭。依文书契约而成立的债,即与出纳账为相反的记载,但是否债权人与债务人都需要各自记载始能生效,盖尤斯没有明确说明,学者认为,以有债权人的记载即可。因其他原因而产生的债,则不能采用这种正式的方式予以免除,故甚感不便。直至公元前66年,大法官阿奎利乌斯·加路斯才提出一种办法:不论用何种形式产生的债,先以要式口约更改该债,然后再予以免除[1]。②大法官法上的免除又称为略式免除,即未依法定方式免除债务的,仅由当事人订立"不索债简约"(不请求简约)。这种方式在市民法

---

[1] 周枏:《罗马法原论(下册)》,商务印书馆1994年版,第848页;[意]彼德罗·彭梵得:《罗马法教科书》,黄风译,中国政法大学出版社1992年版,第324页;费安玲主编:《罗马私法学》,中国政法大学出版社2009年版,第298~299页。

上显然不发生效力,债权人往往在免除后反悔,又向债务人请求给付,唯《十二表法》早规定,由私犯所生之债,可因双方的和解而消灭。大法官为维护诚信原则,因而规定:只要当事人具有免除债务与受领免除债务的能力,又曾同意免除的,如果债权人事后反悔,债务人可提出"已有简约的抗辩",从而拒绝其请求。这种免除可以附加条件和期限,或为部分的免除,也不拘任何形式,可以明示,如双方订立"不索债简约";也可以默示,如债权人将债券退还给债务人等,形式比较灵活。例如,"不索债简约"可以是对人的,也可以是对物的。前者仅仅在当事人之间发生效力,而不转移给双方当事人的继承人;后者则不仅对当事人及双方的继承人有效,如使第三人获益时,第三人也受到免除的利益。凡市民法上的免除,因不符合规定的形式而无效的,如当事人确有免除的意思,均可发生大法官法上的免除的效力。但这种免除不消灭债本身,而仅予债务人以抗辩权。此项抗辩是永久的,且债务人不负自然债的责任[1]。

对于周枏先生的上述结论,即"此项抗辩是永久的,债务人且不负自然债的责任",我持有一种尊敬性的怀疑:既然这种抗辩不消灭债权本身,只要提出履行请求就可以抗辩,那么无论从哪一个方面来看,似乎都应该是自然之债。既然是抗辩且不消灭债权本身,则债权人仍然是债权人,其仍然享有债权,受到履行后自然也就不可能属于不当得利而返还,当然属于自然之债;从抗辩本身的效力来说,一般都是阻止请求权而不消灭之,如抗辩,则对方请求权不能实行,反之,一旦履行,则对方可以保留给付,也应该是自然之债。虽然为永久抗辩,但其也仅是抗辩,

---

[1] 周枏:《罗马法原论(下册)》,商务印书馆1994年版,第848页。

不消灭对方债权。而且,从罗马法的"简约"之效力看,也仅仅产生抗辩,产生自然债。

罗马法上其他的纯自然之债到优士丁尼时代就不再存在了,例如,因"争讼程序"开始而消灭的债,因优士丁尼时代的法律规定,"争讼程序"不再消灭民法债。同时,上面列举的后四种自然之债在罗马法上存在争议[1]。

(2)非纯正的自然之债。除了纯粹的自然之债以外,罗马法上还有一种类型的自然之债为"非纯正的自然之债"。优士丁尼法倾向于把一切道德的、宗教的或者其他社会渊源的、具有财产特性(即以财产给付为目的)的债都归入自然之债,并赋予它们这样的法律效力:不得索回已经偿付的钱物,即便是因错误而偿付[2]。在罗马法中存在的这一类自然之债有:

第一,解放自由人对其庇主的劳作义务。即便解放自由人根本没有做过承诺,但是只要他实际上提供了劳作,错误地认为自己在法律上对此负债,他就无权要求返还,因为这是由解放自由人应当感谢庇主这样一种风俗所确定的一项自然债务[3]。

在罗马法上,主人可以通过法定程序将奴隶解放而变为解放自由人。被解放奴隶的主人称为"恩主",被解放的奴隶称为"解放自由人"。罗马法解放奴隶的方式有"主人解放"和"法定解放"两种。

主人解放是指根据主人的意思而解放奴隶。在形式上,主人

---

[1] [意]彼德罗·彭梵得:《罗马法教科书》,黄风译,中国政法大学出版社1992年版,第300~301页。

[2] [意]彼德罗·彭梵得:《罗马法教科书》,黄风译,中国政法大学出版社1992年版,第304页。

[3] [意]彼德罗·彭梵得:《罗马法教科书》,黄风译,中国政法大学出版社1992年版,第304页。

解放有依照法律规定形式的要式解放与不拘任何形式的略式解放两种。

要式解放又称为合法解放，解放奴隶原属公法的范围，因为它不仅使奴隶获得自由，而且使他们取得市民资格，事关重大，因此必须有长官参加或者贵族大会的批准。从共和国时期到帝政前期，在罗马通行的解放奴隶的有效形式有三种：执杖解放、登记解放和遗嘱解放[1]。

略式解放是指不履行要式解放程序而解放奴隶的意思表示。由于要式解放中的执杖解放必须履行一定的仪式，登记解放受到登记时间的限制（5年登记一次），遗嘱解放又不能即时生效，极易引起纠纷，故从共和国末年开始，逐渐出现了略式解放奴隶的方式。但是，略式解放不为市民法所承认，因此，在市民法上，他们依然是奴隶，奴隶主也可以随时撤销其解放。大法官为了保护这些被解放的奴隶的利益，防止奴隶主出尔反尔，就给奴隶以抗辩权[2]。

法定解放是指根据法律的规定而解放奴隶，而不问奴隶主的

---

[1] 执杖解放，是指借用拟诉弃权的方式，由主人和他的朋友假装诉讼，解放奴隶。由于奴隶没有独立诉讼的能力，所以主人请一个朋友担任自由辩护人，他们带着奴隶来到长官面前，自由辩护人作为原告，主人作为被告，双方各拿一根棍棒接触奴隶之身作争斗状，由原告声称这一个人是自由人，主人则作出肯定回答或者不作抗辩，予以默认。长官在双方对事实没有争议的情形下，即宣布此奴隶为自由人，使该奴隶成为解放自由人。登记解放，是指罗马在王政末期建立了户口登记制度后，进行户口登记时，只要主人把解放的奴隶登记为自由人，该奴隶就可取得自由人和市民的身份。但到了公元74年，随着登记制度的消失，登记解放制度也就随之消失。遗嘱解放是指主人在遗嘱中表示解放奴隶的意思，使奴隶在其死亡后获得自由的行为。这样，主人既不致减少他生前的财富，也不影响对奴隶的用益，所以罗马人多乐于采用这种方式。参见周枏：《罗马法原论（上册）》，商务印书馆1994年版，第221～222页。

[2] 周枏：《罗马法原论（上册）》，商务印书馆1994年版，第223页。

意思如何。只要出现法律规定的原因,有关奴隶就当然取得自由人的身份[1]。

凡被解放的奴隶,与其原来的主人之间仍然存在着一种权利义务关系,原奴隶主对解放的奴隶享有恩主权。最初,奴隶虽然被解放,但仍然需要服从原主人,几乎和未解放前一样,恩主对解放自由人操生杀之权,但同时也对其负有保护和抚养的责任。后来法律逐渐限制恩主对解放自由人的权利,禁止恩主的过分苛求[2]。

原奴隶主对解放自由人的恩主权中,其中有一项权利为:解

---

[1] 法定解放的原因在各个时期主要如下:①罗马人被敌人俘获后在国外变为奴隶而后逃回罗马的,恢复自由及市民身份,但必须是作战时被俘获而不是投降。②衰老病残的奴隶被主人遗弃的,依古代法即成为无主奴隶,任何人可以如占有无主物一样进行占有。但到了帝政时期,主人遗弃变为解放奴隶的法定理由。③买卖奴隶时附带有解放的条件和期限,而买卖到期或者条件成就时。④自由人自卖为奴而返还价款的。⑤因受到刑而罚奴隶而受到赦免的。⑥发现杀害主人的凶手而使主人脱险的。⑦告发士兵逃亡、伪造货币等立功的。⑧主人命女奴为娼而图利的。⑨奴隶信奉基督教而主人为犹太人的。⑩奴隶享有自由人身份已满30年的。⑪在军队或者寺院中担任高级职务的。⑫奴隶经主人命令而受阉割的,可以取得自由权。参见周枏:《罗马法原论(上册)》,商务印书馆1994年版,第224~225页。

[2] 周枏:《罗马法原论(上册)》,商务印书馆1994年版,第231页。解放自由人虽然被解放,但原来的主人仍然享有恩主权,恩主权的主要内容是:①解放自由人对恩主有尊敬的义务,不得对恩主提起通奸、欺诈等有损恩主名誉的诉讼。对于一般诉讼,也要经过长官许可。②恩主陷于贫困时,解放自由人有供养的义务;恩主作战被俘时,解放自由人有支付赎金的义务;恩主嫁女,解放自由人也有设定嫁奁的义务。③恩主在特定条件下对解放自由人的遗产有继承权。④恩主对未达到适婚年龄的或者女性的解放自由人享有法定监护权。⑤解放自由人应履行被解放时允诺的义务,如节日送礼的义务、提供日常劳务的义务等。恩主为了使奴隶能够切实履行这些义务,常常于解放奴隶前命其以"解放宣誓"承诺所约定的义务,在奴隶经解放取得人格后,再用要式口约重申解放前的誓言,使原来仅受宗教和道义制裁的义务获得法律上的保障。如果恩主的要求过分,大法官酌减甚至免除。⑥恩主对解放自由人有惩戒权。⑦解放自由人对恩主有重大忘恩负义行为的,恩主有撤销解放的权利。参见周枏:《罗马法原论(上册)》,商务印书馆1994年版,第231~232页。

放自由人应履行被解放时允诺的义务,如节日送礼的义务、提供日常劳务的义务等。恩主为了使奴隶能够切实履行这些义务,常常于解放奴隶前命其以"解放宣誓"承诺所约定的义务,在奴隶经解放取得人格后,再用要式口约重申解放前的誓言,使原来仅受宗教和道义制约的义务获得法律上的保障。如果被解放的奴隶获得人格后,没有用要式口约重申解放前的誓言,则这些义务仍然是宗教和道义义务。这些义务其实就是自然之债的债因。如果解放自由人履行了这些未经要式口约重申的义务,则不能要求返还。

第二,妻子为自己设立嫁资的义务。嫁资(dos),也有人称为"嫁奁",是指妻子、妻子的家父或者第三人向要承担婚姻重荷的丈夫给付的财产。嫁资是罗马法中的古老制度,是与婚姻相伴而生的制度[1]。嫁资也不是一种单纯的法律制度,而是一种颇富生命力的社会制度。一个姑娘没有得到嫁资,这在罗马是不常见的,也是不体面的。名誉和礼仪的要求使得人们必须为女儿和姐妹准备嫁资[2]。为什么嫁资会成为一个社会普遍的认同?这种原因必须从两个方面来看:一方面,嫁资制度有利于稳定家庭关系。因为,在罗马法上,妇女属于终生的监护对象,出嫁后会给对方家庭带来一定的负担。因此,有学者指出:以法律的方式设计嫁资制度的目的在于使丈夫在承担婚姻的重荷时有一定的物质条件,因此,"哪里有婚姻的重荷,哪里就有嫁资"。法律直接赋予丈夫在婚姻存续期间内对妻子带来的嫁资以利用权,甚至有为家庭利益而支配嫁资的权利。乌尔比安认为:"出于公正的

---

[1] 费安玲主编:《罗马私法学》,中国政法大学出版社2009年版,第73页。
[2] [意]彼德罗·彭梵得:《罗马法教科书》,黄风译,中国政法大学出版社1992年版,第159页。

考虑,应当由丈夫享有嫁资的孳息,因为是他本人承担婚姻的重荷,他本人获得嫁资的孳息是公道的。"另一方面,嫁资制度符合国家利益。嫁资制度的出现不仅是为了增强丈夫承担家庭重荷的物质能力,也不仅是使家庭稳定,更重要的是通过家庭稳定使社会稳定。保罗将这种关系表达为:"女性应有完整的嫁资方能结婚是符合国家利益的。"[1]

正是因为嫁资对于社会、对于国家如此重要,才不能单纯地从家庭稳定的视角来看待这一个问题。也正是这一原因,这些财产才得以在"家父"制度之外存在,"家父"才没有从丈夫的手中掠走这些财产,并不得禁止为婚姻生活而使用它们[2]。罗马法上的嫁资制度,直至今天都让我们感到那时的财产比婚姻更加重要,意大利学者彼德罗指出,嫁资关系使得丈夫合法地取得妻子为维持婚姻生活而转交给他的财产,这一目的决定了嫁资的用途,使嫁资对于丈夫来说不具有得利的特点,而是将其归于有偿原因之列[3]。更有甚者,在罗马,有无嫁资是区分正式婚姻和姘居的重要标志[4]。

罗马法的夫妻财产因"有夫权婚姻"与"无夫权婚姻"而不同。设立嫁资的人,可以是家父、第三人、自权女本人。在"有夫权婚姻"中,自权女有财产的,可以经监护人赞同而自行设立嫁资。他权人女子的嫁资,则由家长按照习俗视其财产能力和婿的身份而拨出一定的财产设立,主要是用来弥补女子因结婚而丧

---

[1] 费安玲主编:《罗马私法学》,中国政法大学出版社2009年版,第73~74页。
[2] [意]彼德罗·彭梵得:《罗马法教科书》,黄风译,中国政法大学出版社1992年版,第158页。
[3] [意]彼德罗·彭梵得:《罗马法教科书》,黄风译,中国政法大学出版社1992年版,第158页。
[4] 周枏:《罗马法原论(上册)》,商务印书馆1994年版,第186页。

失的继承权。至于"无夫权婚姻",自权女经监护人同意结婚,可以将自己的全部财产设定为嫁资,使之不留给宗亲而通过丈夫传给自己的子女,纠正宗亲继承的悖情。他权人女子习惯上也由家长设立嫁资,以补助女子婚后的生活和抚养子女的费用,但不是弥补继承权的丧失,因为它仍是父亲的宗亲,仍然有继承权[1]。

嫁资的设立或者通过实际转让财物完成,或者通过承担某一义务来实现。实物转让叫做"嫁资给付",它要求的不是特殊形式,而是按照需要转让的权利的性质采取法定的形式,例如,如果是转移所有权,根据古典法,转让"要式物"必须采用"要式买卖"或者"拟诉弃权"的形式,否则丈夫只有在时效取得所要求的时间经过后才取得所有权。设立嫁资的第二种形式,在古典法中叫作"嫁资允诺",它采取的形式是任何其他债允诺所借助的形式——要式口约[2]。按照罗马法的原则,如果采取简约的方式进行了许诺,则不产生市民法上的债。但是,如果妻子错误地以为自己许下诺言而负债并自己设立了嫁资,她无权以不当得利为由要求丈夫予以返还[3],也就是自然债的效力。

第三,不属于法定扶养责任范围内的给付抚养费的义务,如果这种抚养费是根据公道原因(pietatis causa)而提供的,人们则不能要求返还[4]。这种自然债与罗马法上的亲属制度相关,

---

[1] 周枏:《罗马法原论(上册)》,商务印书馆1994年版,第186~187页。
[2] [意]彼德罗·彭梵得:《罗马法教科书》,黄风译,中国政法大学出版社1992年版,第160页。
[3] [意]彼德罗·彭梵得:《罗马法教科书》,黄风译,中国政法大学出版社1992年版,第304页。
[4] [意]彼德罗·彭梵得:《罗马法教科书》,黄风译,中国政法大学出版社1992年版,第305页。

罗马法上承认的亲等有六等[1]，但是，法律规定有扶养义务的仅仅有：父母与子女之间的扶养关系，特定情况下的祖父母与孙子女之间的扶养关系[2]。除了这两种关系之外的亲属不属于法定抚养义务的范畴，但如果履行了扶养义务，不被认为是不当得利，而是自然债的履行。

这种观念对现代民法产生了重大影响，几乎所有大陆法系国家的民法典都贯彻了这一思想。

第四，为已收款支付利息的义务。如果对这种利息未通过要式口约正式达成协议，而只是以简约商定并履行了偿付，那么这就是一种自然之债。因为在罗马法上，消费借贷本身并不构成支付利息的充足理由，因此需要通过要式口约达成协议[3]，如果没有通过要式口约达成协议，利息之债就不是市民法上的债，而是自然债。

消费借贷在罗马法上属于单务、无偿、实物契约，根据它，债务人或者借用人从债权人或者出借人那里接受一定数量的可替代物（一般为货币），并负有义务归还同一种类和同等数量的物。物的交付，即对物所有权的转移，是债务人承担义务的根据，他

---

[1] 判断一个人处于哪一类亲等，需要从该人的亲属关系人入手进行分析。保罗提出了具体的分析方法：如果他是直系亲属上或者下一亲等的人之一者，如果我们在每一个亲等中都考虑最近亲属之人的话，我们很容易地找到上一亲等或者下一亲等。事实上，离我们最近的人对我而言是第二亲等；同样，离我越远的亲等，数字越大。为此，兄弟属于第二亲等，因为生育我和兄弟的父亲或者母亲在亲属关系中被认为处于第一亲等。在罗马法中，亲等被考虑止于第六等。对此，莫德斯汀的解释是：当确认是否有血亲关系时，不容易考虑到第七亲等，因为事物的自然性决定了不可能有超过这一亲等的生命的存在。参见费安玲主编：《罗马私法学》，中国政法大学出版社2009年版，第80~81页。

[2] 费安玲主编：《罗马私法学》，中国政法大学出版社2009年版，第81~83页。

[3] [意] 彼德罗·彭梵得：《罗马法教科书》，黄风译，中国政法大学出版社1992年版，第304页。

恰恰是按照所接受的数量承担义务。如果未发生所有权的转移，则不产生消费借贷[1]。

由于消费借贷契约是无偿的，因此，不得约定利息。如果契约当事人欲就消费借贷收取利息，就必须：①以要式口约对消费借贷进行更新，对本金和利息一并进行规定，称为本金和利息口约；②就支付利息专门订立要式口约，称为利息口约[2]。如果不是要式契约，而是以简约方式进行了约定，则为自然之债。若债务人按照简约进行了偿付，则不得要求返还。

罗马法的这一规则对后世各国影响很大，甚至对我国民事立法影响也很大，例如，自然人之间的金钱借贷也是实物债；如果没有约定利息的，视为无息；超过一定比例的利息约定，也视为自然之债（关于这一点，下面详细论述）。

第五，母亲为使儿子免受奴役而支付的钱款。

第六，为自己的亲属支付的丧葬费[3]。

二、对罗马法上"自然之债"的小结

我们在考察了罗马法的自然之债后，我们可以来讨论为什么罗马人将这一类债冠以"自然之债"的名称？有学者经过了认真的考察后指出，罗马法学家很可能就用"自然之债"这一个词来指称在市民法上没有诉权的债，以对应在市民法上有诉权的万民

---

[1] [意]彼德罗·彭梵得：《罗马法教科书》，黄风译，中国政法大学出版社1992年版，第363页。

[2] 费安玲主编：《罗马私法学》，中国政法大学出版社2009年版，第320页。

[3] [意]彼德罗·彭梵得：《罗马法教科书》，黄风译，中国政法大学出版社1992年版，第304~305页。

法上的债。这种表述是非常贴切的，因为：①"自然"一词最原始的意义是指事物的本性，这种本性是不以人的意志为转移的。因此，罗马法学家用"自然"这一个形容词来修饰"债"时，他指的是这种债在市民法上尽管不被承认，但是它是客观存在的。②罗马法学家在用"自然"这一个词修饰"债"时，其意义在于减弱债的效力。③尽管自然债是法律义务的贬降，但是符合债的本性，只是因债的主体不是市民而被排除在市民法的调整范围之外。在罗马法的扩张过程中，基于政治和经济等方面的需要，不得不采取变通的方式对其进行保护[1]。这种分析是非常有见地的，也是颇有道理的。但也有一点疑问：万民法上的债也不都是没有诉权的。让我们来看看罗马人是如何看待"自然之债"中的"自然"二字的。

意大利研究罗马法的学者彼德罗指出：市民法与自然法之间的对立更为微妙。"自然""自然的""自然地"是指世界上存在或者发生的、无需主动劳作的一切情形，比如，自然河床、自然堤堰是非人建造的。自然法是指"不是为体现立法者意志而产生的法"，这一类规范由于立法者没有主动施加任何主动的作用，因而确实像是自然的产物；而市民法却表现或者至少是部分表现立法者意图的规范。这些债有时被优士丁尼法的编纂者们称为自然债务，"自然"这一个词完全是同"法"相对应而使用的，人们使用"自然"表示这些债的原因和根据存在于"公道""道德"义务等之中，而不是存在于法之中[2]。我们如果仔细观察

---

[1] 方新军："自然债的起源"，载费安玲主编：《第四届罗马法、中国法与民法法典化国际研讨会论文集》，中国政法大学出版社2009年版。

[2] [意]彼德罗·彭梵得：《罗马法教科书》，黄风译，中国政法大学出版社1992年版，第19、304页。

就会发现，其实这种对"自然之债"的认识深深影响了当今意大利及法国的学说与判例，他们将今天存在的自然之债的原因归结为"公道""道德"义务等之中，这些将在我们下面的分析中逐渐变得清晰。我们在讨论"自然之债"的时候，不得不佩服罗马法学家的智慧，他们用"自然"一词区分了今天德国人用以描绘的"完全之债与不完全之债"，将债的一种亚类型精确地体现出来，就如他们在"契约"前加了一个"准"字，将契约与类似契约的不当得利和无因管理区别开一样。

我个人认为，"自然之债"在罗马法上要表达的要义是：①强调这一类债的债因不源于市民法，而是在市民法之外发展起来的。这是自然之债的一个重要标志，即这些债的债因与民事债是不同的。这一点对后世影响也非常巨大，成为定义和判断自然之债的重要标准。②只要履行或者承诺履行就不得请求返还，因为这一类债具有"债因"（这些债因虽然来自于市民法之外或者说是来自于"自然"），一方面它不同于赠与，需要严格的形式；另一方面，它也不是没有"债因"（尽管不是法律规定的法定之债的债因）的"无债清偿"。因此，"自然之债"是不能要求返还的。无论是罗马法，还是受到其影响的《法国民法典》或者《意大利民法典》，都特别强调"债因"（可能产生债的关系的法律事实被称为债的渊源，或者用罗马法的术语被称为债因[1]）。③用"自然"一词有两个含义：一是它不同于一般民事债，无论是债因还是效力；二是它不同于非债，不是纯粹的道德或者宗教义

---

[1] [意]彼德罗·彭梵得：《罗马法教科书》，黄风译，中国政法大学出版社1992年版，第306页；《法国民法典》第1131~1133条明确规定了债的"原因"是债有效的要件；《意大利民法典》第1325条也将原因作为契约有效的条件，第1343~1345条又从反面具体规定了债的原因对债的影响。

务，用"自然之债"将"债"与"自然"连接就可以体现出：这一类债的债务人可以拒绝履行，但一旦履行，它就是债的履行而非不当得利或者赠与。这一点与罗马人将契约与"准契约"相区分的思路如出一辙：因为按照罗马法的规定，债务要么源于契约，要么源于私犯（侵权），但不当得利与无因管理既不同于契约（无意思表示和意思自治），也不同于私犯（无需非法性和过错），但其结果却类似于契约之债。罗马人将"准"字与契约相连，就将介于契约与侵权之间的地带统一起来。同样，"自然之债"也统一了介于法定义务与纯粹的社会义务之间的灰色地带：因缺乏法律规定的"债因"而无法律的强制约束力，但发生的财产性结果受到法律保护的所有情形。

第三节 自然之债的当代概念

一、当代自然之债与罗马法上的自然之债的根本区别

如果对罗马法上的债及债因进行深入的考察，就会发现，罗马法上的市民法债（也就是我们当代所谓的一般债）有三个最基本的特征：

1. 首先是人格问题，即只有在法律上被承认是人的自然人才有可能缔结市民法上的债，这是市民法上的债产生的前提。如果没有这一前提，是不可能缔结具有市民法上效力的债的，仅仅有可能为主人缔结自然债。就如有学者所指出的，最早的自然之债的观念是与不同种类的欠缺权利能力的个人紧密相关的。因此，随着欠缺权利能力的人的减少，自然之债的地位和重要性注定会日益下降。可以这样说，今天自然之债适用的范围要比罗马法上

的自然之债狭窄得多,最主要的原因是罗马法上能力欠缺的人的数量要远远超过现代法律,求助于自然之债的做法,在某种意义上给予他权人某些行为(这些行为涉及其日常生活)以一定程度上的法律效果[1]。当然,即使具有了自由人及市民资格,其所缔结的债也不必然是市民法上的债,还要有其他要求。

2. 要有法律上承认的"债因"。这是第二个要求。所谓债因,简单地说,就是法律关系,更直接地说,就是当事人双方的契约关系是否受到法律的承认与保护,例如,买卖是没有问题的,但是,互易在罗马法上就不受保护和承认。罗马法上对每一种契约类型及其所代表的背后的社会关系都有非常严格的规定,超出法律规定的社会关系的交易,是不被法律所承认的,最多也就是自然之债。更具体地说,罗马法仅仅承认下列这些契约形式可以产生市民法上的债:要式契约和非要式契约。要式契约主要包括要式口约和文字契约,无论什么形式,只要遵守了法定的形式和程序,就会产生债。非要式契约包括实物契约、合意契约和无名契约。

在优士丁尼法的分类中,实物契约有四种:消费借贷、使用借贷、寄托、质押。它们的共同特点简单地说就是:债不是产生于协议本身,而是产生于对有形物的交付[2]。这一类契约的名称产生于物,表示各项契约的实质,即返还所接受的物,它的一般观念是"物被借出后,应当原物返还"[3]。以消费借贷为例,

---

〔1〕 David Deroussin, "Histoire du Droit des Obligation", *Economica*, 2007. pp. 61~69.

〔2〕 [英]巴里·尼古拉斯:《罗马法概论》,黄风译,法律出版社2004年版,第181页。

〔3〕 [意]彼德罗·彭梵得:《罗马法教科书》,黄风译,中国政法大学出版社1992年版,第307页。

物的交付,是债务人承担义务的根据,他恰恰是按照所接受的数量承担义务,如果未发生所有权转移,则不产生消费借贷[1]。

合意契约也许可以从一般意义上来说,是根据当事人的合意而产生的债的形式,包括买卖、租赁、委托和合伙契约[2]。

无名契约根据原因的实质及各自的义务区分为四种:互易(以物易物)、物劳互易(给付某物是为了对方做某事)、劳物互易(做某事是为了对方给付某物)、换工(以工换工,做某事是为了对方给自己做某事)。在古典时代或者后古典时代,人们曾发展到把许多通过物的转移或者提供劳作(为了获得不同形式的给付)而实现的行为承认为契约。这些契约没有获得任何总的名称,因而在理论上一开始就被称为"无名契约"。它们并没有得到优士丁尼的认可[3]。

由此可见,罗马法上对于哪些社会关系需要法律调整和规范,是有严格规定的,"债因"恰恰就是这种目的的产物。

3. 要遵循严格的形式。在罗马法上,其实最严格的是形式,如果没有形式的遵守,是不会产生市民法上承认的债的,即使有债因也不产生债。因此,罗马法上的"合意"并不是产生债的源泉,形式才是债产生的源泉。

我们先来看看第一个特征,由于罗马法将自然人分为法律上的人与法律上的物,因此,有很多自然人是没有法律主体资格的,例如奴隶与家子。因此,他们根本就不可能缔结被法律上所

---

[1] [意]彼德罗·彭梵得:《罗马法教科书》,黄风译,中国政法大学出版社1992年版,第363页。

[2] 费安玲主编:《罗马私法学》,中国政法大学出版社2009年版,第310页。

[3] [意]彼德罗·彭梵得:《罗马法教科书》,黄风译,中国政法大学出版社1992年版,第308页。

承认的债，他们所缔结的债也是在对主人的意义上才属于自然之债。因此，我们在当代定义"自然之债"时，是否还应坚持"无诉权"或者不能通过诉讼实现这样的质的规定性？这里就涉及法律的传统与现代的衔接问题，罗马法上的自然之债，毫无疑问是没有诉权的，那是因为有些自然人不是"人"，而今天这种因素是否还是自然之债的核心问题？还是说，用其他的技术手段来解决更加合适？例如，能否用"债因"或者"法外空间"等词加以概括？我想，这是一个需要认真考虑的问题。

我们再来看看第三个特征：要式（或者说形式）。严格的形式主义早已被契约自由的精神所取代，法律对形式的要求仅仅是例外，不具有要求形式的契约也不再作为自然之债来对待。不具备形式的契约要么可以补正，要么不产生效力，不再是自然之债。例如，我国《合同法》第36条规定："法律、行政法规规定或者当事人约定采用书面形式订立合同，当事人未采用书面形式但一方已经履行主要义务，对方接受的，该合同成立。"因此，自然之债产生的第二个因素也大大降低，甚至消灭了。

那么第二个因素——债因是否还继续对自然之债存在影响？这种债因在罗马法与当代法的自然之债方面有什么区别？我们将在下面的章节中对"债因"进行专门的考察。其实，真正从罗马法传承下来的自然之债的影响因素是"债因"，在当代民法上的法定之债（罗马法上的市民法债）与自然之债的真正区别是"债因"，即法律对自然之债与法定之债的债因的认同是不同的：法定之债调整的是重要的社会关系，即民法将这些重要的社会关系纳入自己的调整范围内而成为民事法律关系，成为法律上的权利义务关系，有法律作为其实现的保障。而自然之债所反映的这些社会关系，与民事法律关系背后社会关系相比，属于立法者有意放逐到社会或者道德、宗教等非法律规范调整的领域中去的关系，其与人类的生活之关切程度、对社会财产秩序等并非那么重要，因此，法律并不将其视为民法上的真正的权利义务关系，从而强力保障其实施。因此，在多数情况下，可以将其视为"法外空间"，不属于民法规范的调整范围，其是否履行由非法律规范调整。例如，一般民法上的债（法定之债）经过诉讼时效期间且经债务人抗辩后，即成为自然之债。对于这种债，虽然民法规范不能强制其实现，即不能强制债务人履行债务，也就不再是民法上的债的关系，但这种债本身还是存在的，债务人虽然在法律上不再负担继续履行的义务，但本来他是应该偿还的，即负担有"道义和良心上的债务"，因此，这一类债务的债因与民法上的一般债（法定之债）是不同的，其基本上属于良心、道义或者宗教的债务。因此，从债因方面就区别于一般的法定之债。

另外，正是因为自然之债的债因特殊，从而与赠与区别开来：赠与的前提是赠与人对受赠与人不负担任何的义务，哪怕是道义上的义务也不存在。如果负担道义义务的人以赠与的方式赠与，那么，就是履行自然之债而非赠与。例如，现在许多国家的法律都承认一种特殊的自然债务：虽未结婚但同居双方（不包括婚外同居）解除同居关系后，一方陷于贫困，相对方给付生活费用的行为被认为是有道义上的义务的，即使相对方是以赠与的名义进行的，也属于自然之债而非赠与。也就是说，自然之债的债务人是有义务的，只不过其义务并非民法承认并保护的民法上的义务（民事义务）。除此而外，自然之债也是有债因的，因此，自然之债并非不当得利，从而与不当得利制度也区别开来。

所以，我认为，债因的特殊性是当代自然之债的质的规定性。这是从罗马法上传承下来的一个重要的内在基因。

正是因为这种自然之债的债因与一般民法债的债因不同，因此，民法对其的调整、规范方法也就不同：民法不调整或者说规范其履行与否，仅仅从价值层面来切断债务人自愿履行后的返还请求权：法律不调整履行，但一旦履行，则不得请求返还。因此，这种特征（或者说效力）也是自然之债的质的规定性。

二、"自然之债"的当代定义

今天如何来给自然之债定义呢？在法国，从19世纪初期开始，理论界对于现在对以下说法是否有定论一直有争议：自然之债已经具有民事之债的本质，二者之间仅仅以缺乏强制性来区分？或者自然之债是否与民事债务在根本上就不同？为了更准确地将自然之债和民事之债区分开来，一些学者实际上拒绝在法之外谈及自然之债的概念。比如，不再谈及"自然之债"，而说"不完全之债"。图利耶（Toullier）认为，自然之债属于道德范畴而不是司法范畴。他将义务（民事之债）划分为两大要素：责任和权利。前者是承诺人履行承诺的义务，后者是接受承诺的权利人享有要求承诺人履行承诺责任的权利，也就是承诺人该做的行为。然而，他明确提出责任和权利是对应存在的：二者不能互缺。如果缺少权利，义务不复存在。按照法国学者Ripert的观点，他实际上拒绝认为自然之债和民事之债存在相同点，因为二者完全没有关联。自然之债仅是一种简单的责任，不履行自然之债不会受到处罚。Ripert在《道德规则》一书中写道，自然之债是一种意识责任，存在于法律之下。因此，自然之债和义务没有联系。仅仅从执行的角度而言，执行是法律的生命，债务人根据自己的意愿履行义务而不是根据正当的理性,基于此,Ripert 认为,法律确立了民事之债。与理论相比,司法实务更倾向于赞同自然之债的观念,并且总是认为其基于道德之考虑有资格获得清偿[1]。

日本学者我妻荣认为：债务人非自愿给付,债权人不得请求给付的债务称为自然债务[2]。在德国,自然之债被界定为一种"不完全债务"（unvollkommene Verbindlichkeit）,这种债务有别于传统的债务,其与传统债务的核心区分点在于：这种不完全债务不具有可诉性（Unklagbarkeit）[3]。意大利学者认为,与民法之债中的情形不同,在自然之债中,债务人在法律上不负有履行债之标的的义务；但是,一旦履行,不得请求返还 [即所谓的可以"保有清偿"（soluti retentio）][4]。我国也有学者认为：依现代民法学者的定义,自然债务是指债权人不得对债务人提出诉讼、请求强制执行,但如果债务人愿意履行给付,即不得援用不当得利之规定来请求返还的一种不完全债务[5]。在这一观点中,有一点是值得思考的：自然债务的债权人是可以对债务人提起诉讼的,也能够获得判决,仅仅是享有不可强制执行的债权而已[6]。我国台湾地区学理之主流观点认为：自然债务即为不完整请求权,债务人得拒绝履行,但如果债务人已为给付,债权人得基于

---

[1] David Deroussin, "Histoire du Droit des Obligation", *Economica*, 2007. p. 65.

[2] [日] 我妻荣：《新订债权总论》,王燚译,中国法制出版社 2008 年版,第 60 页。

[3] Franz Jürgen Säcker, Roland Rixecker, Hartmut Oetker, Bettina Limperg（Hrsg.）, MüKoBGB/Habersack, 7. Aufl. 2017, BGB § 762 Rn. 3.

[4] Andrea Torrente e Piero Schlesinger, *Manuale di diritto privato*, 12a edizione, Milano, 2007, p. 344.

[5] 王卫国主编：《民法》,中国政法大学出版社 2007 年版,第 321 页。

[6] 参见 [日] 我妻荣：《新订债权总论》,王燚译,中国法制出版社 2008 年版,第 60 页。

权利而受领，非为不当得利，债务人不得请求返还[1]。以上这些定义无疑都是正确的，但没有全面反映自然之债的质的规定性，甚至有的可能是值得商榷的，例如，我国台湾地区的主流观点中所谓的"自然债务即为不完整请求权，债务人得拒绝履行"，这一说法的正确性就值得怀疑：自然债务从本质上说，是否是债务人仅仅享有抗辩权的问题？即使是超过诉讼时效期间的债务，债权人提出履行被债务人第一次抗辩后即成为自然债务，以后的抗辩内容与第一次还是一样的吗？另外，这些概念大多都是从"不能返还"这样的后果或者说效力方面来描述自然债务的，这仅仅是自然债务的一个最明显的质的规定性，甚至可以说是自然债务的一个表里如一的特征，是迎合以德国法为代表的以"不完全债权"来涵盖自然债务的做法的一种表述方法。说到底，自然债务根本就不是民法上的债务，因为自然债务的根本问题是"债因"，即其权利义务的来源与一般民法上的债（罗马法上的市民法上的债）是不同的，其权利义务根本不是民法要保护的权利义务关系，不能上升到民事法律关系的重要性，属于民法的"法外空间"。但是，由于这些权利义务只有具备特殊情况时，才具有民法上的意义，即自愿履行后就不能视为不当得利。

因此，我认为：自然之债是指缺乏法定之债的债因，不产生法定义务，故不能经由诉讼获得满足，但债务人自愿履行的，不得请求不当得利返还的债。也就是说，自然之债的债权人可以起诉债务人，但法院是不可能判决对债务人进行强制执行的。债务人自愿履行或者承诺履行的，债权人即可保有给付或者因债务人

---

[1] 王泽鉴：《民法学说与判例研究（第二册）》，中国政法大学出版社1998年版，第125页。

的承诺获得强制执行力而不视为不当得利。同时,我赞成使用"自然之债"的概念,相比使用"不完全债务","自然之债"更加贴切和更具涵摄性,使其与非债、赠与、不当得利和无因管理区别开来,使得民法体系更加清晰。

第二章　自然之债的性质与效力

第一节　自然之债的性质

一、关于自然之债性质的争论

在"债"之前加上"自然"二字,虽然从其产生和渊源来看,是非常合适的,但是,有下列原因导致其性质存在争议:①自然之债既然被冠以"债",那么它与"债"肯定具有某种内在的联系,就如,虽然我们都知道"准契约"不是契约,但它确实与契约有着某种必然的联系一样;②自然之债的债因与一般民事债的债因是不同的,因此,不能与民事债具有同样的效力,自然债的这些义务类型都是民法不纳入自己调整范围的"法外空间"义务,与民法调整的民事权利义务是不同的;③有的国家的民法典(如《德国民法典》)直接用"不完全债权"称呼自然之债,说明只要其具有某些条件就可以成为民法上的债。因此,这种联系是必然的。

基于以上这些原因,对自然之债性质的争议,大致有以下几种:

(一)自然之债同民法债具有同质性理论

罗马法给人的印象是在自然债务与民事债务之间,总能找出类似性。二者之间仅仅存在程度上的差别。按照优士丁尼的说法，二者的依据是相同的[1]。即使在主张自然之债同民法债具有同质性的观点内部，也存在着古典理论同新古典理论两个流派。

1. 古典理论。自然债务会产生一定的法律效果，这意味着它与一般的民事债务在根本上具有相同的性质。唯一的差别在于自然债务的不完全性，它缺乏通过起诉强制执行的属性。当然，要使自然债务产生实际效果，需要债务人作出某种自愿行为：履行或者是履行的承诺。不过，这种自愿行为只是对已经存在的法律关系的一种揭示。即使在债务人未承认之前，自然债务仍然是一种真正的债务，只是欠缺效力；一旦它获得承认，就会产生与民事债务相同的效果，但在性质上并未因此发生变化[2]。其中，有两位学者奥布利（Aubry）和若奥（Rau）进行了更为详细的论述。

首先，自然债务是"基于一种可以导致某人对于另一人享有特定给付权利的法律原因的义务，是一种能够合法和理性地成为某种外在的强制力的客体，但是，立法者认为作为民事债务并不合适的义务"。因此，人们形象地称之为"流产的民事债务"。基于法律政策的考量，立法者认为，无必要对此种债务赋予强制力，但这只是出于偶然，它并不是不存在，在债务人自愿履行的情况下，它完全可以产生一种民事债务，并显示出其法律后果。

其次，自然债务是"立法者基于社会利益的原因不赋予诉

---

[1] [法] 雅克·盖斯旦、吉勒·古博：《法国民法总论》，陈鹏等译，法律出版社2004年版，第675页。

[2] [法] 雅克·盖斯旦、吉勒·古博：《法国民法总论》，陈鹏等译，法律出版社2004年版，第676页。

权"的债务,因此有人称之为"变异的民事债务"。它们完全地存在着,虽然最后失去司法制裁请求,但这并不影响它的存在。最为典型的例子是时效届满后的债务,债务人的自愿履行构成一项真正的清偿[1]。

2. 新古典理论。债务具有两个基本要素,即义务和强制,而自然债务仅仅具有第一种。因此,古典理论受到了批评。新古典理论的产生旨在对这些批评进行回应,以建立更为坚实的理论基础。最具有代表性的人物要数杜培鲁克斯先生(J. J. Dupeyroux)。他认为,自然债务的运作本身要求存在着一些与民事债务相同的客观要素,即存在一位债权人和一个特定标的物。随后,他对民事债务进行了深刻的分析,发现债具有双重法律关系:①实质性联系,即债务人相对债权人所负担的义务;②强制性要素,即在债务人不履行义务时,债权人所享有的强制其履行的权利。通常这两种因素寓于一体,其实它们是有区别的,因为它们的标的物不同:实质性联系的客体是意志自由的债务人的某一活动;而强制性则必然体现为债权人就债务人的财产采取的进攻性权利。自然债务就是通常联系在一起的两个基本要素的分离,但强制性要素的排除并不妨碍一种真正的法律之债的实质联系的存在。因此,当债务人自觉履行自然债务或者承诺将履行时,他仅仅是遵从了实质性联系的自然结果,债务的性质并没有发生改变[2]。

(二) 自然债务异质于民事债务理论

自然债务异质于民事债务理论的主张者也从不同侧面来阐述

---

[1] [法] 雅克·盖斯旦、吉勒·古博:《法国民法总论》,陈鹏等译,法律出版社 2004 年版,第 676~677 页。

[2] [法] 雅克·盖斯旦、吉勒·古博:《法国民法总论》,陈鹏等译,法律出版社 2004 年版,第 678 页。

第二章 自然之债的性质与效力

其反对同质性理论的理由,主要有两种代表性理论。

第一种理论认为,自然债务是法律上认可某种道德义务的手段。由于缺乏诉权,因此,不存在法律上的债,仅仅存在良心义务。古典理论存在两方面的错误:①对于权利与诉权的区分是没有根据的,因为诉权不过是行使中的权利而已。如果权利被立法者剥夺了诉权,也就取消了权利本身。②如果说自然债务具有与民事债务相同的性质,那么除了被神秘拒绝的强制执行性以外,它应具有其他民事债务的全部效力。然而,就实体法而言,这些效力要小得多。这就意味着:古典理论是建立在错误的基础之上的。在债务人自愿决定履行前,自然债务不是一种先于债务人自愿履行决定的不完全债务,因为在此决定前,不存在任何法律上的义务,仅存在一种良心和道德上的义务。自然债务是一种由道德层次上升到法律层次的义务,负有此种义务的人的行为为其进入法律所调整的领域开辟了道路。法官应当探求其动机,并考虑到行为人是基于完成所负义务的事实。并非所有的道德义务都可以转化为自然债务,许多学者认为,这些义务应当是属于被立法者或者法院认定为最有必要或者最符合公共利益的义务。但是,当债务人认可履行他负的某种义务时,涉及的就不仅仅是帮助他完成此种义务的问题,还要保障该履行行为的效力,防止恶意反悔。在债务人以实际的履行来确认其存在以前,自然债务是不存在的[1]。

学者 Ripert 也认为,自然之债和民事之债不存在相同点,因为二者完全没有关联。自然之债仅是一种简单的责任,不履行自

---

[1] [法] 雅克·盖斯旦、吉勒·古博:《法国民法总论》,陈鹏等译,法律出版社 2004 年版,第 679~680 页。

然之债不会受到处罚。Ripert 在《道德规则》一书中写道,自然之债是一种意识责任,存在于法律之下。因此,自然之债和义务没有联系。仅仅从执行的角度而言,执行是法律的生命,债务人根据自己的意愿而不是正当的理性履行义务,基于此,Ripert 认为法律确立了民事之债[1]。

第二种理论认为,自然债务仅仅是使单方承诺的意思表示发生法律效果的手段。既然自然债务作为一种法律义务在债务人表示履行之前并不存在,那么它是如何进入法律生活的呢?有学者认为:当判例考虑债务人同意履行其自然债务的许诺时,它采取的是一种与接受单方意思表示的条件完全相同的态度。在界定许诺的实际内容时,法官遵从的完全是该意思表示的内容,而不去探寻外在因素的原因。其目的在于不使合理地理解了该意思表示的相对人的期待落空,而且债务人的单方承诺只有在符合社会公共利益的前提下才能被接受,这就是单方意思表示接受制度所设定的要求。另外,从功能的角度来看,自然债务的功能仅仅是一种较恰当的表达方式,借助于该方式单方表示的承诺在法律中被认可并不与传统直接发生冲突。有人这样来表达:因不得不给良心义务一席之地,法学家们将它们命名为债务,这样得体地包装以后,它们就可以堂而皇之地出现在法庭上了。它们是一些社会利益所需的单方承诺,以"自然债务"的面目进入了法律范畴[2]。

(三)"道德精英"效力理论

"道德精英"效力理论认为:自然债务对所有的人的效力并

---

[1] See David Deroussin, "Histoire du Droit des Obligation", *Economica*, 2007, p. 67.

[2] [法]雅克·盖斯旦、吉勒·古博:《法国民法总论》,陈鹏等译,法律出版社 2004 年版,第 681 页。

不相同，只有对那些敏锐地意识到其所负担的义务的"精英者"，自然债务才能起到真正的法律义务的作用。他们承诺了履行或者自动履行了其义务之后，就被视为负有某项民事义务。对于其他人，自然债务仍然游离于法律之外。所谓"道德精英"，是指那些以其行动将自己变成法律所设定的义务主体的人。这样称呼仅仅是为了方便而已，并非指他们的道德超出常人。

实际上，自然债务不受法律强制力制裁的说法并不确切，它是受强制力制裁的，但仅仅针对那些表达出加诸他们身上的良心义务的人。这种表达必然采取单方承诺或者自愿履行的形式，所以，强制力是存在的。承诺会导致履行，否则就要受到制裁，而且禁止债务人事后要求返还。相反，对于那些对与其无关的法律规范漠不关心的人来说，不存在任何制裁。

这种观点会受到如下的批评：法律规范具有一般性和抽象性的本质特征，为什么仅仅会针对道德精英有效力？这种一般性并不排除法律规范在适用于某些特定个人时，可以有特别的限制。人们可以说，法律规范是独立于利害关系人的意思而存在，但是，在此种意思被表达出来之前，法律规范所指向的对象是未知的。一旦法律规范所指向的对象被确定，此种规范即会产生后果[1]。

二、对自然债务性质的评述及观点

以上各种理论无论是从司法判例的认定还是债法或者法律行为的一般原理出发，都在试图解释一个最基本的问题：法律规定的无

---

〔1〕 [法] 雅克·盖斯旦、吉勒·古博：《法国民法总论》，陈鹏等译，法律出版社2004年版，第682页。

责任的债如何会因债务人的自动履行或者承诺履行而死灰复燃?

如果我们对各种观点稍微提炼一下,就很清楚他们在说什么。

1. "自然之债同民法债具有同质性理论"中的"古典理论"的要点在于:①自然债务是一种真正的债务,但缺乏通过法律强制实现的手段;②自然债务具有债因,但立法者基于社会利益的价值判断,认为这种债因作为民事义务并不合适,因此,不赋予自然之债强制履行的效力;③自然债务是有债因的,因此,它与民事债具有债的相同的属性,一旦债务人自愿履行,其民事债的效力完全显现。

新古典理论其实与古典理论并没有实质的差别,它认为:①从债的要素来看,自然债的要素与一般民事债并无区别,都具有债务人与债的客体;②新古典理论试图用"实质性联系"与"强制性要素"来替代古典理论过于直白的"义务与强制"的传统说明,将"实质联系"定义为债务人对债权人所负担的义务;"强制性要素"即债权人对债务人财产的进攻性权利。自然债务与一般民事债的区别就在于排除了强制性要素,但实质联系仍然存在。如果债务人自愿履行,这本身就是"实质性联系"对债务人的自然要求,也是这种债务的自然结果,债的性质并没有发生变化。

但是,如果我们仔细品味这两种理论,会对新古典理论产生更大的疑问:虽然都具有"实质性联系",但义务的性质又如何呢?因为任何一种义务,其义务人对债权人都负担义务,但这种实质性联系却有不同的性质:纯粹道德层面的义务人对其权利人也有实质性联系。但这种联系能够从逻辑上解释债权人对债务人的权利的合理性和正当性吗?显然不能。因此,新古典理论在对自然债与民法上债的同质性方面,显然不如古典理论具有说服力。

2. "自然债务异于民事债务理论"的第一种理论——"自然

债务是法律上认可某种道德义务的手段"之主旨：①在债务人自愿决定履行前，不存在任何法律上的义务，自然债务绝不是一种先于债务人自愿履行决定的不完全债务，仅仅是一种道德和良心上的义务。在债务人以实际履行来确认之前，自然债务是不存在的。②并不是所有道德和良心上的义务都可以转化为自然债务，仅仅是那些法院或者立法者认为最有必要或者最符合公共利益的义务能够被法院认可。③自然债务制度不是在要求债务人履行义务，而是防止其履行后反悔。

"自然债务异于民事债务理论"的第二种理论——"自然债务仅仅是使单方承诺的意思表示发生法律效果的手段"之主旨：自然债务仅仅是一些社会利益所需要的单方承诺进入法律领域并发生效力的手段，因为需要对一些良心义务给予债务的名义，他们需要用自然债务这种手段进行包装。

"自然债务异于民事债务理论"的一个合理的地方或者说有说服力的地方是：它指出了自然之债的"债因"与一般民事债的"债因"应是有区别的，特别是哪些良心或者道德义务进入到自然债务的范畴，确实需要判例或者立法斟酌，也就是说，哪些自然债务的债因是值得保护的，需要斟酌。自然债务制度不是在要求债务人履行义务，而是防止其履行后反悔。一个令人生疑的地方是：如果债务人在自愿履行或者许诺履行前不存在任何义务，那么，它与赠与和不当得利的区别是什么呢？对于第二种理论，我认为说的是正确的，即因为需要对一些良心义务给予债务的名义，他们需要用自然债务这种手段进行包装。但是，这仅仅是一个哲学性说明，那么，在制度层面如何从逻辑上解释？

3. "道德精英"效力理论在说什么呢？它是在说：自然债务仅仅是那些有良心和道德的人才能意识到自己负有这种义务，才有可能去承诺履行或者实际履行这些义务，因此，自然债务也只对他们这些道德精英才有效力。

我认为，"道德精英"效力理论仅仅是一个法社会学的说明理论，对于制度规范来说，这种理论无任何说明意义。

在对自然债务的说明理论中，我同意新古典理论的看法，只要将债务与责任区分，就很清楚地看到自然债务与一般民事债务的同质性。因为，自然债务在债务人承认其债务时能够产生法律上的效力，它应当一开始就具有法律的某种要素。如果拒绝赋予自然债务以法律关系的属性，就难以回答这样一个问题：如果自然债务同民事债务无同质性，为什么债务人的单方承诺履行或者履行就会产生同先前的债务同样的法律后果？如果仅仅从单方许诺入手，则会涉及意思自治与法律行为理论，特别是单方法律行为的效力理论。无论在我国还是大多数大陆法系国家，单方法律行为的生效及效力是受到严格限制的，在大多数场合，仅有单方许诺是不能产生许诺的预期后果的，因为涉及对方的意思表示和对许诺者的保护。因此，不仅要求有严格的形式，而且有时要求对方有接受的意思表示。例如，我国《最高人民法院关于适用〈中华人民共和国担保法〉若干问题的解释》方面的做法就是著例[1]。该司法解释第22条规定："第三人单方以书面形式向债权人出具担保书，债权人接受且未提出异议的，保证合同成立。"保证为典型的无偿行为（对债权人来说），但保证人作出保证也需要对方的"拟制"同意，即最高人民法院是用"契约"来解释单方行为的效力的，而且有形式的要求。因此，单方许诺在民法

---

〔1〕《最高人民法院关于适用〈中华人民共和国担保法〉若干问题的解释》，2000年9月29日由最高人民法院审判委员会第1133次会议通过，自2000年12月13日起施行。

上不必然产生与认可自然债务相同的法律效果。

如果有人试图用债的更改或者赠与来解释,那就与实证存在的自然债务的法律规则相悖。因为理论和判例都有基本上的共识:对自然债务的承诺或者履行并不是债的更改或者赠与(关于它们之间的巨大差别,我们将在下面论述)。而且,罗马人恰恰是在存在赠与和债的更改的情况下规定自然债务的,他们之间相互区别而且并存,因此,不能相互替代或者互为解释。

如上我们排除了单方许诺能够产生履行后果的情况,排除了债的更改和赠与的可能,那么,再用"自然债务作为一种法律义务,在债务人表示履行之前并不存在,而仅仅是一种良心和道德上的义务"来解释债务人的单方许诺或者履行,就使得到义务上升到法律义务,从而使债权人能够保有给付而非不当得利,虽然抓住了问题的实质,却在理论上缺乏说服力。说这一观点"抓住了问题的实质",是因为自然债务确实不具备产生具有法律强制性义务的"债因";说它"缺乏说服力",是因为从实际上来说,许多自然之债恰恰是从结果来认定的,而不是因为义务人的同意使良心或者道德义务上升为法律义务,而且单方行为很难从实证法上做到这种提升的效果。如果一定要从理论上进行解释的话,主张"自然债务与民事债务具有同质性"的观点更有说服力。因为,自然之债由于不具备法律要求的"债因",不具备法定之债的所有效力,没有法律强制的特点,故在这一点上与法定民事债务是不同的。之所以将其称为"自然之债",即在"债"的前面加上"自然"二字就在于强调它与法定之债的区别。但是,债务与责任是可以分离的,实体权利与诉权有时也是可以分离的。因此,仅仅从义务的角度看,自然之债同一般法定的民事债具有相同的属性,所差别的恰恰是法定之债(一般民事债)的义务是能够强制的，而自然之债却不然。更为重要的是：债务人的自愿恰恰弥补了这种"不能强制"的缺陷，就使它与民事债的最终结果是一样的。这样理解，才能合理地解释债务人的承认会产生如同一般民事债务一样的有效履行和债权人保有给付的后果。从这一点上说，德国的立法和学理及我国一些学者将自然债务归入"不完全债权"更直接地体现了二者的同质性。从实质上来说，自然之债也确实是存在于法律与社会、道德之间的一种义务类型，它既不完全是法律的，也不完全是社会的，因此，说它具有一般民事债的属性而又不同于民事债，也是合乎客观事实的。这一点，将从我们下面的讨论中显现出来。

当然，还有的学者坚决否认自然之债这一概念存在的必要性，例如，黄右昌先生就认为，罗马法的自然债务在现代社会已经没有必要存在[1]。但我们认为，这种"非此即彼"的看法，已经不符合现代社会多元化的需要，在债与非债之间也许还有一些"亦此亦彼"的义务。关于这一点，我们将在第四章中详细论述。

第二节　自然债务的效力

一、自然之债的对应概念应是法定之债

1. 首先需要说明的是，自然之债的对应概念应是法定之债。这对于我国的法学教育和研究具有重要意义，因为我国的民法教科书和法学研究已经不再将自然之债作为法定之债的对应概念了。许多研究罗马法的学者都认为：法定之债与自然之债是对应

---

[1] 黄右昌：《罗马法与现代》，中国方正出版社2006年版，第281页。

的概念，其区分标准就是债是否具有法定的原因[1]和强制执行力。例如，意大利研究罗马法的学者米拉拜利认为：法定之债与自然之债既相互区别，又相互联系，国家法律对社会道德义务也并非概不介入，但也未将这些义务纳入法定义务的范畴[2]。我国研究罗马法的学者周枏先生在其著作《罗马法原论》之债的分类部分，直接将"法定之债与自然之债"作为一种分类放在一起，并指出：法定之债是指依法产生而受诉权保护的债；自然之债则是指不能诉请履行，不受诉权保护的债[3]。费安玲教授在其主编的《罗马私法学》一书关于债的分类部分中，也把"法定之债与自然之债"作为一类，并指出：法定之债是指依法成立并受诉权保护的债务关系，如市民法之债与万民法之债。自然之债是那些尽管产生某些法律规定的效力，但因欠缺法律规定的要件而不被法律承认也不受法律保护的债务关系[4]。1967年的《葡萄牙民法典》在规定债的种类时，也将债分成自然之债和法定之债（第403条和第404条）。

2. 还有一点也是必须指出的，罗马法以及受其影响的大陆法系国家，始终将"债因"作为债的一个很重要的有效要件，例

---

[1] 是否具有法律上的原因这一点，也许存在争议。费安玲教授在其主编的《罗马私法学》一书中写道："至于自然之债的成立是否一定要有市民法上的债因，多数法学家认为，市民法上的债因应当成为自然之债成立的要件。但并无定论。"（费安玲主编：《罗马私法学》，中国政法大学出版社2009年版，第271页）但在我们下面的考察中会看到，现代罗马学者与法国学者都认为，债因好像是法定之债与自然之债的一个重要区别。这大概与他们对自然之债性质的认识有关，即自然之债与民事债究竟是同质还是异质有关。

[2] [意]恺撒·米拉拜利："自然之债"，载杨振山主编：《罗马法·中国法与民法法典化》，中国政法大学出版社2001年版，第378页。

[3] 周枏：《罗马法原论（下册）》，商务印书馆1994年版，第634页。

[4] 费安玲主编：《罗马私法学》，中国政法大学出版社2009年版，第271页。

如，《法国民法典》第1131~1133条明确规定了债的"原因"是债有效的要件；《意大利民法典》第1325条也将原因作为契约有效的条件，第1343~1345又从反面具体规定了债的原因对债的影响。因此，法定之债与自然之债的区分就与这一个因素有关。如果一项债务不是根据法律规定的原因发生，而是根据法律规定的原因之外的原因产生，就不具有法律上的约束力。这正是自然之债的根源，自然之债恰恰就是"债因"不是法律上能够引起强制义务的正当原因，而是由法律之外的原因引起的义务[1]。对此，意大利学者米拉拜利指出：债的产生原因是多元的，债可以产生于合同、不法行为或者法律规定的任何其他产生债的行为或者事实。非依法而是根据其他规范（如道德规范、社会规范或者宗教规范）产生的义务对当事人不具有法律约束力。单纯的社会、道德、宗教义务不是债的渊源，不具有法定约束力。非法定义务有赖于义务人的选择，也就是说，在无法律约束力并且不得强迫义务人履行的情况下，义务人可以自由选择是否按照道德规范、社会规范或者宗教规范履行义务。基于社会、道德义务而履行某一确定给付所引发的财产性转让是自然之债。《意大利民法典》未对能够成为自然之债渊源的社会、道德义务作出界定，而是将这一难题留给了法官[2]。在意大利，自然之债都是根据法律规范之外的原因引起的，如宗教规范、社会规范或者道德规范等。对此，研究罗马法的彼德罗指出：《意大利民法典》中的自然之债只不过

---

[1] 我们是否可以将这种引起义务发生的法律外的原因称为"次债因"或者"亚债因"，或许可以探讨。因为，正是这种原因使自然之债没有滑到不当得利一边从而与它区别开来。

[2] 参见[意]恺撒·米拉拜利："自然之债"，载杨振山主编：《罗马法·中国法与民法法典化》，中国政法大学出版社2001年版，第378、379、381页。

是具有财产的社会债。因此，人们应该研究法典以外的情况[1]。也就是说，其实自然之债的发生原因不仅是宗教、道德或者社会规范。意大利学者指出，法律明文规定为自然之债的情形有：打赌之债（《意大利民法典》第1933条第1款，详见第417节）；履行所谓的遗产信托处分的义务（《意大利民法典》第627条第1、2款，详见第650节）；以及（有些人提出反对意见的）已罹于时效的债务（《意大利民法典》第2940条，详见第110节）。上述法律明文规定的情形并没有穷尽自然之债的所有类型。自然之债还包括未类型化的情形，在这些情形中，实施特定给付行为乃是对道德或社会义务（dovere morale o sociale）的履行。此类义务应当理解为：不遵守它们，只会导致被社会民众根据特定历史时期流行的社会伦理观念（etica sociale）而指责、厌恶。司法确认属于对自然之债的履行的典型种类包括下列情形：依据婚姻习惯（more uxorio）向同居者做出的不同于赠与的无偿给付；对口头约定的超出法定利率的利息的自愿支付（当然不能构成高利贷）（《意大利民法典》第1284条第3款）；对口头遗嘱处分的自愿履行；向对之并无赡养抚养义务的亲属所为的给付；在依协议履行后对剩余债务的履行。对于未登记在职业名录中的职业者所为的给付，是否构成对自然之债的给付，以及结果是否不得请求返还已为之给付，存有争议[2]。

所以，我们在研究这一问题时，视野应当放宽，不仅从债的发生原因上分析，还应当从效果上分析判断。而且更重要的是从结果来判断，许多义务之所以被通称为"自然之债"，恰恰是从

---

〔1〕 [意] 彼德罗·彭梵得：《罗马法教科书》，黄风译，中国政法大学出版社1992年版，第305页。

〔2〕 Andrea Torrente e Piero Schlesinger, *Manuale di diritto privato*, 12a edizione, Milano, 2007, pp. 344~345.

结果而不是原因考虑的,就如"准契约"这一概念一样,是从结果而不是从原因将他们统合起来的。

但无论如何,对于自然之债的结果是各国学者的共识:自然之债是不能经由诉讼而获得清偿的债,除非债务人同意。

二、自然之债是"债"吗?

我们一般都认为,债是一种"法锁",即对债权人与债务人具有法律约束力的法律关系。《德国民法典》第241条规定:"基于债的关系,债权人有权要求债务人作出给付。给付也可以是不作为。"债是法律上可以期待的信用,它首先确认让渡商品与实现价值之间存在时间差距的合理性,换言之,确认当事人经济利益暂时不平衡的合理性;同时又保证这种差距可以消除,即保证这种经济利益的不平衡状态会趋于平衡,这样便保证了商品交换的顺利进行[1]。但自然之债却是在实体法上不能要求债务人进行给付,且无法合理期待债务人履行,法律也不能保证这种"不平衡"可以消除。这样。自然之债还是"债"吗?按照上文意大利学者和日本学者我妻荣的观点,自然之债似乎不是一种债的义务,而是一种社会义务,根本就不在法律的调整范围之内,而是应由人们按照非法律规则(即社会的、道德的、宗教的规范)去解决。但是,有争议或者值得探讨的是:为什么债务人的自愿履行反而使债权人能够保有这种给付呢?或者更直接地说,为什么"自然之债"也是债权人保有给付的法律根据呢?这究竟是一个

---

[1] 杨振山:"社会主义初级阶段理论与我国的民法学",载《中国法学》1988年第5期。

第二章 自然之债的性质与效力

逻辑问题还是法律问题呢?

债务人的自动履行或者承诺履行的行为之性质,是一个颇有争议的问题:它到底是单方意思表示还是当事人以默示的方式接受的合同?是确认债务存在的行为还是新创设债务的行为[1]?因此,我们需要在这里讨论债务人的履行或者承诺履行行为的性质问题。

1. 首先,对类似制度的检索,让我们想到了"债的更改"。我们能否用这一制度来解释债务人对自然债务的履行所导致的后果的合理性呢?对此,学者有不同的看法。法国学者认为,除了受领保持力之外,自然之债尚有另外两项效果:①它可以作为根据民法而由正式的法律行为作为支撑并因此产生可以产生强制执行力。例如,它可以通过债务更新的方式而转换为市民法上的债务,可以作为保证的标的(有能力的人可以为无能力的债提供担保)或者由担保物权予以担保。②在一定情况下,其可以获得民事债务的赔偿[2]。但意大利学者则认为,受领给付之人有不返还已经受领的对自然之债的履行之权利,构成了自然之债的唯一效力(《意大利民法典》第2034条第2款)。因此,自然之债不得作为债务客体更新、债权让与、遗产继承、法定抵销和判决抵销的客体,亦不得为之提供物的担保或人的担保,不得通过义务人对履行义务的承认而具有约束力等[3]。对此,我们应该加以认真分析。

"债的更改"起源于罗马法,优士丁尼认为:"债的更改"应

---

[1] [法]雅克·盖斯旦、吉勒·古博:《法国民法总论》,陈鹏等译,法律出版社2004年版,第692页。

[2] David Deroussin, "Histoire du Droit des Obligation", *Economica*, 2007. p. 66.

[3] Andrea Torrente e Piero Schlesinger, *Manuale di diritto privato*, 12a edizione, Milano, 2007, p. 344.

当是根据意愿而不是依据法律而发生的[1]。在这一点上,"债的更改"似乎与自然债务的履行或者承诺履行相似。但是,"债的更改"是指通过要式契约设立新的债之关系以替代并消灭旧的债的关系。对于更改来说,其有效性需要具备三个要件:①存在一项先前的、需要加以消灭的债,无论是民法债还是自然债;②新债在市民法上或者自然法上是有效的;③通过要式契约缔结[2]。至于更改的种类,包括变更债权人、变更债务人、变更给付、变更债的性质、变更附加或者取消债的期限和条件。从债的更改的效力上看,发生下列效力:消灭旧债成立新债;旧债所附的担保等均随着旧债而消灭;消灭迟延的责任[3]。

但自然债务的债务人对自然之债的履行或者承诺履行却不符合债的更改的实质要件与形式要件:首先,它没有消灭旧债的意思,当然也没有成立新债务的意思;其次,它没有改变债的标的、性质或者当事人,而是使旧债中的效力得到扩张。更直接地说,自然债务的债务人对自然之债的履行或者承诺履行仅仅是对自然之债部分效力(强制力)的承认,从而被法律认可使自然之债变为一般民事债而已。正如法国学者所指出的:根据传统术语,债务人在承诺履行以后,自然债务就被"更新"为民事债务。从技术的角度来讲,却不能使用这一表达。债的更新(更改)是指一种民事债务为另一民事债务所替代的机制。债的更改不同于债的更新,是指主体、客体或者原因发生了变化。而这些在自然之债的情

---

[1] [意]彼德罗·彭梵得:《罗马法教科书》,黄风译,中国政法大学出版社1992年版,第324页。

[2] [意]彼德罗·彭梵得:《罗马法教科书》,黄风译,中国政法大学出版社1992年版,第323页。

[3] 周枏:《罗马法原论(下册)》,商务印书馆1994年版,第841~842页。

形中都不存在：在债务人作出许诺以前，民事债务并不存在；所发生的变化是使债权人获得了先前没有的诉权，或者，如果我们采取另一种思路，债务本身并未曾变化，只是其范围被明确了[1]。

我国最高人民法院关于诉讼时效期间经过后的二则批复，是具有说明意义的。第一则批复：

最高人民法院关于超过诉讼时效期间当事人达成的还款协议是否应当受法律保护问题的批复

（1997年4月16日 法复［1997］4号）

四川省高级人民法院：

你院川高法［1996］116号《关于超过诉讼时效期限达成的还款协议是否应受法律保护的请示》收悉。经研究，答复如下：

超过诉讼时效期间，当事人双方就原债务达成的还款协议，属于新的债权、债务关系。根据《中华人民共和国民法通则》第90条规定的精神，该还款协议应受法律保护。

此复。

第二则批复：

最高人民法院关于超过诉讼时效期间借款人在催款通知单上签字或者盖章的法律效力问题的批复

（1999年1月29日最高人民法院审判委员会
第1042次会议通过法释［1999］7号）

河北省高级人民法院：

你院［1998］冀经一请字第38号《关于超过诉讼时效期间

---

〔1〕［法］雅克·盖斯旦、吉勒·古博：《法国民法总论》，陈鹏等译，法律出版社2004年版，第692页。

信用社向借款人发出的"催收到期贷款通知单"是否受法律保护的请示》收悉。经研究，答复如下：

根据《中华人民共和国民法通则》第 4 条、第 90 条规定的精神，对于超过诉讼时效期间，信用社向借款人发出催收到期贷款通知单，债务人在该通知单上签字或者盖章的，应当视为对原债务的重新确认，该债权债务关系应受法律保护。

此复。

我们先不讨论债权的诉讼时效期间经过后在我国是什么效力，仅就批复对债务人承诺履行行为的性质的说明进行分析。首先，在第一则批复中，由于双方当事人就原债务达成的还款协议，确实有消灭旧债的意思，且以合同的方式为之，因此，该行为应当属于债的更改；但第二则批复中，却不能用债的更改来解释，它仅仅是对原债务的确认而不是设立新债。

2. 自然债务的债务人对自然之债的履行或者承诺履行是否可以被视为是对债权人的一种赠与呢？因为，从实际的效果看，债务人的这种行为非常类似于对债权人的赠与。对此，理论上是有争议的，至少有两种不同的理论。

第一种理论认为，应当将"自然债务"视为一种"中性"的概念，它仅仅是一种简单的良心义务，应当在个案中逐个探求是否具备赠与的法律特征。如果符合，就应适用与之相对应的赠与制度。但在大多数情况下，人们并不愿意这样做，而是采用"自然债务"理论。法院可以借用这一模糊的概念，根据实际的需要来软化实体法的制度[1]。这一理论显然是从实用与功利的角度出发，尽量

---

[1] [法] 雅克·盖斯旦、吉勒·古博：《法国民法总论》，陈鹏等译，法律出版社 2004 年版，第 695 页。

第二章　自然之债的性质与效力

模糊赠与和自然之债承诺履行的区别，从而在处理个案中寻求便利。

与此相对立的另一理论则认为，自然债务的存在本身就直接决定了其定性，其深层意思就是说，此前已经存在着某种权利的联系。由此可以认为：由于债务人不受其意愿支配地具有这样的义务，他旨在消灭此种债务的履行行为就绝不是一种无偿的行为。如果将债务人的行为看作属于法律规范适用范围的信号，那么这种解释似乎就可以成立了。不过，如果运用古典或者新古典理论，认为债务人的履行行为给本来是不完全的债务添加了某种新的因素的话，就应当分析得更深入。其推理应当是这样的：债权人先前并没有请求强制执行的权利；债务人自愿履行或者作出此种许诺，从而授予债权人以请求强制执行权以后，实际上给了债权人某种利益。另外，在其心理上，债务人着眼的是债权人的利益，而非其自身利益，因为他此前并不能被强制履行债务，只有其将他人利益置于本身利益之上的意愿，才能得以解释。这是捐赠的意图，此行为因此是无偿的。不过，这并不完全等同于赠与，因为债务人给予债权人的无偿权益，并不是向后者支付其应当得到的债权份额（债务人在此前已经负担了此项义务），而是通过许诺或者不可撤销的履行等方式授予了债权人请求强制执行的权利。也就是说，所给予的权益增强了债务的效力，使得自然债务上升为民事债务。而所谓赠与，必须是主权利（所有权、债权）的转让，如同以人保或者物保方式为他人作担保一样，是一种无偿行为，但不构成赠与，不能适用赠与制度。因此，自然债务与赠与之间不存在任何相容性[1]。意大利学者彼德罗

---

〔1〕　［法］雅克·盖斯旦、吉勒·古博：《法国民法总论》，陈鹏等译，法律出版社2004年版，第695~696页。

与米拉拜利都认为,自然之债的履行或者承诺履行与赠与完全不同[1]。法国学者也认为,最为微妙的问题可能是:排除赠与属性是普遍的,反映了赠与和自然之债之间的绝对不相容性,或者说,并不存在与自然债务履行相对应的真正意义上的赠与。一般认为,债务人履行(或者许诺履行)某一自然债务的行为并非一种赠与,而是支付债务的行为[2]。那么,赠与同自然债务的履行或者承诺履行之间究竟有什么不同呢?让我们来分析一下。

(1) 自然债务的履行或者承诺履行的前提是之前存在一项义务,而赠与的前提是不存在任何义务。尽管说,自然债务中的义务无强制性,已经成为债务人的道德义务或者良心义务,但它毕竟是一项义务,债务人对这一义务的履行或者承诺履行是激活了这一义务的"法律属性",使之从"道德或者良心义务"变为法定义务。法国判例也认为:通常情况下,凡是一人对另一人承担义务或者向其支付一笔款项,并非出于赠与意图的冲动,而是为了完成某种良心上或者荣誉上的强制性义务,即属于自然之债的范畴(科尔玛法院,1960年12月20日)[3]。而赠与的前提则是根本不存在这种"既有的义务",而是赠与人出于慷慨或者恩惠作出的转移财产或者权利的行为。正是在这一点上,意大利学者米拉拜利认为,出于慷慨而作出的财产性转让是赠与,而基于社会、道德义务而履行某一确定的给付所引起的财产性转让是自然

---

[1] [意]恺撒·米拉拜利:"自然之债",载杨振山主编:《罗马法·中国法与民法法典化》,中国政法大学出版社2001年版,第381页;[意]彼德罗·彭梵得:《罗马法教科书》,黄风译,中国政法大学出版社1992年版,第305页。

[2] [法]雅克·盖斯旦、吉勒·古博:《法国民法总论》,陈鹏等译,法律出版社2004年版,第694~695页。

[3] 参见罗结珍译:《法国民法典》,法律出版社2005年版,第950页。

之债[1]。根据《意大利民法典》第769条之规定，严格意义上的赠与在客观上要给对方带来一定的利益增长而自己无需得到任何报酬；主观上则是个人慷慨精神的表现。自然之债是指基于道德或者社会认可的其他原因（但是并不是严格意义上的法律上的原因）而进行的给付[2]。

也就是说，这种前提性义务是否存在，就成为区别自然之债与赠与的重要标志之一，问题是：什么样的"义务"会被确认为是存在"自然之债"的"前提性义务"呢？根据意大利学者的观点，并不是所有当事人自认为负有的社会、道德义务都是法律承认的自然之债，自然之债必须是在特定社会中被普遍认同的负有履行义务的行为。根据当事人个人的判断，自认为有的但未得到社会普遍认同的社会道德义务不是自然债务[3]。例如，已经经过诉讼时效期间的债务，债权人提起诉讼请求后，债务人在法庭上进行了抗辩，债权人的诉讼请求没有被法院支持，也就变成了自然之债。但这种债从债务人自身来说，显然是一种先前应负的债，债务人确实从债权人处获得交付的货物，仅仅是因债权人的疏忽或者其他原因而未在诉讼时效期间内向债务人主张货款而经过了时效期间。对于债务人来说，虽然不是法定义务，但其良心上也有负债感。而从社会一般观念看，"欠债还钱"也是天经地义，债务人的此项债务属于自然债务。但在另外的情况下，可能就有所不同：甲男暗恋乙女多年，自认为对其有照顾义务。后

---

[1] [意] 恺撒·米拉拜利："自然之债"，载杨振山主编：《罗马法·中国法与民法法典化》，中国政法大学出版社2001年版，第381页。

[2] 此一解读，是在意大利留学并取得博士学位、目前在中国政法大学民商经济法学院任教的陈汉博士给我的书面含义。我在此表示衷心感谢。

[3] [意] 恺撒·米拉拜利："自然之债"，载杨振山主编：《罗马法·中国法与民法法典化》，中国政法大学出版社2001年版，第382页。

乙女精神失常，甲男对其的抚养帮助，就不能看成自然债务。因为这种义务根据社会的一般观念看不是应当履行的义务。韩国汉城地方法院的一个判例很能够说明这一问题，其基本案情是：被告于1989年12月在原告的号召下，在教会专用现金封袋上约定支付1000万韩元购买新建教堂基地。但事后被告发现原告已经购买该新建圣殿基地并以自己的名义办理了所有权登记，而且在该基地上设定了原告个人债务的担保物权。被告认为原告此行为悖于教理，于是对当初的约定不予履行。对此，原告诉至法院请求判定被告履行约定奉献金并承担迟延损害赔偿。而被告则辩称，受领奉献金的主体是教会的主（基督教的唯一神），原告作为自然人不具有此请求资格，而且奉献金的履行与否取决于教徒的信仰而非裁判请求对象。一审法院（韩国汉城地方法院议政府分院）认为：教徒的周日献金、感恩献金、十一献金等作为现实赠与，其履行与否取决于信徒的信仰及道义，由此可认定其为自然债务。但在本案中，被告作出的约定是为了实现特定目的而作的献金约定，因此已非单纯的信仰或道义上的问题，而构成私法上的法律关系，因而判决不支持被告的抗辩理由。对此，被告不服，上诉至汉城地方法院。二审法院（汉城地方法院抗诉审）指出：该案中，被告所负担的奉献金约定债务，虽然属于为了将来购买新建圣殿基地这一特定目的而作的约定，但仍属于自然债务，故撤销一审判决，驳回原告诉讼请求，一审、二审诉讼费用均由原告负担[1]。按照韩国的习惯，教徒对教会的供奉不能认定为赠与，其与赠与有

---

〔1〕 〔韩〕崔吉子："教会奉献金与自然债务——韩国宗教赠与纠纷案评析"，载《法学》2004年第6期。

很大的区别[1]。因此,二审法院的判决正是根据这一习惯认可的义务来认定为自然债务的。

当然,随着社会认知程度的变化,自然之债与赠与之间也会发生某种微妙的变化,例如,在意大利,法官曾经将给予因婚外关系而遭受损害的女性的财产性补偿视为报酬性赠与,也就是说,当事人是出于慷慨而作出的给付,而不是履行某一确定的给付义务。随后,法官又将这一给付界定为自然之债。法律对这一给付性质界定的变化,恰恰反映了社会认知程度的发展——由赠与转变为义务[2]。

按照这一标准,在大多数情况下是可以区分自然之债与赠与的,但在有的情况下也存在困难与争议。例如,父母给予子女的婚嫁妆资就是最富争议的情形。按照《法国民法典》第204条的规定,子女不得因婚姻或者其他原因诉讼父母给予资金。该条拒绝给予子女以结婚安家为由要求父母提供财产的诉权,但这曾被认为存在着一项自然债务。不过,司法实务与学界就此问题存在分歧[3]。假设存在着父母给予子女婚嫁妆资的自然债务,那么履行自然债务与赠与之间就存在着相容性。但是,这种自然债务的给付能够导致什么后果呢?赠与制度的宗旨在于保护赠与人的继承人和保护赠与人对财产的处置自由。然而,存在自然债务时,保护继承人利益的必要性尚在,而对赠与人处分财产的自由就没有了:因为他只是履行了义务。这样一来,赠与制度中的财

---

[1] 请参阅[韩]崔吉子:"教会奉献金与自然债务——韩国宗教赠与纠纷案评析",载《法学》2004年第6期。

[2] [意]恺撒·米拉拜利:"自然之债",载杨振山主编:《罗马法·中国法与民法法典化》,中国政法大学出版社2001年版,第383页。

[3] [法]雅克·盖斯旦、吉勒·古博:《法国民法总论》,陈鹏等译,法律出版社2004年版,第699页。

产分配就要取决于自然债务的存在。而在今天,父母负有的似乎是让子女获得某些职业技能的义务,而不再是给付婚嫁妆资的义务[1]。这种观念(父母不负有给付婚嫁妆资的义务)在我们国家也是主流观念,因此,至多被看作赠与而不是自然债务(但有疑问的是:是否在我国所有的民族和地区都被如此认为)。

(2)赠与在大部分国家被视为一种双方行为,即契约行为,而对自然债务的自动履行却是一项单方行为。例如,按照我国《合同法》的规定,我们就把赠与规定为一种双方法律行为,《合同法》第185条规定:"赠与合同是赠与人将自己的财产无偿给予受赠人,受赠人表示接受赠与的合同。"根据《法国民法典》第931、932条的规定,一切生前的赠与行为,应以通常契约的方式为之。生前赠与,如未被明确表示接受时,对赠与人不产生约束力,亦不发生任何效力。《意大利民法典》第769条也有类似的规定。而债务人对自然债务的履行或者承诺履行只是单方行为,该单方行为就足以点燃自然债务效力的火焰而无需债权人的同意。

这里有一点,我们在前面已经进行了讨论,即在民法上,单方行为就能够发生效力的情形是很少见的,但债务人对自然债务的履行或者承诺履行这种单方行为的效力却被法律很慷慨地承认了。

(3)赠与一般都要求严格的形式,而债务人对自然债务的履行或者承诺履行却不要求特别的形式。例如,《法国民法典》第931条规定:"一切生前的赠与行为,应以通常契约的方式,在公

---

[1] [法]雅克·盖斯旦、吉勒·古博:《法国民法总论》,陈鹏等译,法律出版社2004年版,第696页。

证人前作成，并应将契约原本保留在公证人处，否则赠与契约无效。"《意大利民法典》第782条也规定："赠与应以公证的方式做出，否则无效。如果赠与的标的是动产，则只有赠与人在公证书或者在另外一份由赠与人、受赠人和公证人共同签署的文书中指明该动产的价值的，赠与方才有效。接受赠与的方式可以在同一份公证书中做出，或者嗣后在另外一份公证书中做出。在后一种情况下，赠与自受赠人将接受赠与的决定通知赠与人时起，视为完成。在赠与完成之前，赠与人或者受赠与人均可撤回各自的决定。"《德国民法典》第518条同样要求采用公证的契约方式。

我国《合同法》关于赠与的形式虽然没有要求公证等方式，但从实际规定的内容看，却与上述国家的规定是一致的。我国《合同法》第186条规定："赠与人在赠与财产的权利转移之前可以撤销赠与。具有救灾、扶贫等社会公益、道德义务性质的赠与合同或者经过公证的赠与合同，不适用前款规定。"也就是说，没有经过公证或者具有特别意义的赠与是可以任意撤销的，故其真正的强制执行力是没有的，等同于其他国家的不经过公证就不生效的实际效果。

而债务人对自然债务的履行或者承诺履行并不要求特定的形式，只要有这种行为的外形或者意思表示即可，除非是无行为能力人作出的履行或者承诺履行。

（4）赠与是可以撤销的，而债务人对自然债务的履行或者承诺履行一般是不可撤销的。对于赠与，许多国家的民法都规定是可以撤销的。以我国为例，我国《合同法》规定了赠与撤销的多种情形，除了上面提到的第185条规定的"任意撤销权"外，第192条、第193条及第195条分别规定了撤销赠与或者免除赠与义务的具体情形。第192条规定："受赠人有下列情形之一的，赠与人可以撤销赠与：①严重侵害赠与人或者赠与人的近亲属；②对赠与人有扶养义务而不履行；③不履行赠与合同约定的义务。"第193条规定："因受赠人的违法行为致使赠与人死亡或者丧失民事行为能力的，赠与人的继承人或者法定代理人可以撤销赠与。"第195条规定："赠与人的经济状况显著恶化，严重影响其生产经营或者家庭生活的，可以不再履行赠与义务。"同时，第190条还规定了赠与可以附义务。

而上述关于赠与的这些规则，都不能适用于债务人对自然债务的履行或者承诺履行。特别是，债务人对自然债务的履行或者承诺履行不能附义务，否则就会成为债的"更改"。

从上面的分析我们可以看出，无论用债的"更改"还是赠与，都不能圆满地解释自然之债会因债务人的履行或者承诺履行而具备了完全的效力，从而使债权人的债权人获得了"新生"，具备了执行力。因此，我们必须思考另外一个问题："自然之债"是否是债？法国学者指出：我们倾向于承认在自然之债中存在真正的法律关系[1]。即必须承认自然债务同一般民事债务的同质性，也就是说，"自然之债"仍然是债，除了在债务人履行或者承诺履行前无强制执行力之外，仍然具备债的一切因素和特质。这就促使我们不能不考虑债务和责任的关系：没有"责任"的"债务"就不是"债务"吗？

在"债务"和"责任"的关系方面，历来有两种不同的理论和立法，即日尔曼人的"责任"同"债务"的分离理论与罗马人的"责任"同"债务"的一体理论。日尔曼人认为，债务的本质

---

[1] [法] 雅克·盖斯旦、吉勒·古博：《法国民法总论》，陈鹏等译，法律出版社2004年版，第684页。

是法律上应为的一定给付，而责任的本质是强制实现该应为行为的手段。因此，在此意义上，债务和责任的区别在日尔曼法上是非常明显的。因此，债务自身常常仅以法律的应为为内容，不执行应为行为的人要服从债权人的捆取力的约束，即责任是与债务相区别的另一概念。特别是最初时，因契约之外的其他事由而产生的债务并不一定产生责任，责任可能是因为以产生责任为目的的契约以外的其他原因而产生，而且责任也包括财产责任和人格责任。罗马人认为，因一般财产而产生的责任为债的效力和作用，二者之间并无差别，责任被债务所包括[1]。后因人格责任的消失和财产担保制度的独立，作为纯粹的责任仅限于债务人的一般财产。这种责任与所有的债相伴而生，债权人均基于同等的地位要求执行获得满足，所以，在现代法上，责任作为财产而产生的责任与债务相伴而生是普遍现象[2]。因此，责任与债务一体论的观点以此为理由而逐渐增多。

在我国，也有"债务"和"责任"分离和一体这两种理论的分歧[3]。日本学者我妻荣认为：如果仔细观察，即使在现代法中，责任与债务归属于不同人的情形并非少数，不伴随责任或者受到限制的情况的例子也绝非少数。所以，区别二者对理解现代法上的债之关系具有重要的意义[4]。的确，在我们现实的法律

---

[1] [日] 我妻荣：《新订债权总论》，王燚译，中国法制出版社2008年版，第64页。

[2] [日] 我妻荣：《新订债权总论》，王燚译，中国法制出版社2008年版，第64~65页。

[3] 参见王卫国主编：《民法》，中国政法大学出版社2007年版，第320~321页；刘心稳：《债权法总论》，中国政法大学出版社2009年版，第141~142页。

[4] [日] 我妻荣：《新订债权总论》，王燚译，中国法制出版社2008年版，第65页。

生活中，债务与责任分离的情形是存在的，有的是有责任而无债务，如保证人或者非为债务人的抵押人对债权人的责任即属于这种情形；有的是有债务但没有责任或者责任受到限制，如继承法上的限定继承中继承人对被继承人的债权人的债务责任，自然之债也属于有债务而无责任的情形。因此，学者一般都认为，承认了债务与责任的分离，就等于承认了自然债务的存在[1]。因为，自然之债符合责任与债务分离的所有特征。

既然债务与责任是可以分离的，那么，自然债务就仍然是债务，自然之债也合乎逻辑地被纳入债的范畴，因此，古典理论和新古典理论主张的自然之债同一般民事之债具有同质性也就有了合理的根据。从这一点上看，德国立法和学理不承认独立的自然之债，而是将其统一纳入"债"的范畴而称其为"不完全债权"是基于同样的道理，即承认我们所谓的"自然之债"仍然是债。我国台湾地区的主流观点是将自然之债归于债的范畴，如王泽鉴先生就指出：所谓自然债务，系指债权人有债权人，而请求权已不完整，债权人请求给付时，债务人得拒绝给付；但如债务人为给付，债权人得基于权利而受领，并非为不当得利，债务人不得请求返还[2]。

其实，在谈到为什么债务人的自愿履行或者承诺履行会使自然之债产生如同一般法定民事之债的后果时，论者都忽略了一个重要的问题：那就是债务人的履行或者自愿履行恰恰弥补了其不能强制的缺陷，既然债务人都已经自愿履行了，强制也就没有任

---

[1] [日]我妻荣：《新订债权总论》，王燚译，中国法制出版社2008年版，第65页；王卫国主编：《民法》，中国政法大学出版社2007年版，第321页。

[2] 王泽鉴：《民法学说与判解研究（第二册）》，中国政法大学出版社1998年版，第125页。

何意义了。债的效果也就一样了：债权人得到了债务履行的后果。

这里还有一个疑问：自然之债的概念产生于罗马法，而罗马法却不承认债务与责任的分离，那罗马法上自然之债产生的基础是什么呢？这看似是一个悖论，实则不然。因为，在前面我们已经详细讨论过，罗马法上的自然之债分为"纯正的自然之债"与"非纯正的自然之债"。在"纯正的自然之债"中，因债的一方或者双方根本就不是民事主体，因此，其实体法上的法律关系不受法律保护，在程序法上没有诉权，根本就不能认为是债。所以，没有打破"债务与责任一体"的逻辑。而在"非纯正的自然之债"由于义务的起源——"债因"根本不来自市民法，而是来自"公道"或者"道德义务"[1]，因此，也不属于市民法上的债，不属于"债务与责任一体"的逻辑例外。但是，罗马法的这种逻辑合理化的历史背景消失以后，自然之债成为描述这一类义务的一个框架性概念从而被保留下来，它当然与罗马法上对它的解释和说明理论不一致。因此，今天用债务与责任的分离来说明自然之债的存在是合理的。

三、自然之债的效力

既然自然债务与民事债务具有同质性，至多是因各种考虑将其部分效力阻却而成为"不完全债权"，那么其效力如何呢？对此，各国学理和立法相去甚远。

---

[1] [意] 彼德罗·彭梵得：《罗马法教科书》，黄风译，中国政法大学出版社1992年版，第324页。

以《意大利民法典》及意大利学者为代表的观点是：不承认自然之债的任何效力。对此,《意大利民法典》第1034条规定："在履行道德的或者社会的义务时，自动给付者不允许索还，但是由无行为能力人履行的给付，不在此限。前款规定的义务和任何其他法律未给予诉权而又规定自动给付后不允许索还的情况，不产生其他效力。"学者对此的解释是：按照最高法院确定的原则，自然之债亦不得成为另一法律行为的依据，也就是说，不得通过另一法律行为将自然之债转换成法定之债，亦不得为自然之债设定担保以保证该债的履行[1]。

但罗马法及其他一些国家的立法和理论与之不同。在罗马法上，自然债既不产生要求给付的权利，也不产生履行给付的义务，因而它们不拥有诉权。但是，它们可以产生下列效力：①有权留置债务人以任何方式偿付的钱物。换句话说，接受清偿的债权人不受"要求返还不当得利之诉"的影响，即使债务人自以为负有民事债务而错误地进行了清偿。②自然债的债权人在被诉要求清偿他的民法债务时，可以提出债务抵销的要求。③自然债可以作为任何附属法律关系的根据，这种法律关系以存在一项债作为前提条件并且它的确立是为了保证债的履行，如抵押、担保等，或者是为了更新（更改）债。④自然债对于计算特有产也有意义。在被继承人和继承人相互之间的债务和债权问题上，它也影响对遗产的计算[2]。

日本学者认为，自愿清偿自然债务不是赠与，而是债务清

---

[1] [意]恺撒·米拉拜利："自然之债"，载杨振山主编：《罗马法·中国法与民法法典化》，中国政法大学出版社2001年版，第379~380页。

[2] [意]彼德罗·彭梵得：《罗马法教科书》，黄风译，中国政法大学出版社1992年版，第303页。

偿，所以，不作为非债清偿是自然之债的最小限度的效力，然而，在此基础上有何效力应根据自然之债的种类来决定。可以认为：①可以适用债的更改，即当事人修改应清偿的内容并缔结契约时，以该契约作为普通契约具备产生法律效力的要件为前提，应当认定为普通债务。②不得作为抵销的主动债权，因为这将使其具有强制清偿的效力。但可以作为被动债权。③可以被担保。④自然之债是可以转让的，但转让给第三人后不失其自然之债的性质[1]。

在德国，我们所讨论的所谓"自然之债"被其学理称为"不完全债权"，其效力可以归结如下：①自然之债的双方当事人可以通过契约更改而使其成为普通债务，这在德国法上不应存在任何障碍；②可以被担保；③可以转让；④可以抵销，但不能作为主动债权[2]。

在法国，自然债务应当产生与民事债务相同的所有效果。如一位第三人可以为他人承担的自然债务的履行作担保人；自然债务也可以以积极或者消极的方式转移给债权人或者债务人的继承人；甚至自然债务也可以被援引来主张留置权，或者要求债的抵销，即使债务人并没有承诺履行。但对上述效力，学理和判例也存在分歧[3]。

在我国，自然之债的效力几乎没有被系统地讨论过，法律或者判例也没有明确或者清晰的思路。我认为，应具有下列

---

〔1〕 ［日］我妻荣：《新订债权总论》，王燚译，中国法制出版社2008年版，第63页。

〔2〕 ［德］迪特尔·梅迪库斯：《德国债法总论》，杜景林、卢谌译，法律出版社2004年版，第19～23页；第209页。

〔3〕 ［法］雅克·盖斯旦、吉勒·古博：《法国民法总论》，陈鹏等译，法律出版社2004年版，第698页。

效力：

1. 自然之债作为债权人保有给付的根据或者原因是没有任何争议的。也就是说，自然债务人对债权人自动清偿或者承诺清偿的，债务人不得请求不当得利的返还。

2. 自然之债是可以转让的。既然自然之债仍然是一种债，债权人仍然具有债权，则债权人可以处分之，故其可以转让[1]。

3. 对自然之债提供担保的效力。从债的一般原理上说，如果有人愿意为自然之债提供担保，自无不许的理由。我们可以分两种情况来讨论：①如果债务人以非保证的方式为自然债务设定担保，则意味着是承诺自愿履行，故此担保不可撤回；②如果经债务人同意而由第三人为自然债务设定担保，也意味着债务人自愿履行。在这种情况下，担保人履行了担保责任后向债务人追偿的，债务人不得对其行使对抗原债权人的抗辩；如果第三人未经债务人同意而为其自然债务提供担保且债权人接受，则要看保证人的主观状态：如果保证人明知或者应知为自然债务，保证人不得对债权人主张债务人可以主张的抗辩，履行自然债务后，其从债权人处所取得的债权仍然为自然债权，对债务人来说，仍然为自然债务。债务人可以主张对原债权人的抗辩；如果保证人不知为自然债务而提供担保，效力如何，实有疑问且有讨论之余地。我认为，可以看作保证人的债务承担且不可以主张债务人的抗辩。因债务承担具有"无因性"的特征，且不得对债务人造成损害，故其履行担保责任后，对债务人的追偿要受到债务人的抗辩。但是，应当允许保证人以错误为由主张撤销。当然，如果存在欺诈，则应按照我国《担保法》第30条及《最高人民法院关

---

[1] 王家福主编：《民法债权》，法律出版社1991年版，第73页。

于适用〈中华人民共和国担保法〉若干问题的解释》（以下简称《担保法解释》）[1]的规定来处理。

但是，我国的司法判例理论并没有区分上述情况。上述《担保法解释》第 35 条规定："保证人对已经超过诉讼时效期间的债务承担保证责任或者提供保证的，又以超过诉讼时效为由抗辩的，人民法院不予支持。"由此可见，司法解释并没有区分保证人的主观状态而区分效力。

值得讨论和关注的是，2007 年我国《物权法》第 202 条规定："抵押权人应当在主债权诉讼时效期间内行使抵押权；未行使，人民法院不予支持。"这一规定就将担保物权与债权的诉讼时效期间联系在一起。以德国为代表的法律体系是不区分债权与物权的表现的，也是很不合理的：债权超过诉讼时效期间，仅仅是债权请求权受到限制，但担保物权的行使并没有受到限制，况且诉讼时效期间经过后，债权实体权利仍然存在，担保权担保的就是实体权利的实现，为什么阻止行使呢？即使在正常情况下，有担保的债权仍有双重身份：一是债权身份；二是物权人身份。在很多情况下，用什么身份主张权利，是债权人选择的自由。当诉讼时效期间经过后，仅仅是债权人身份受到限制，其物权请求权并没有受到限制。这样一来，对于已经经过时效期间的债权提供担保的效力又如何呢？显然不能获得清偿，因为债务人可以用时效期间经过作为抗辩。也就是说，在我国目前的法律体系下，对于自然债务不能进行担保。但是，我认为这样是极不合理的，应该将这种情况视为债务人自愿履行。

---

[1] 我国《担保法》第 30 条；《最高人民法院关于适用〈中华人民共和国担保法〉若干问题的解释》（2000 年 9 月 29 日最高人民法院审判委员会第 1133 次会议通过，法释〔2000〕44 号）第 40 条、第 41 条。

4. 作为主动债权不能抵销，但可以作为被动债权被抵销。其理由非常简单，就如日本学者我妻荣先生所言，这将使其具有强制清偿的效力。但这种效力在我国目前的民法体系中，恐怕是难以被法院支持的，因为对自然债务进行担保都不可以，何况是抵销呢？

5. 从程序上来说，这种债权是可以起诉的，但在实体法上是不可以被强制执行情况的。对此，德国学者指出基于自然债务产生的权利是可主张的并且因此构成了一项实体法上的请求权（《德国民法典》第194条第1款）。自然债务的概念的特征在于债权人的待决的法律保护的可能性[1]。在实际裁判中，法院可能判决债权人享有自然债权，但不能付诸执行。

总之，从我国的民法理论和司法实践看，自然之债除了与对债务人强制有关的效力受到限制外，它具有债的其他效力。

四、影响自然之债效力的其他因素

1. 违法性及违反善良风俗对自然之债的影响。如果一项债务因违法或者违反善良风俗而被确认无效后，是否还有自然债务适用的余地？这样一个问题是颇有争议的。在法国1958年的一个著名的判例中曾作出这样的决定：一个违反公共货币秩序条款被取消，但债务人对债权人仍负有因法郎贬值而产生的自然债务。如果认可类似的情形下可以产生如此的义务，这等于与立法者的政策唱反调，对抗立法者所设定的禁令。人们有理由认为：非法

---

[1] Goetz Schulze, *Die Naturobligation: Rechtsfigur und Instrument des Rechtsverkehrs einst und heute-sogleich Grundlegung einer Forderungslehre im Zivilrecht*, Mohr Siebeck, 2008, p. 247.

性与自然债务是不相容的。正是基于这样一种思路,最高法院重申了如下一项原则,从而使该争论一锤定音:鉴于对原因违法的许诺,不存在应履行的自然债务[1]。

法国法的这种规则也许会存在争议,例如,赌博是非法的,但是否会产生自然债务呢?这在我国台湾地区就存在争议,王泽鉴教授指出,有判例学说认为赌债系自然债务,并试图由此导出特定之法律效果,就实体法而言,似有不妥。乃因赌博系违反公序良俗或者法令禁止规定而无效,不生债之关系[2]。我同意法国法的原则及王泽鉴教授的观点,任何一种债除了法律承认的"债因"之外,还应该存在"正当原因",而"正当原因"在法学理论及有的国家的立法上被称为"适法性",任何一个行为,如果不具备"适法性"条件,当然不产生相应的法律后果,也不应该产生道德或者良心上的义务。如我国《最高人民法院关于审理民间借贷案件适用法律若干问题的规定》中就对于违法与适法作出了明确的规定:双方约定的借贷利率不超过36%的为合法,24%～36%之间的为合法的,也属于自然债务;利率超过36%的约定为非法而无效,没有履行的,不必再履行;已经履行的,可以以不当得利要求返还。

2. 错误对自然之债履行或者许诺履行后果的影响。在民法中,错误对法律行为的影响是被允许撤销的,但同时,错误在民法中也是一个最为复杂的问题:不仅实体法上要研究"什么样的错误会影响法律行为的效力",同时,在操作程序上也涉及证据

---

[1] [法]雅克·盖斯旦、吉勒·古博:《法国民法总论》,陈鹏等译,法律出版社2004年版,第686～687页。

[2] 参见王泽鉴:《民法学说与判例研究(第二册)》,中国政法大学出版社1998年版,第127页。

的问题。在此，我们仅仅讨论实体法上的问题。

什么样的错误会影响债务人对自然债务清偿行为的效力？法国学者指出：如果债务人此前的清偿行为是基于错误地认为他负有某项民事债务，其返还的主张应当获得支持[1]。对此，我们必须警惕并作出正确的理解，否则会引起误解并肢解"自然之债"的一般体系和制度。这里的错误不是指债务人对自然之债理解为非自然之债的错误，例如，对于已经经过诉讼时效期间的债务，错误地认为是未经过时效期间的债务而履行。对于此等情形，法律明令禁止请求返还。例如，罗马法就规定，接受了清偿的债权人不受"要求返还不当得利之诉"的影响，即使债务人自以为负有民事债务而错误地进行了清偿[2]。《意大利民法典》第2034条也表达了同样的意思。我国民法理论及判例也一直坚持这一原则。例如，江平教授就认为：无论这种履行是有意的还是无意的，都不得要求债务人为不当得利的返还[3]。因为自然债务同一般民事债务一样，是具有"债因"的，不同的是，一般民事债务具有的是"法律上的债因"，而自然债务则是法律外的"债因"，但一旦履行，无论是因为什么原因，都属于履行一种义务，因此非为不当得利，是没有请求返还的根据和理由的。虽然法国学者指出"基于错误地认为他负有某项民事债务，其返还的主张应当获得支持"，但他同时也认为：要求债务人非基于错误而作出给付的行为，这使人联想到拒绝债务人事后的返还请求只不过

---

[1] [法] 雅克·盖斯旦、吉勒·古博：《法国民法总论》，陈鹏等译，法律出版社2004年版，第690页。

[2] [意] 彼德罗·彭梵得：《罗马法教科书》，黄风译，中国政法大学出版社1992年版，第303页。

[3] 江平主编：《民法学》，中国政法大学出版社2007年版，第252页。

是对不当得利返还原则的具体适用而已[1]。但人们的共识是：对不当得利的给付非为不当得利。当然，虽然法国学者并没有指出法国历史上是否真的有因"基于错误地认为他负有某项民事债务，其返还的主张应当获得支持"的判例，我们也可以大胆地设想，即使法国真的有这样的判例也不奇怪，因为《法国民法典》施行后的很长一段时间，法国人都视意思表示真实为"神明"，如果绝对坚持这样的认识，作出支持性判例也不奇怪。但无论如何，我们今天都不能认同"基于错误地认为他负有某项民事债务，其返还的主张应当获得支持"的主张。

3. 自然之债的履行得以保有的要件。意大利学者提出了一个很有意义和价值的问题，即债务人对自然债务的履行，必须符合一定的要件才能产生不得请求返还的法律后果。这些要件是：①履行是自愿的，即给付是非因强制而作出的（比如，若是为履行一审判决而给付，而在二审中该判决被改判；或者，因被威胁而给付等，皆不存在此处所说的"自愿性"）；②履行给付之主体具备行为能力；③已作出的给付与履行之人的财产及所要满足的利益之间比例相称；换言之，超出履行之人合理行事或受益之人合理期待的范围，难谓存在道德或社会义务[2]。这种观点值得赞同。

4. 自然之债与不当得利的关系。自然之债是阻却债务人请求不当得利的返还的法定理由，凡是自然之债的债权人接受债务人履行的，因为有保有给付的原因而排除不当得利。不当得利是指

---

[1] [法] 雅克·盖斯旦、吉勒·古博：《法国民法总论》，陈鹏等译，法律出版社2004年版，第691页。

[2] Andrea Torrente e Piero Schlesinger, *Manuale di diritto privato*, 12a edizione, Milano, 2007, p. 344.

无合法的原因或者根据取得利益而使他人受到损失的事实,即所谓的"损人而利己"。法律就规定在受益人和受损人之间产生返还的债的关系,并且创设了"利益大于损失的,以损失为限"和"损失大于利益的,以利益为限"的返还原则,并且区分善意与恶意而有区别。但在民法上,什么叫"无合法根据"也无统一的解释,即"多元化根据":有的是因产生债的法律行为的无效或者可撤销引起的,有的则是因物权的"添附"事实产生的,有的则是因其他非法律行为引起的。"不当得利"是从结果入手被统一到一个制度中的,而"自然之债"也有同样的问题,许多被认为是自然之债的义务也是从结果入手被统一到其范围之内的。这就使得对它们的比较变得困难,但我们还是可以从客观方面入手对其进行比较研究的。

"不当得利"的给付人(债权人)的给付首先不是以一个既存的义务为前提的,而且其给付无"自愿"的因素,即不是在明知无义务的情况下所为的给付。这一点从许多国家的民法典所规定的"非债清偿"就可以得到佐证。例如,《德国民法典》第814条规定:"履行给付的人知道自己没有给付义务,或者给付合乎道义上的义务或者礼仪上的考虑的,不得请求返还以履行债务为目的而给付的一切。"而"自然之债"的给付是以一个既有义务的存在为前提的,这一义务虽然不是法定义务,但至少在道义上或者社会的普遍认同方面是存在的。无论是否明知其存在,给付都构成对既有义务的履行而不得请求返还。更确切地说,自然之债的给付之所以不能请求返还,是因为给付有"原因",而不当得利的给付是没有法律上的"原因"的。

这里,比较有说明意义的是对无法定扶养义务的亲属之间的给付问题。《德国民法典》第814条明确排除了不当得利的返还,那么，不允许返还的理论根据是什么呢？仅仅是从伦理或者道德方面作出否定性阻却，还是认为其为自然债务而不得返还呢？例如，德国学者梅迪库斯举例说：某人错误地承担了兄弟姐妹之间的扶养义务，并向其兄弟支付扶养费，依照《德国民法典》第814条，这属于符合道德义务上的考虑，不当得利返还请求权应当排除[1]。而在法国与意大利等国，这种情形很自然地就被纳入"自然之债"之中，不当得利返还请求权的排除从而得到说明。法院将在法律上并不负有义务的人对家庭其他成员作出的给付，看作一种自然债务的履行，譬如说在兄弟姐妹之间、叔婶或者伯父与侄子或者侄女之间[2]。按照前面讨论的意大利学理与判例的标准，这些债务也会被纳入自然之债中考虑。在我们国家，几乎没有人用"自然之债"来解释这种情形下对不当得利请求权的排除。

另外，从许多国家的民法典来看，不当得利被当作一个非法律行为来对待，完全不考虑行为能力的问题。但在自然之债中，说债务人对自然之债的履行行为是一个法律行为的话，肯定是存在争议的，但有两点是肯定的：①对自然债务的承诺履行肯定是法律行为，一定是要求有相应的行为能力的；②即使是对自动履行，也要求履行人要有行为能力，否则是可以要求对已为的履行进行返还的，例如，《意大利民法典》第2034条即有此要求。

从自然之债与不当得利之间的这种区分和安排上，可以看出法律对自然之债的基本态度：如果让自然之债对债务人具有约束

---

[1] [德] 迪特尔·梅迪库斯：《德国债法分论》，杜景林、卢谌译，法律出版社2004年版，第538页。
[2] [法] 雅克·盖斯旦、吉勒·古博：《法国民法总论》，陈鹏等译，法律出版社2004年版，第687页。

力,显然与法律的基本价值相矛盾,因此,让它对债务人不具约束力;但是,如果债务人自动履行后再允许其请求返还,显然对债权人要求过甚。因此,法律就在民事债与纯粹的道义义务之间作出了这样一种平衡。就如意大利学者所指出的:法学理论在研究自然之债时,充分考虑到《意大利民法典》第2034条的有关规定,将实证法(diritto positivo)与社会现实、道德义务、宗教义务、人类良知有机地结合在一起。自然之债理论进一步确认了自然之债自动履行后的法律效力,在国家法律规范和其他规范之间架起了一座桥梁。有关自然之债的规定在自然之债本身不具有法律约束力和自动履行后的自然之债产生法律约束力之间找到了一个平衡点[1]。

五、债务人的其他债权人对债务人承诺履行或者履行的撤销权

在大陆法系国家的民法典中,规定有"债的保全"制度。而债的保全制度之一,就是债权人对债务人所为的有害其利益的财产性行为的撤销权。债权人的撤销权,又称"废罢诉权",是指债权人对于债务人所为的有害债权的行为,得请求法院予以撤销的权利。撤销权是对于因债务人的积极行为使财产减少而害及债权的行为所作的救济[2]。债务人对自然债务的承认或者履行显然属于有害于其他债权人的行为,其他债权人对此有撤销权吗?

法国学者认为:无论人们怎样看待自然债务,毋庸置疑的是,立法者认为它不如被赋予了强制执行力的债务那样重要。在

---

〔1〕[意]恺撒·米拉拜利:"自然之债",载杨振山主编:《罗马法·中国法与民法法典化》,中国政法大学出版社2001年版,第380页。

〔2〕李永军:《合同法》,中国人民大学出版社2008年版,第175页。

自然债务和民事债务之间存在明显的等级序列，债务人的自愿履行行为，似乎打破了该等级序列，对许诺人而言，使自然之债提升到了民事债务的高度。然而，这种提升不是完全的，不能使人忘记自然债务的先天不足，即缺乏强制执行力。固然，债务人履行或者承诺履行其自然债务是可嘉的，但是他不能因此而损害民事债务的债权人的利益。所以，一般认为，债权人有权要求撤销自然之债的债务人的履行或者承诺履行某一自然债务[1]。我同意这种观点，毕竟"自然债务"属于非法定债务，而债务人的其他民事债权人却是法定债务，如果在未清偿其他法定债权人且债务人对自然债务的履行或者承诺履行危及其他债权人的情况下，法律应赋予其他债权人有撤销权。

但我国《合同法》上的关于撤销权的规定，是否能够包含这种情形，实有疑问。《合同法》第 74 条第 1 款规定："因债务人放弃其到期债权或者无偿转让财产，对债权人造成损害的，债权人可以请求人民法院撤销债务人的行为。债务人以明显不合理的低价转让财产，对债权人造成损害，并且受让人知道该情形的，债权人也可以请求人民法院撤销债务人的行为。"对自然债务的承认属于哪种情形呢？从我国《合同法》的上述规定看，债权人可以撤销的情形主要有三种：①债务人放弃其到期债权；②无偿转让财产；③债务人以明显不合理的低价转让财产。《最高人民法院关于〈中华人民共和国合同法〉若干问题的解释（二）》第 18 条加了三项：一是债务人放弃未到期债权；二是放弃债权担保；三是恶意延长到期债权的履行期限。但这些并未涵盖债务人对自

---

[1] [法] 雅克·盖斯旦、吉勒·古博：《法国民法总论》，陈鹏等译，法律出版社 2004 年版，第 693 页。

然债务的履行或者承诺履行。因此，我国有学者指出：按照债权人撤销权制度的立法目的衡量，《合同法》第74条规定得过于狭窄，因该制度的立法目的在于使债务人的责任财产维持在适当的状态，以保障债权人债权的实现。据此应得出结论：只要债务人的行为减少了债务人的责任财产，并害及债权人的债权，均应成为撤销权行使的对象[1]。只有在按照这种思路对《合同法》第74条进行扩大解释后，债务人对自然债务的履行或者承诺履行才有可能成为撤销权的行使对象，而这种扩大解释是十分有必要的。

从大陆法系国家民法关于撤销权构成要件的规定看，根据对债务人的有偿行为的撤销与无偿行为的撤销的区分而有不同：对于债务人的有偿行为的撤销不仅要求有客观要件，还要求主观要件。但对于无偿行为的撤销，仅有客观损害行为已足。而债务人对自然债务的履行或者承诺履行显然属于有债因的行为，故与纯粹的无偿行为有别，故需要考虑主观要件。

同时，我们还应该注意，在法律规定的特别场合，债务人对自然债务的履行或者承诺履行要受到严格的限制或者禁止，例如，在债务人破产的情况下即是如此。因为，按照各国破产法的规定，破产程序一经开始，债务人就被剥夺处分财产的权利和机会，以免其作出侵害债权人利益的行为。因此，其对自然债务的履行在法律上已经成为不可能，承诺履行也不发生效力。另外，我们还应该注意民法上的撤销权与破产法上的撤销权的衔接问题，例如，按照我国《破产法》第31条的规定，人民法院受理破产申请前一年内，涉及债务人财产的下列行为，管理人有权请

---

[1] 崔建远主编：《合同法》，法律出版社2010年版，第161页。

求人民法院予以撤销：①无偿转让财产的；②以明显不合理的价格进行交易的；③对没有财产担保的债务提供财产担保的；④对未到期的债务提前清偿的；⑤放弃债权的。从该条的立法目的看，也是旨在将破产程序开始前 1 年内的债务人的损害债权人利益的财产性行为撤销，应包括对自然债务的履行或者承诺履行。

第三章 债法体系中的债因与自然之债

第一节 概 述

一、私法体系中的债因概述

在私法体系中，私人行为无论是想获得债法上的效果，还是想获得物法上的效果，均需要得到法律的认可，但是，并非所有的私人行为都会得到法律的认可。在考虑是否认可私人行为，进而赋予这些私人行为以法律效力时，实际上存在一个评价与筛选的机制[1]。被法律纳入这一机制中的因素众多，例如，法律行为的无效因素与可撤销因素等，但是，有一种因素是这一机制中不可或缺的，它既反映交易本质又决定交易效果，它就是"债因"。也就是说，一个法律行为除去无效及可撤销的因素外，还有一种限制私人自治的因素——债因，也就是《法国民法典》第1108条规定的"原因"。但是，如果我们认为，债因或者原因仅仅是大陆法系国家的专利，那就大错特错了。其实，债因或者原

---

〔1〕 娄爱华：《大陆法系民法中原因理论的应用模式研究》，中国政法大学出版社2012年版，第1页。

因在各个国家或者地区的民事法律中都有体现，只是表现形式不尽相同：在法国法上称为"原因"；在英美法系国家称为"约因"；德国学理与立法上众所周知的"有因"与"无因"之中的"因"，其实就是指"原因"，只有在债的关系中才要求有"原因"，称为"债因"。同时，在债的关系中，还有一种起到矫正功能的原因的表现形式——无法律承认的原因时，受损害的一方可以请求返还。也就是说，不当得利制度的构造及规范功能就在于从另一方面来确认或者矫正无原因给付的问题。

"债因"之所以重要，还在于它是确认法律义务、道德义务以及社会义务的标准，从而确定民法上的债、自然债务以及非债的界限，并且是确定各种不同合同种类的标准。例如，如果一种社会生活关系十分重要，立法就会确认其为法律关系，从而纳入自己的涵摄范围内；如果有些社会关系不十分重要，就可以留给道德或者宗教去调整，从而不上升为法律关系。因此，总体而言，民法上的法定之债与自然之债的区别是债因不同。另外，不同的债因，也决定不同种类的合同，例如，买卖合同的债因是金钱与货物；互易合同的债因为物与物；租赁合同的债因是金钱与使用权；等等。

如果这样来解释"债因"，容易造成"债因"与"合同标的"的混淆。请千万不要混淆这两个概念，它们是不同的：债因仅仅是关注宏观的东西，即所有买卖合同的主要特征就是一方交付货物、对方交付金钱，但它不关注具体交付什么货物和金钱，只要是这种表现形式就是买卖合同。而标的是具体的，甚至每一个合同的标的都是具体的、是不同的。例如，毒品买卖合同，其债因是存在的，但标的不合法，因而是无效的。

任何一种合同，如果债因不被法律所认可，那么这种合同的效力就不会得到法律的承认。例如，罗马法上的买卖合同是被认可的，就是因为其债因是法律承认的——金钱与货物，但直到优士丁尼时代，互易合同的效力都不被法律认可，因为其债因是物与物。罗马人正是通过非常具体的债因来控制私人之间的行为和交易，进而维护社会秩序的稳定。在今天，随着私人自治范围的扩大，不被法律承认的债因越来越少了，法律更多的是通过对具体交易标的的控制来否定或者限制私人行为，但债因仍然具有极其重要的作用，它在决定人的义务的效力方面的作用不容忽视，例如，教徒对教会的认捐是赠与还是自然债务？亲属法上无法定扶养义务的人之间如果尽了扶养义务，是否属于自然债务的履行而不得请求不当得利之返还？非婚同居的人之间已为的给付是否属于自然债务而不得请求不当得利之返还？等等，而这些在我国当今的社会中具有极其重要的意义，特别是对于司法实践来说，更具有实际意义和价值。

暂且撇开应然的不说，就我国现存的民法体系来说，"债因"在我国民法上是否有所体现？如果从字面来看，由于我国目前的民法体系借鉴的是德国法模式，因而，无债因之具体规定，但如果仔细观察制度构造，则处处体现出债因的存在。例如，不当得利制度、不安抗辩制度等，几乎都与债因有关。同时，在我们今天编纂民法典的进程中，债因是连接债与非债的一个中间地带和缓冲区。

二、关于债因起源的简单说明

债因（也可以称为原因，下面分析之）究竟是起源于罗马法还是中世纪注释法学以罗马法为素材对其进行解释的产物？对此，存在截然不同的两种观点：一派认为，罗马法上根本不存在所谓的债因或者原因理论，该理论是中世纪的注释法学派和后注释法学派根据亚里士多德哲学和阿奎那学说并以罗马法为素材创立的契约理论的结果。我们可以将之称为否定派。另一派则认为，罗马法上本来就存在原因，原因的作用不仅在于使协议具有债的效力（债因），还是转移所有权的根据（所有权转移的原因）。我们可以称之为肯定派。

否定派认为，早期的罗马法并未认识到导致债产生的各种原因在性质上有何不同，从而提炼出作为债因的私犯、准私犯、契约、准契约等概念，这些概念只是在后来的发展中才被作为债因而与债的概念联系起来。可以说，以各种债因为标准对债进行区分，主要是盖尤斯和优士丁尼的《法学阶梯》总结的结果[1]。罗马法没有合同的一般理论，唯一具有弹性且能适用于任何目的的契约是要式口约[2]。罗马法上的形式是契约效力的根源，不依赖于具体的原因[3]。中世纪注释法学派在重构合同概念以及新的合同效力的说明模式的过程中，运用所谓的"经院方法"，利用《学说汇纂》中的一些文字，为真正的协议找到了一个交换物——"原因"。例如，中世纪注释法学派的代表人物之一阿库修斯就指出：一个有效的债有两个根源，一是自然法根源。自然法根源产生于同意，所有的人（甚至是奴隶）都能够实施这种同意。尽管如此，自然法根源并不具有强制执行之债的效力。它只是不允许一个已经履行的人收回其履行。有时一个市民法的根源被附加在这一个自然法根源上，为该自然法根源提供供销、形式

---

[1] 徐涤宇：《原因理论研究》，中国政法大学出版社2005年版，第45页。

[2] 徐涤宇：《原因理论研究》，中国政法大学出版社2005年版，第66页。

[3] [意]朱塞佩·格罗索：《罗马法史》，黄风译，中国政法大学出版社1994年版，第117页。

或者衣服，从而使其产生债[1]。除了要式契约和有名合同之外，单纯的合意仅仅产生自然债，而要使其产生市民法上的债的效力，则要为其穿衣。而后世合同理论中的原因学说，其实就是在为之穿衣的方式[2]。

注释法学派毕竟是尊重罗马法原始文本的，他们只是把罗马法文本中就无名契约提到的原因描述为"所给的某物或者所做的某事"。除了原因之外，注释法学派仍然认为，形式、标的物交付等才是其具有强制执行力的根源[3]。

如果说注释法学派利用罗马法中的原因一词仍然拘泥于罗马法的原始文本的话，那么，后期注释法学派通过经院方法以及辩证的或者诡辩的方法在罗马法文本中读出了更多的内容，其代表人物巴托鲁斯就是运用这种方法构造出原因的一般理论。首先，在分析买卖契约时，他认为，出售者的原因是获得价金，买受人的原因是获得出售之物。其次，在互易中也有原因，例如，在马匹的互易中，各方当事人就是想获得对方的马匹。但实际上，罗马法上的有名契约与原因根本就没有关系，原因仅仅与无名契约有关，而且，这种原因是已为的给付，而非待为的给付。他得出一种一般化的原因：某种回报的收受，它包括已为的给付和待为的给付。但这种解释显然不够，因为即使在允诺是无偿的情况下，要式口约也是有约束力的。于是，针对这种情况，巴托鲁斯解释说，其原因就是"慷慨"。据此，他抽象出了第二种原因，

---

[1] 如果看到这里，我们就不得不想到英美法系中的合同的概念，"同意+约因"是其基本模式，仅仅有同意，该协议是不具有强制执行力的，只有加上约因，才能产生类似于大陆法系国家债的效果。同时，在该段描述中，奴隶之间的同意即使有形式或者原因，也只能是"自然债"，因为奴隶不是法律主体，不可能获得市民法上的效力。

[2] 徐涤宇：《原因理论研究》，中国政法大学出版社2005年版，第68~69页。

[3] 徐涤宇：《原因理论研究》，中国政法大学出版社2005年版，第73页。

并结合第一种原因形成了原因的一般理论[1]。即使在今天,这种对无偿契约的原因解释也仍然有影响力。但是,如果说"罗马法上的有名契约与原因根本就没有关系,原因仅仅与无名契约有关"的话,可能就值得探讨,其实,罗马法上的有名契约之债因也决定其效力(下面详细讨论)。

有学者认为,对原因理论进行最后的世俗伦理上的证成并使之成为统一的法律学说,要归功于后期经院法学派对罗马法及亚里士多德与阿奎那的道德哲学的综合[2]。

亚里士多德认为,正义是首要的美德,并将正义分为一般正义与具体正义。就一般正义而言,当人们违反法律时,他就不正义了[3]。具体正义有两种:一是分配正义,二是交换正义。在社会机构中,分配正义是根据每个人的作用分享社会福利的权利,评论家称为按照比例平等原则。这不是主观上喜欢一个人而不喜欢另外一个人,因而给予他更多回报的问题,而是通过可以确认的、公认的标准来使这种优先正当化。人们在社会机构中具有不同的作用,这是自然的不平等——反映了事物的本性。分配正义的结构是根据人们的技能分配报酬,例如,优秀教师应该得到更多的报酬,技能差的人得到更少的报酬。由于每个人具有不同的技能,决定了不同的分配[4]。

---

[1] 徐涤宇:《原因理论研究》,中国政法大学出版社2005年版,第74~75页。
[2] 徐涤宇:《原因理论研究》,中国政法大学出版社2005年版,第88页。
[3] 这种观念反映出亚里士多德的法律实证主义观,故有人批评说:难道这就是法律实证主义违法的含义:人们在违反有效通过的法律时是否总是不正义?有些法律是恶法,违反这些法律不会产生不正义。参见[英]韦恩·莫里森:《法理学》,李桂林等译,武汉大学出版社2003年版,第50页。
[4] [英]韦恩·莫里森:《法理学》,李桂林等译,武汉大学出版社2003年版,第51页。

对于交换正义,又分为"自愿交换"与"非自愿交换"两种情况来分析。在自愿的交换中,人们自愿地交换资源,当一方当事人给付的和他收受的相当时,就是正义的。与之不同,在非自愿的交换中,一方当事人拿走或者损害了他人的资源,平衡是要求该人支付这些资源的价值而实现的[1]。

阿奎那在分析合同时,运用了其伦理学和道德科学的理论。他认为,合同当事人的义务取决于每种合同所执行的目的和当事人所践行的德行。他在分析合同时,先确定每种合同所执行的目的并把每种合同归属到交换正义行为或者慷慨行为的类型中去,然后据此确定合同当事人的义务。合同乃被某种目的所界定,该目的既是双方当事人的直接目的,又是实现其最终目的的手段。既然合同被当事人的直接目的所界定,那么该目的表达了当事人为了缔约而必须认知的最低限度的义务。例如,在买卖合同中,当事人相互的直接目的是获得价金或者标的物,这些直接目的界定了其最起码的相互义务是支付价金和转移标的物的所有权。在确定每种合同所执行的目的后,阿奎那又根据这些目的把合同归结为交换正义和慷慨行为两类。因此,阿奎那认为,当某人允许向他人转移其财产时,他要么践行的是交换正义的美德,要么践行的是慷慨的美德[2]。

后期的经院法学派承认合同是通过当事人的合意成立的,但他们同时认为,当事人在表达其意思时,践行的是亚里士多德和阿奎那的德性。他们首先区分交换性的允诺和无偿的允诺。前者属于交换正义行为,后者为慷慨行为。他们由此得出了影响至今

---

[1] 徐涤宇:《原因理论研究》,中国政法大学出版社2005年版,第89页。
[2] 徐涤宇:《原因理论研究》,中国政法大学出版社2005年版,第94~95页。

的著名结论:如果合同是基于一个正当原因缔结的,那么它就具有法律约束力。该学说把交换正义与慷慨等同于当事人缔约的两个合法目的或者正当理由,表达了理论上的一个重要观念:通过允诺,一个人可以践行交换正义或者慷慨行为[1]。

其实,我们仔细来分析,后期的经院法学派和阿奎那对原因理论的说明,或者说对于合同原因的说明,与前面的注释法学派并没有什么本质的不同:注释法学派说在买卖契约中,出售者的原因是获得价金,买受人的原因是获得出售之物,在无偿契约中原因即是慷慨。这两者表面上却是不同的:金钱与物用"交换正义"包裹起来,赋予了其伦理和道德的意义,就使得契约等于正义了。但是,尽管罗马法上没有这样的包装,但罗马法上是否不需要原因或者债因?这需要历史的考察。我们不妨去看看罗马法上的债之概念与决定性因素。

第二节 罗马法上的债因及其作用

通过"原因"来判定是否对个人行为赋予法律效力以及通过原因来判定已经赋予的法律效力"不当",进而通过债法手段予以矫正,均源于罗马法。概括起来,罗马法中的"原因"概念具有赋权和矫正两种功能,其中的赋权功能又可以分为赋予无名契约以法的效力和赋予交付转移所有权的效力。因而,可以说,罗马法上的原因具有"三大功能"[2]。但这种观点是否准确,我们将在对罗马法的检索中探讨之。

---

[1] 徐涤宇:《原因理论研究》,中国政法大学出版社2005年版,第94~95页。
[2] 娄爱华:《大陆法系民法中原因理论的应用模式研究》,中国政法大学出版社2012年版,第2~3页。

一、罗马法上债产生的根据

可以说，在罗马法上，并非任何私人行为都能够产生法律上承认的债的效果，有些私人行为是不能产生法律认可的私法上的债的效果的。因此，可以说，原因就是为这些不为法律认可的私人行为寻找合法的突破。要了解这一问题的缘由，必须首先搞清楚罗马法上的债的产生根据及法律状况。

罗马法上的债的概念，按照《法学阶梯》的定义是：债是一种迫使我们必须根据我们的法律制度履行某种给付义务的法律约束[1]。从这一概念上看，债的基本概念同今天并没有任何区别。在罗马法上，债可以根据各种渊源产生，可以划分为契约、私犯、准契约、准私犯、单纯的法律事实或者法律。罗马法上的债的历史起源于对私犯的罚金责任，契约责任起初从属于这一概念。无论是小偷还是借贷人，首先均以自己的人身负责并陷于受役状态。后来，法律规定首先应当要求支付"罚金"或者"借款"，只有当债务人的财产不能给付或者清偿时，权利人才能通过执行方式对其人身采取行动。直到此时，债才第一次获得新的意义，即财产性意义[2]。与我们讨论的债因有关的并不是私犯，而是契约。

罗马法上的契约可以分为要式契约和非要式契约，而要式契约在罗马法上占有极其重要的地位。就如意大利学者所指出的：产生法律效力的私人行为，无论是具有物权方面的效力，还是具

---

[1] [意]彼德罗·彭梵得：《罗马法教科书》，黄风译，中国政法大学出版社1992年版，第284页。
[2] [意]彼德罗·彭梵得：《罗马法教科书》，黄风译，中国政法大学出版社1992年版，第284页。

有债权方面的效力,在最古老的时期均同一种严格的形式主义相符合。早期人们曾表现出对形式的特别追求,这同当时的法所含有的宗教成分有关[1]。罗马法上的要式契约主要有口头契约和文字契约;而非要式契约则分为实物契约、合意契约、无名契约、简约和协议。

1. 要式契约。要式契约分为口头契约和文字契约,而口头契约又可以分为债务口约、誓言、嫁资口约、要式口约,文字契约又可以分为债权誊账、约据和亲笔字据。

(1) 口头契约。

第一,债务口约是罗马法最早的要式契约,它是一种在形式上同"要式买卖"(一种转移要式物所有权的典型罗马法方式)相对应的适法行为。因而,同要式买卖一样也有特别要求的方式,它也采用铜和秤、5 名见证人、司秤和秤铜块的仪式加以缔结(这种仪式我们在下面还要提到)。不过准确地说,"债务口约"只不过是对债务人的人身或者他的隶属人实行要式买卖以为借贷担保。债务口约的效力是极其严厉的,只要债务人没有清偿债务或者其他人未出面替他清偿并采取相应的"秤铜清偿仪式"(如同缔结口约时的仪式)使他摆脱债务,已取得对债务人或者其隶属人的人身支配权的债权人就可以把他们当作债务奴隶,给他们带上锁链,用暴力强迫他们为自己劳动。债务口约的这种可怕效力是贵族债权人和平民债务人之间长期争斗的原因,也是造成历史动乱的原因。因此,到公元 326 年,该制度被废除[2]。

---

〔1〕 [意]朱塞佩·格罗索:《罗马法史》,黄风译,中国政法大学出版社 1994 年版,第 116 页。

〔2〕 [意]彼德罗·彭梵得:《罗马法教科书》,黄风译,中国政法大学出版社 1992 年版,第 353 页。

第二，誓言曾经是一种神圣的形式，表现为负债人宣誓，它只适用于解放自由人向自己的庇主就劳作或者一般赠品所作的允诺[1]。更确切地说，是由被解放的奴隶作出的庄严允诺，允诺的内容是：被解放的奴隶在获得解放后为解放他的主人完成某项工作。至于作出允诺的时间，罗马法没有规定，可以是获得解放的同时，也可以是之后。实际上，这种允诺是被解放的奴隶对其在奴隶状态时为获得解放所作宣誓的确认。因为，按照罗马法，奴隶是权利的客体，不能为获得解放而对主人作出任何具有法律效力允诺。然而，在宗教层面上是没有自由人和奴隶的区分的，奴隶同样可以按照教义宣誓承担义务。因此，奴隶在获得解放后作出的允诺只是使先前的誓言获得法律效力。这种誓言（允诺）在优士丁尼法中仍然适用[2]。

第三，嫁资口约是一种专门用于嫁资的允诺的古典形式，它是一种口头允诺，形式庄严，词句固定。允诺人一般是待嫁女子的父亲、祖父等长辈或者该女子的债务人。当待嫁女子为自权人时，允诺人为该女子本人，受诺人是未婚夫。嫁资口约的标的可以是动产或者不动产。未婚夫对口约中确定的嫁资享有债权。后古典法时，嫁资口约日趋衰落，至优士丁尼时废止，取而代之的是嫁资简约[3]。

第四，要式口约是罗马的贸易中为设立债的关系而普遍适用的要式契约形式。要式口约的庄严性完全表现为未来债权人的问

---

[1] [意] 彼德罗·彭梵得：《罗马法教科书》，黄风译，中国政法大学出版社1992年版，第354页。

[2] 费安玲主编：《罗马私法学》，中国政法大学出版社2009年版，第318页。

[3] 费安玲主编：《罗马私法学》，中国政法大学出版社2009年版，第317~318页。

话和未来债务人的对应回答。在古典法中，提问和回答应当严格按照"誓约"的程序进行："你答应给我100元吗？""我答应。"它是一种市民法的产物，不仅与自然法相对，也同万民法相对。此外，提问和回答还应当相互完全吻合，允诺的数额不能同所要求的数额不同，也不能增加在提问中未提出的简约或者条件。要式口约区分为协议的（任意的）要式口约和必要的要式口约。协议的（任意的）要式口约是那些自由达成的口约，必要的要式口约则是执法官或者审判员要求必须达成的口约，是罗马古典制度中通常采用的形式。由于后一种要式口约的目的是防止损害或者干扰，因而它们也被称为"保证性要式口约"或者"保证约据"[1]。

意大利学者指出，罗马法的要式行为有两个基本特点：①这些口头形式是罗马形式主义的特有之处。②罗马法的要式行为的另一个特点是：在这些要式行为中采取行动和提出倡议的人均为买主，而丧失物或者负债的人的行为则表现为被动的允许态度，顶多是表示赞同[2]。

在罗马法的发展过程中，要式口约的形式要件经历了一些精减。例如，在万民法的影响下，形式的严格性减退了，也可以进行一些简单的回答，只要是采用口头形式。甚至对于问答之间的吻合，也放弃了早期的严格性，如果债权人问："你答应给30元吗？"债务人回答："我愿意给10元。"那么10元的允诺也是有效的。因此，在早期的要式口约和古典要式口约之间存在着明显

---

〔1〕［意］彼德罗·彭梵得：《罗马法教科书》，黄风译，中国政法大学出版社1992年版，第357页。

〔2〕［意］朱塞佩·格罗索：《罗马法史》，黄风译，中国政法大学出版社1994年版，第117页。

的差别。到了优士丁尼法中，要式口约已经名存实亡[1]。

应该说，罗马法严格形式的衰退是历史的进步，为意思自治腾出了空间，因为严格的形式主义实际上消灭了意思自治或者自由。这时候的原因或者债因也就没有太多的意义，只有以"合意"为中心的契约理论出现，原因或者债因才有存在的空间。

（2）文字契约。

第一，债权誊账是一种古典的文字契约，它起源于罗马家庭中的对账目的管理。"家父"一般根据"对照账"即日常的收支记录整理所有的支出项目并将其登记在专门的账本上，这种账本称为"收支簿"。当时，"债权誊账"恰恰表现出支出由债权人把债权誊抄在"收支簿"的支出栏目中，并取得债务人的认同。债务人应当声明该钱款已经收到并注明日期。同要式口约不同，债权誊账既可以在出席者之间进行，也可以在缺席者之间进行，但它仅仅以特定物为对象，并且不能附加条件。它也可以用来实行债的更新，例如，改变债因或者改变债务人。同一切与罗马法的社会组织和特殊传统紧密相连的形式一样，债权誊账也在罗马—希腊时代就消失了[2]。

第二，约据和亲笔字据在古典法中是异邦人（实际上主要是指希腊人）的文字债。这两种契约之间的形式区别是：约据被制作成二份原始件，一份由债务人保留，另一份由债权人保留；而亲笔字据则只书写一份并由债权人保留。在这两种文书之间，似乎还有一个更为内在的区别：人们可以用不存在"债因"为由对

---

[1] [意] 彼德罗·彭梵得：《罗马法教科书》，黄风译，中国政法大学出版社1992年版，第355～357页。

[2] [意] 彼德罗·彭梵得：《罗马法教科书》，黄风译，中国政法大学出版社1992年版，第359页。

亲笔字据提出异议,而约据则是最绝对意义上的要式契约[1]。

在后古典法中,人们不再提及约据,可能正是由于罗马法随着市民身份的授予而得到不断扩张,使得这种完全忽视债因且在形式上同罗马法制度格格不入的契约被摒弃。相反,早已作为要式口约的证明手段而渗透进罗马法之中的亲笔字据则生存下来,在实践中,亲笔字据继续独立于任何要式口约而被加以利用。直到优士丁尼《法学阶梯》中仍然有它[2]。

2. 非要式契约。罗马法上的非要式契约分为实物契约、合意契约、无名契约和简约。

(1) 实物契约。在优士丁尼的分类中,实物契约有四种:消费借贷、使用借贷、寄托、质押。它们的共同特点简单地说就是:债不是产生于协议本身,而是产生于对有形物的交付[3]。这一类契约的名称产生于物,表示各项契约的实质,即返还所接受的物,它的一般观念是"物被借出后,应当原物返还"[4]。以消费借贷为例,物的交付是债务人承担义务的根据,他恰恰是按照所接受的数量承担义务,如果未发生所有权转移,则不产生消费借贷[5]。

在这一类契约中,如果以不让渡、如数给付、转让、转移所

---

[1] [意] 彼德罗·彭梵得:《罗马法教科书》,黄风译,中国政法大学出版社1992年版,第360页。

[2] [意] 彼德罗·彭梵得:《罗马法教科书》,黄风译,中国政法大学出版社1992年版,第360页。

[3] [英] 巴里·尼古拉斯:《罗马法概论》,黄风译,法律出版社2004年版,第181页。

[4] [意] 彼德罗·彭梵得:《罗马法教科书》,黄风译,中国政法大学出版社1992年版,第307页。

[5] [意] 彼德罗·彭梵得:《罗马法教科书》,黄风译,中国政法大学出版社1992年版,第363页。

有权等方式设立契约，契约关系自始不成立。当然，实物契约中的"交付"的含义在不同契约中的意义是不同的：在消费借贷中是指转移所有权；在扣押寄托中仅仅指转移占有；而在一般寄托和使用借贷中则只转移持有[1]。对于实物契约，英国学者梅因认为，实物契约被法律承认，表示罗马人在伦理方面向前跨进了一大步。一旦送达实际发生后，债即产生。其结果必定是对最古老的有关契约观念的一个重大革新，因为在古典时代，当契约的一造由于疏忽而没有使他的合意通过约定的手续，将不为法律所承认。除非经过正式的形式，借钱的人是不能诉请偿还的。但在实物契约中，一方的履行就允许使他负担法律责任——这显然是基于伦理的根据。第一次把道德上的考虑认为是契约法的一个因素，这就是实物契约与其他契约的不同之处[2]。

实际上，"实物契约"在世界各国（特别是大陆法系国家）普遍存在，但是否是基于像梅因所说的伦理的考虑，是值得思考的。或许，是基于衡平的原因的考虑。

需要指出的是，并非任何基于物的交付都能够产生如实物契约这样的后果。盖尤斯曾经认为，当错误地以为自己欠别人某物而将其给付时，也产生实物债，因为这种债不是产生于契约。后来优士丁尼将其归入"准契约"，从而弥补了这一漏洞[3]。

（2）合意契约。合意契约其实就是我们今天民法上所谓的诺成契约，对今天从意思自治的原则出发来理解民法和契约法的人来说，似乎非常顺理成章，但这在极其强调形式的罗马人来看，

---

[1] 费安玲主编：《罗马私法学》，中国政法大学出版社2009年版，第310页。
[2] [英]梅因：《古代法》，沈景一译，商务印书馆1959年版，第187页。
[3] [英]巴里·尼古拉斯：《罗马法概论》，黄风译，法律出版社2004年版，第183页。

却是例外。

合意契约也许可以从一般意义上来说，是根据当事人的合意而产生的债的形式，包括买卖、租赁、委托和合伙契约[1]。梅因指出：实质上，这些诺成契约（合意契约）的特点是从"合意"中产生这些契约，是无需任何手续的。在这些契约中，缔约的两造的同意比在其他任何种类的合意中更为重要。但"诺成"这一个词不过表示：在这里"债"是立即附着于诺成的。"诺成"或者两造的相互同意是协议中最后和最主要的因素，而属于买卖、合伙、委任和租赁中的合意之特点是：诺成带来了债，在特种交易中执行着在其他契约中由实物、口头约定或者文书或者书面登入总账（债权誊账）所起到的同样的功能[2]。

梅因在分析罗马人之所以承认合意契约能够产生债的原因时认为：每一个社会的集体生存，其较大部分是消耗在买卖、租赁、为了商业目的而进行的人与人之间的联合、一个人对另一个人的商业委托等交易中，这无疑是使罗马人像大多数社会一样，考虑到把这些交易从专门的手续的累赘中解脱出来，并尽可能使社会运动最有效的源泉不至阻塞的原因[3]。

梅因在评价这种合意契约的进步意义时指出：诺成契约在数量上是极其有限的，但是，毫无疑义，它在契约法史上开创了一个新的阶段，所有的现代契约概念都是从这个阶段发轫的[4]。

但如果仅仅这样理解合意契约，就不能说是完全正确的，因为，其真正起作用的并不仅仅是当事人之间的合意，核心是合意

---

[1] 费安玲主编：《罗马私法学》，中国政法大学出版社2009年版，第310页。
[2] ［英］梅因：《古代法》，沈景一译，商务印书馆1959年版，第188页。
[3] ［英］梅因：《古代法》，沈景一译，商务印书馆1959年版，第188页。
[4] ［英］梅因：《古代法》，沈景一译，商务印书馆1959年版，第189页。

背后的"债因"。"合意+债因"才使合意契约产生了债。就如意大利学者所指出的:在早期的罗马法中,除了产生于私犯的债以外,设立其他债必须采用要式程序。但是,早在古典时期以前,某些特定的原因即可在不采用典型的要式手续的情况下也被承认产生债的效果,这些例外的形式划分为两类:以实物达成的债和以合意达成的债,也就是实物契约和合意契约[1]。

梅因在谈到罗马人从不承认合意具有产生民法债的效力到承认它的时候说,诺成契约被归类到"万民法"中,并且这种分类在不久以后即得出这样一个推理,认为它们是代表定约的一种合意,为"自然"所认可并包含在自然法典中的。当到达这一点,我们就可以看到,在罗马法学家中有几个著名的学理和区分,其中之一是"自然债"与"民事债"之间的区分。当一个智力完全成熟的人有意使自己受到一个合意的约束,即使他并没有履行某种必要的手续,以及由于某种技术上的障碍,他缺少了制定一个有效契约的正式能力,他仍然被称为在一个自然之债下。法律不强制执行债,但它也不绝对拒绝承认它。自然之债在许多方面和纯粹的无效的债又有不同。法学家另外一种很奇怪的学理,其渊源不可能早于"协议"从"契约"中分离出来的时期。根据这些专家的意见,虽然只有"契约"是一个诉讼的基础,但一个单纯的"合意"或者"协议"可以作为一个抗辩的根据。也就是说,虽然一个人由于在事前没有遵照正当形式使一个合意成为一个"契约"的话,不能根据这一个合意而提起诉讼,但却可以对一个根据有效契约提出的诉讼进行有效的抗辩[2]。这一学理表现

---

[1] [意]彼德罗·彭梵得:《罗马法教科书》,黄风译,中国政法大学出版社1992年版,第307页。

[2] [英]梅因:《古代法》,沈景一译,商务印书馆1959年版,第189页。

出裁判官在向最伟大的革新前进的过程中所发生的迟疑。他们关于"自然法"的理论必定曾经引导他们特别偏爱"诺成契约"以及其他的协议或者合意，但是他们不敢立即把"诺成契约"的自由推及一切协议。他们利用了从罗马法开始时就托付给他们的对于诉讼程序的特殊监督权，并且，虽然他们不准提出不是根据正式契约的一个诉讼，但在导演诉讼程序的秘密舞台中，他们使其新的合意理论有充分活动的余地。当他们进展到这样的程度后，不可避免地要向前再进一步。直到"裁判官"在告示中宣称：他们将对还没有成熟为契约的合意赋予衡平的诉讼，只要争执中的"合意"是根据一个"要因"的，在这时候，古代"契约法"的革命就完成了。但必须注意的是，除非"合意"中有债因，否则这合意将继续是空虚的[1]。

（3）无名契约。在古典时代或者后古典时代，人们曾发展到把许多通过物的转移或者提供劳作（为了获得不同形式的给付）而实现的行为承认为契约。这些契约没有获得任何总的名称，因而在理论上一开始就被称为"无名契约"。它们根据原因的实质及各自的义务区分为四种：互易（以物易物）、物劳互易（给付某物是为了对方做某事）、劳物互易（做某事是为了对方给付某物）、换工（以工换工，做某事是为了对方给自己做某事）[2]。

这里不免有一个地方容易引起人们的怀疑：无名契约似乎很像是实物契约，甚至可以将其归结为实物契约的一个部分。对此，意大利学者彼德罗指出，无名契约看起来是对实物契约的履行和一般化适用。在实物契约和无名契约中，债因均表现为某一

---

[1] [英]梅因：《古代法》，沈景一译，商务印书馆1959年版，第190页。
[2] [意]彼德罗·彭梵得：《罗马法教科书》，黄风译，中国政法大学出版社1992年版，第308页。

主体为获得商定的回报而向另一主体应履行的给付。然而，无名契约不同于实物契约之处在于：商定的回报，即债的标的，可能而且有时从实质上相背离。正如一种很偏激的批评所认为的那样，当古典时代日薄西山时，无名契约的发展至少有了它的结论。因而，它们没有表示其特点的称谓，各个契约也没有得到通俗的名称，而是被以迂回的方式加以表述，由此产生了无名契约这种传统的表达[1]。彼德罗在这里的表达，在我看来，有两点值得注意：其一，指出无名契约与实物契约的区别：在实物契约中，无论是消费借贷、使用借贷、寄托、质押，交付的东西与返还的东西是一样的：借钱还的是钱，寄托物与取回物是一致的，而无名契约则不是，往往返还物与交付物不同。其二，许多可能不具备被法律认可的契约借助无名契约获得法律上的效力，从而对当事人的救济更进了一步。正如有的学者所指出的，无名契约大致形成于古典时代日薄西山时，其起源主要在于：古典罗马法对契约种类采取列举的方式，这种列举留有很多空白并含有不确定性，它排除了许多常见的类型，虽然要式口约为此提供了一种规避这些难题的方法，但如果没有采取这种方法，市民法就只能通过"请求给付之诉"给予有限的救济，但是，这种诉讼仅仅适用于一方已为给付而对方没有履行给付的情形，它是根据准契约提起请求，其目的是要求返还已为的给付，而不是履行协议。到了优士丁尼时代，终于发展出一种一般诉讼——根据前书进行诉讼，这种诉讼适用于一方当事人已经给付某物或者做某事，而另一方却未履行给付的情形（只要它不属于任何其他法定的契约类

---

[1] [意] 彼德罗·彭梵得：《罗马法教科书》，黄风译，中国政法大学出版社1992年版，第384页。

型)。后来法学家以债因为基础来整理这一类契约,发现它似乎与某些已经被法律所承认的有名契约很相似,但又很难确定它究竟属于何种契约的形式。后来一项基本原则得到发展:已经由一方执行的协议就是契约[1]。因此,彼德罗说:"当古典时代日薄西山时,无名契约的发展至少有了它的结论。"

关于无名契约的效力问题,在罗马法学家之间是存在争议的。例如,萨宾学派根据易物与买卖在经济上的相似性,要求把易物视为买卖,并依据当事人表示同意承担的相互义务认定该债的有效性。但普罗库勒学派则反对萨宾学派的观点,认为买卖的重要条件是:某一标的具有商品的功能,另一标的具有一般的价金作用,尤其是罗马法买卖具有特殊的结构,它不要求转移对商品的所有权。优士丁尼接受了普罗库勒学派的观点,没有认可这种契约的效力,正如德国学者弗卢梅所说的,在古典罗马法时期,人们普遍认为互易与买卖不同,法律没有认可其作为特殊契约类型,因此,有关互易的约定不具有法律效力[2]。优士丁尼仅仅用返还之诉的方式解决无名契约问题。也就是说,在无名契约中,履行了给付的当事人总是保留着因给付未获得回报而提起要求返还之诉的权利,以索回被转移的标的。但有的学者对优士丁尼的做法颇有微词并指出,优士丁尼把"反悔权"规定为一般权利实属过分。根据他规定的这种"反悔权",人们可以通过所谓的"因反悔的要求返还之诉"索回全部已经履行的给付,优士丁尼把法学理论在极为特殊的案件中作出的决定扩大适用于一切无名契约。优士丁尼法不承认无名契约产生债

---

[1] 徐涤宇:《原因理论研究》,中国政法大学出版社2005年版,第54~55页。
[2] [德]维尔纳·弗卢梅:《法律行为论》,迟颖译,法律出版社2013年版,第44页。

的效力[1]。

（4）简约。缺乏形式而且又不是根据某一债因而达成的协议，在优士丁尼的学说中一般被称为"简约"。为了将它同受到承认的协议即契约区别开来，人们也称它为"无形式简约"（也有人称之为"裸约"）。无形式简约不转移权利，也不产生法律上完备的债，也不能成为任何诉讼的根据[2]。由此可见，"无形式简约"实际上既不是要式契约，也不是非要式契约中的无名契约、合意契约，而是另外一种类型。问题是："无形式简约"在罗马法上会产生什么效力呢？或者更直接地问：它有什么作用呢？

罗马法上有一句对于其契约制度来说至关重要的格言："无形式简约不产生债而只能抗辩。"（即只能抗辩而不能起诉）[3]如何理解呢？有学者指出，在罗马法上，真正意义上的债是市民法上的债（也称为民事债或者市民债），在市民法债之外，还存在一种称为"自然法上的债"，其是和自然法或者万民法相对应的。自然法债既不产生请求给付的权利，也不产生履行给付的义务，因而它们不拥有诉权，仅产生抗辩。也就是说，自然法债不能得到市民法的承认和保护，但在债务人自动清偿的情况下，债权人有权保留被给付物并且拒绝返还或者对抗基于非债清偿的请求给付之诉。自然法债产生的因素很多，无形式简约就是其中之一。它不产生债，仅产生抗辩[4]。也就是说，在罗马法上存在一个债

---

[1] [意]彼德罗·彭梵得：《罗马法教科书》，黄风译，中国政法大学出版社1992年版，第385～387页。

[2] [意]彼德罗·彭梵得：《罗马法教科书》，黄风译，中国政法大学出版社1992年版，第391页。

[3] [英]巴里·尼古拉斯：《罗马法概论》，黄风译，法律出版社2004年版，第206页。

[4] 徐涤宇：《原因理论研究》，中国政法大学出版社2005年版，第52页。

的亚种——自然债,它不拥有请求债务人履行的效力,故不能基于这种债提起给付之诉。但它却仍然具有保持力,即如果债务人自动履行的,自然债的债权人非为不当得利,是有保持力原因的债。罗马法上的自然之债远比今天要多得多,就是因为产生自然债的原因实在太多,无形式简约就是产生这种自然债的根据之一。

也就是说,罗马法上的简约不是没任何有效力,仅仅是不承认它具有产生积极的债权的效力,罗马裁判官在行使司法管辖权时是尊重简约的,具体来说,当某人依据合法建立起来的某一关系提起诉讼时,他允许对自己订立了简约的被告利用简约提出抗辩(这种功能就是前面的"无形式简约不产生债而只能抗辩")。根据这一规定,当简约的目的在于完全或者部分排除某一法律关系的效力时,例如,某人有100元的债务,但债权人同他达成简约,根本不要求他偿还这一笔钱或者在一定期间内不要求他偿还,假如债权人违背简约要求偿还时,债务人就可以根据该简约进行抗辩。另外,当根据简约交付某一标的或者允许行使某一权利时,例如,某人与邻居达成简约,允许邻居从自己土地上通过而不必依法设定役权后,某人违反该简约约定而要求排除妨害时,邻居可以根据简约进行抗辩。即使存在义务人一方抗辩权的情况下,另一方仍然享有完全的维护自己权利的诉权,有权针对义务人或者标的物提起要求返还所有权之诉或者排除妨害之诉,但是,这些诉讼的效力受到简约抗辩的排斥[1]。

另外,在善意审判(有人称为诚信诉讼)中,简约具有更大的效力,因为审判员必须根据善意评估当事人的相互义务,因

---

[1] [意]彼德罗·彭梵得:《罗马法教科书》,黄风译,中国政法大学出版社1992年版,第391~392页。

而，有关契约的诉讼保障任何简约的履行，即便简约的目的不是通过限制诉权来排除或者限制权利，甚至是通过扩大或者变更诉权来增加或者改变法律关系的后果。人们通常用下列语句来表述这种情形："既定之简约影响善意审判。"然而，为了使简约能够为法官所考虑，简约的确应当是同契约联系在一起的，并且是在签订契约时达成的[1]。

在后来的发展中，简约超出了抗辩的限制。有学者指出，在后古典法和优士丁尼法中，较之典型契约，简约的用途更为广泛。简约不但可以作为从契约附加于任何一形式的主契约，也可以作为主契约设立债权甚至某些物权。另外，随着程式诉讼的废止、市民法和万民法的融合以及契约范围的扩展，简约与契约已无任何质的差别。优士丁尼法时，法律允许那些不享有专门诉讼保护的、依据简约为给付的当事人提起"对待给付之诉"，请求当事人履行义务。在这种情况下，简约等同于无名契约[2]。单就这一点来说，研究罗马法的学者或许是因为据以得出结论的历史资料不同，所得出的结论也有所不同。我们可以想象，简约等于契约肯定是经过了一个发展的过程，而且是一个非常缓慢的过程，这一过程肯定与经济的发展和交易的需要密切关联，但是否发生在优士丁尼法时期，则可能存在争议。

二、契约、债、合意（协议）的关系

通过前面的考察，我们非常清楚地看到，在罗马法上，协议

---

[1] [意] 彼德罗·彭梵得：《罗马法教科书》，黄风译，中国政法大学出版社1992年版，第392页。

[2] 费安玲主编：《罗马私法学》，中国政法大学出版社2009年版，第312页。

不能当然地产生债,契约中的合意也无足轻重,甚至不是契约的构成要素。当然,也并不是所有的契约都能够毫无条件地产生债。罗马法上引起债发生的根据有着严格的归类,契约仅仅是引起债发生的一个根据。因此,许多不能引起债发生的行为或者事实,欲发生债的效果,必定要归入契约或者其他法定根据中去。这样一来,我们就不难理解为什么从古罗马开始,今天立法和学理中所谓的"无因管理"和"不当得利"被归为"准契约"。

必须强调的是,罗马法上的契约完全不同于今天我们所说的契约或者合同,"契约"这一"术语"在古典罗马法文献中专门用来指"债契约"。在早期罗马法中,除产生于私犯的债之外,设立其他债必须采用要式行为[1]。因此,在罗马法上,有一种在我们今天的法学家来看是特别奇怪的逻辑:契约的关键或者说核心因素根本就不是代表意思自治的"合意",甚至"合意"不是契约的构成要素,就如有学者指出的:"订立市民法契约必须完成法定形式,形式是必备要件,而合意则不是要件。"[2]因此,合意或者说协议、合约等如果不具备特定的条件,根本就不产生债的效果。英国学者梅因在分析罗马法上的"合意"时指出,罗马法离缔约者的允诺比附加其之上的手续程序更神圣的时期,还有很长的距离。为了说明这一时期所发生的变化的性质,必须研究罗马法学家关于"合意"的分析。这种分析是他们的智慧最美丽的纪念碑。罗马法把"债"与"协议"或者"合约"在理论上加以分开。一个"合约"或者"协议"是个人相互之间同意的极端产物,它显然不是一个"契约",而仅仅是一个"协议"或

---

[1] [意]彼德罗·彭梵得:《罗马法教科书》,黄风译,中国政法大学出版社1992年版,第306~307页。

[2] 费安玲主编:《罗马私法学》,中国政法大学出版社2009年版,第316页。

者"合约"。它最后是否会成为一个契约,要看法律是否把一个"债"附加上去。一个"契约"是一个"合约"(或者协议)加上一个"债"。在这一个"协议"(或"合约")还没有附带着"债"的时候,它就是空虚的合约[1]。这与我们今天的契约立法和理论完全不同:在今天,契约已经缔结完成,债立即发生,除非该契约中对债的发生附加有条件或者期限,即使有期限,也是意思自治的结果。但是,在罗马法上,在合意之外,还需要某种东西把债这种结果加上去。对此,梅因指出,这一个时期,罗马法把契约分成口头契约、文书契约、要物契约和诺成契约,这四类著名的分类也是罗马法所要强制执行的仅有的四类契约。这个分类的意义,在我们理解了把债从协议中分离出来的理论后,立即可以领会。每一类的契约实际上都是根据某种手续来命名的,这些手续是除了缔约两造仅仅的合意以外所必需的:在"口头契约"中,一待协议完成后,必须要经过一种言辞的形式才能使法锁附着在它上面;在"文书契约"中,登入总账簿或者记事簿能够使协议具有债的效力;在要物契约的情况下,交付作为预约主体的物时,才产生同样的效果。总之,在每一种情况下,缔约的双方必须达到一定的谅解,但是,如果他们不再前进,他们在相互之间即不负义务,不能强制履行或者违背信约时要求救济。这些形式构成了原始观念中除了有关系的人们的单纯的合意之外所必需的额外要素。它们成为"债"借以附加上去的媒介[2]。

我们知道,在罗马法上,除了要式契约之外,还有非要式契约。要式契约尽管都是口头形式,但都是有特定的仪式的。另外

---

[1] [英]梅因:《古代法》,沈景一译,商务印书馆1959年版,第182页。
[2] [英]梅因:《古代法》,沈景一译,商务印书馆1959年版,第184页。

一类非要式契约也是非常定型化的，具有具体的构成因素。任何一种人们之间的协议或者合意，只有在两种情况下，才能是产生民法上的债的契约：要么是遵循了法定仪式的，要么是符合法律规定条件的，例如要物契约中物的交付产生债的效力等。正如我国有学者总结的：①在各种特定的类型化契约中，其要素应被分别地认为是构成各类契约的基本特征的各种条件，不符合这种或者那种条件，则即使是认真达成的协议，也不是契约；②尽管"合意"对于法定类型的契约具有重要意义，但它不是所有契约的一般性构成要素，例如，在要式契约中，"形式"不是附加于"合意"之上的要素，而是契约的单一构成要素；在实物契约中，它之所以产生债的效力，乃在于物已经被交付这样一种简单的事实，而非出于合意的缘故。总之，在罗马法上，只要构成的是契约，那么它就是可以强制执行情况的债，这意味着契约本身就是债。因为一旦被承认为契约，同时也就成立了债，但我们不能说，债就是契约，因为除了契约，债还有其他成立方法[1]。

在这里，有一个特别需要说明的问题，那就是：尽管罗马法早期崇尚形式、仪式或者手续，但随着社会的不断变化和发展，也发生了很多的变化，甚至与当时注重形式的相同时代，也伴随着无形式的类型化契约的存在。这些方式之所以发生债，不是因为它具有形式，而是因为它们具有特别的因素。这些因素包括：

1. 具备特殊的债因。为什么像要物契约、合意契约得到优士丁尼的承认，而无名契约根本得不到优士丁尼的承认，即他根本不给这些"契约"能够产生债的可能性，而是通过诉讼的方式达到平衡，却不是像实物契约那样承认为债的效力？那是因为债因

---

[1] 徐涤宇：《原因理论研究》，中国政法大学出版社2005年版，第57~58页。

得不到优士丁尼的承认。

2. 符合强制的类型。与前面一个问题相联系，罗马法上的"债因"都是极端类型化的，如果类型不对，即使在我们现代的人看起来几乎完全一样的"契约"却有完全不同的效力。例如，前面说过，只要采取法定形式的协议、约定或者表面的允诺，都会产生债，这是毫无疑问的。但是，如果没有采取这些要求形式的时候，类型化（债因类型化）就是债契约成立的关键问题。实物契约只有四类：消费借贷、使用借贷、寄托、质押[1]；无名契约也有四种：互易、物劳互易、劳务互易、换工；合意之债也有四种：买卖、租赁、合伙和委托。如果超出这几种类型，肯定不发生被法律承认的债的效力。另外，需要指出的是，为什么无名契约根本得不到优士丁尼的承认呢？原因在于，这些无名之债下的"债因"有可能会发生变化，使罗马法的形式传统或者债法传统坍塌。因为我们可以重新回忆问题的争议：萨宾学派根据易物与买卖在经济上的相似性，要求把易物视为买卖，并依据当事人表示同意承担的相互义务认定该债的有效性。但普罗库勒学派则反对萨宾学派的观点，认为买卖的重要条件是：某一标的具有商品的功能，另一标的具有一般的价金作用，尤其是罗马法买卖具有特殊的结构，它不要求转移对商品的所有权。优士丁尼接受了普罗库勒学派的观点，仅仅用返还之诉的方式解决无名契约的问题。无名契约似乎很像实物契约，甚至可以将其归结为实物契约的一个部分。然而，无名契约不同于实物契约之处在于：商定的回报，即债的标的，可能从实质上相背离。而这种背离，也许在我们看来，是朝着现代契约法的迈进——向契约自由和意思主

---

[1] 在优士丁尼之前的法中还有信托。

义方向的迈进，是一种进步，但在罗马人看来，是对罗马法的背离。也许，这种罗马法上对类型化和形式主义的坚持，才是罗马法。

3. 罗马法上的诉讼，在今天看来，确实有着我们现代人无法比拟的强大。例如，优士丁尼不承认无名契约，因此，履行了给付的当事人总是保留着因给付未获得回报而提起要求返还之诉的权利，以索回被转移的标的。我们今天的法学理论或者诉讼法一定要问：返还之诉权利的请求权基础是什么？是物上返还请求权还是不当得利呢？但在优士丁尼这里，由于不承认无名契约产生债的效力，即一方已经履行了，如果对方不履行，按照债的逻辑和效力，履行了义务的一方应有权请求对方对待履行。但优士丁尼不承认债的效力，即不承认对方有对待履行的义务，履行的一方也就不能请求对方对待履行，而只能依返还之诉请求对方返还已为的履行。这是很有意思的。

其实，我们只要联系要式行为以外的这些产生债的效力和不产生债的效力的根据，就会自然地发生一个疑问：如果除了形式和"合意"以外，什么才是让这些根据产生债的根本要素？因为，"简约"也有"合意"但却不产生债，仅仅产生抗辩，这种"根本要素"其实就是"债因"。

三、债因的概念

什么是"债因"？它是否就是常说的"原因"？是否就是后世民法理论所谓的"有因或者无因"之中的"因"？我们可以来考察一下罗马法。

什么是债因呢？《学说汇纂》和《优士丁尼法典》中所使

用的"原因"一词具有相同的含义,是指给付进行的基础。原因既可以是受领人的给付,也可以是任何其他致使给付作出的情形[1]。意大利学者彼德罗说,由之可能产生债的关系的法律事实被称为债的渊源,或者用罗马法的术语称为"债因"。债可能产生于五花八门的原因,即产生于各种适法行为、非法行为或者单纯的法律事实,即人们通常所说的法律事实[2]。也就是说,按照彼德罗的这种说法,债因实际上就是债产生的根据,而且"债因"与"原因"是等同使用的。如果没有债因的存在,交付的东西就可能被视为"不当得利"。债因显然对应的是不当得利或者正当取得的根据。但这种观点很快被他自己在其同一部著作的不同部分的论述所否定,至少前后论述不一。

在随后的论述中,彼德罗指出,在罗马法上,"契约"一词除了指协议之外,还强调作为债的关系的原因行为或者关系,因为这种"客观关系"在罗马法中占有十分重要的地位。契约由两个要件构成:第一个最初的要件是原因或者客观事实,它是债的根据。第二个要件是后来由古典法学理论创设的,即当事人之间的协议[3]。显然,彼德罗在这里所谓的"债因"就与前面所说的"债因"完全不同,它指的是一种"当事人之间的客观关系",这种客观关系具体是指什么呢?依我的理解,应该是指任何一种被罗马法承认的契约所反映的客观的交易的外在表现形式,而不是当事人的契约目的。当然,不可否认的是,这种外在的表现形

---

[1] [德] 维尔纳·弗卢梅:《法律行为论》,迟颖译,法律出版社2013年版,第189页。

[2] [意] 彼德罗·彭梵得:《罗马法教科书》,黄风译,中国政法大学出版社1992年版,第306页。

[3] [意] 彼德罗·彭梵得:《罗马法教科书》,黄风译,中国政法大学出版社1992年版,第307页。

式可能与目的重合，但那仅仅是一种巧合，但从概念上是可以分离的。例如，在"合意契约"的买卖中，其客观关系就是表现为一方交付金钱，另一方交付物。这种关系是客观的而不是主观的。但目的就不同了，我卖房子有两个目的：一是取得金钱，二是拿钱去经营生意。有人把前者称为"近因"，把后者称为"买卖的动机"，一般来说，法律只保护"近因"而不保护动机，除非例外的情况下。因此，我说契约的原因可能与目的重合，但它们是有区别的。

但是，罗马法学者也确实有人认为原因就是"目的"，如乌尔比安就认为，原因就是给出某物或者为某事的目的[1]。保罗也指出，如果事实上，我给你金钱是为了收到作为回报的某财产，交易就是买卖；但如果我给你一个物是为了得到另一个物，就是互易而非一个买卖，毫无疑问，这时候市民债产生，但并不是强迫你返还你收到的，而是补偿我在你收到协议约定的物时可获得的利益[2]。保罗的这一段话有两点需要注意：第一点，他指出了债的一般特征，即要求未来的对待给付，肯定债的可期待履行性；第二点，他指的原因既可以解释为如乌尔比安的"目的"，也可以解释为"交易的客观关系类型"：买卖的特点是金钱与物的交换，互易的特点则是物与物的交换。这种关系就是客观性的，是每种买卖或者互易都具有的。后世之所以对什么是债因或者原因争论不休，其实，在其源头就有不同的看法和观点。

因此，契约的这种债因之所以是客观的，就是因为，尽管每

---

[1] 参见娄爱华：《大陆法系民法中原因理论的应用模式研究》，中国政法大学出版社2012年版，第51页。

[2] 娄爱华：《大陆法系民法中原因理论的应用模式研究》，中国政法大学出版社2012年版，第48页。

一种买卖所反映的交易标的不同，但都是一方表现为获得金钱，另一方表现为获得标的物，而不是当事人的主观目的。尤其是在罗马法上，凡是不采用要求形式、仪式或者手续的协议，都必须要求有"债因"，而且是清楚和明确地列出。对此，彼德罗指出：在罗马法中，那些不采取任何形式即可构成契约的债因总是表现为例外，它们是由立法者明确、逐个地加以确定的关系，因而人们很清醒和明确地注意到："债因"应当存在，协定或者协议却不是契约，但在这种关系中承认行为，接受"债因"。因而产生了这样的后果：根据罗马法，非要式契约的债权人应当像证明意思那样证明债因的存在。而根据现代法，在意思被证明之后，就推定原因的存在。如果债务人否认，则应当提供债因不存在的证据[1]。可以得出这样的结论：（具有债的效力的）非要式契约＝合意＋债因[2]。而在要式契约中，则契约＝形式（合意是否具有并不重要，因此也可以说：契约＝合意＋形式）。

彼德罗在论述了上述理论后，具体指出，在买卖中，两个"债因"融于一个适法的行为之中：卖主取得对价金的权利，因为他承担了给付物的义务；买主则由于承担了价款给付的义务，而取得了接受物的权利[3]。在租赁中，实际上也是两个债因合并在一个行为之中，因而同样存在着两个债和两个标的。两个主体的每一个都扮演着双重角色，既是债务人，又是债权人[4]。

---

[1] ［意］彼德罗·彭梵得：《罗马法教科书》，黄风译，中国政法大学出版社1992年版，第308～309页。

[2] 要物契约是否有合意的存在，可能存在争议。

[3] ［意］彼德罗·彭梵得：《罗马法教科书》，黄风译，中国政法大学出版社1992年版，第371页。

[4] ［意］彼德罗·彭梵得：《罗马法教科书》，黄风译，中国政法大学出版社1992年版，第376页。

在这里,彼德罗再一次将债的"标的"与"债因"等同。到此为止,我们已经看到他在三种不同的意义上使用"债因"这一概念了。我再一次强调,债因不是标的,但有时会与标的重合。

在无名契约中,根据债因的性质及各自的义务,分为四种:互易、物劳互易、劳物互易、换工。互易的"债因"是已经执行的对物的给付,标的是相同的给付;物劳互易的债因是对物的转移,而标的则是提供一项劳作;劳物互易的债因是劳作,而标的则是物的给付;换工的债因和标的均为单纯的劳作[1]。在这里,彼德罗又将"债因"与"标的"进行了区分。

在前面已经提到,优士丁尼之所以不愿意承认无名契约能够产生债的效力,就是因为这一类契约的债因是不确定的。后来之所以无名契约能够保持其称呼,就是因为当法学家们根据"债因"为基础编纂或者整理这些契约时,发现其似乎与某些受到承认的有名契约很相似但又有不同,难以归入哪一类[2]。

简约之所以难以被承认为具有独立效力的协议,根本原因可能在于其债因是广泛和难以客观化的,因此,只能作为要式契约的组成部分,起到限制契约某些权利的作用。

四、债因的作用

在这里如果称"债因"似乎不十分恰当,因为一说到"债因"似乎当然是指"原因"在债法上的作用,那么原因是否在其

---

[1] [意] 彼德罗·彭梵得:《罗马法教科书》,黄风译,中国政法大学出版社1992年版,第384页。

[2] [意] 彼德罗·彭梵得:《罗马法教科书》,黄风译,中国政法大学出版社1992年版,第385页。

他领域（例如物权领域）也发挥作用呢？因此，我们不妨把这里的"债因"称为"原因"。但是，在这里，我也的确仅仅想在这里论述原因在当事人缔结债权债务关系中的作用和意义。我现在发现，实际上，罗马法是有债权与物权之区分的，至少可以说，物的所有权转移和债的关系的发生在罗马法上确实是分离的。

有学者指出：罗马人关于原因的论述，在债法中仅仅适用于无名契约的场合，梅因从原因的角度来为罗马法上的合意契约效力根源提供说明模式，犯了一个浪漫主义的错误[1]。也有学者引用乌尔比安的一段话来佐证债因或者原因仅仅适用于"无名契约"："有原因的无名契约产生债。"并且认为，原因的作用在于使无名契约产生债[2]。实际上，上述学者在这里指出了原因的两个问题：一是原因的作用是使契约产生债的效力；二是原因在罗马法上仅仅适用于无名契约。我很同意第一个观点，即原因的作用是使某些契约产生债。但对于第二种观点，我有不同的看法。

通过前面的考察，我们看到，罗马法上的契约可以分为要式契约与非要式契约。在要式契约中，形式本身就是一切，合意与原因并不重要，就如学者指出的："如果举行了仪式，允诺就应被执行，即使允诺是通过胁迫或者欺诈而作出的，罗马法上的要式契约的效力根源，正是来源于形式本身[3]。"所以，原因对于要式契约本身产生债的正面效力是不起作用的。德国有的学者认为，在罗马法上，要式契约本身产生债的效力具有抽象性的特

---

[1] 徐涤宇：《原因理论研究》，中国政法大学出版社2005年版，第65页。
[2] 娄爱华：《大陆法系民法中原因理论的应用模式研究》，中国政法大学出版社2012年版，第28页。
[3] 徐涤宇：《原因理论研究》，中国政法大学出版社2005年版，第62页。

点,是不要因的。例如,当某人为促使债权人向其提供贷款而以要式口约的方式允诺支付一定数额的金钱,要式口约的法律原因是贷款金额的取得,因此,要式口约作为抽象债务的约定而产生效力。在债权人没有提供贷款的情况下,也可以基于要式口约起诉借款的债务人。然而,这时由于要式口约欠缺法律原因,所以裁判官允许要式口约的债务人针对债权人的起诉恶意抗辩。这样一来,尽管债权人依据市民法享有诉权,却无法胜诉[1]。但是,这是否意味着"原因"在罗马法上的要式口约中不起任何作用呢?当然不是!缺乏原因会构成债务人的有效抗辩,正如德国学者所指出的,罗马法上要式口约抽象性的特殊实践意义在于:一方面,使抽象债务约定可以将本身不能存在的债务关系作为抽象债务关系产生法律效力;另一方面,又产生了使抽象债务约定和赠与如何区分开来的问题[2]。原因其实就是区分其和赠与的标志。原因在要式口约中的作用就是使债务人(允诺人)通过提出抗辩来主张原因的欠缺来免除债务。在罗马法上,裁判官在要式口约之诉中允许在债务约定不具备法律原因的情况下提出恶意抗辩。要式口约的抽象性,使得诉讼已经基于允诺本身而成立,有鉴于此,人们只能以原因缺欠的恶意抗辩为由来应诉[3]。

那么非要式契约呢?非要式契约分为要物契约、合意契约与无名契约。从逻辑上说,只有全面否定要物契约及合意契约的债的效力的产生与债因(或者原因)无关,才能得出结论说"原因

---

[1] [德]维尔纳·弗卢梅:《法律行为论》,迟颖译,法律出版社2013年版,第187页。

[2] [德]维尔纳·弗卢梅:《法律行为论》,迟颖译,法律出版社2013年版,第193页。

[3] [德]维尔纳·弗卢梅:《法律行为论》,迟颖译,法律出版社2013年版,第191~192页。

仅仅适用于无名契约"。但在罗马法上是否是这样的呢？

我们先来考察一下合意契约。合意契约包括买卖、租赁、委托和合伙契约，这些契约类型之所以产生债，显然不是因为它们具有"形式或者仪式"，那么，他们的效力来自于什么呢？意大利学者彼德罗指出："根据罗马法，非要式契约的债权人应当像证明意思那样证明债因的存在[1]。"由此可见，合意契约如果要产生债的效力，必须是"合意+原因"。如果没有原因，这种契约是不能产生市民法上的效力的。

在实物契约中又如何呢？在我们今天的契约法原理及立法中，实物契约的要素是：合意＋物的交付。如果没有合意的存在，仅仅交付物很难想象会成立契约。但是，我们的学理及立法关于物的交付究竟是成立要件还是生效要件还存在争议。例如，《合同法》第210条规定："自然人之间的借款合同，自贷款人提供借款时生效。"第367条规定："保管合同自保管物交付时成立，但当事人另有约定的除外。"《担保法》第90条规定："……定金合同从实际交付定金之日起生效。"从合同法的现代视角来看，这些合同中的物的交付肯定是成立要件，而不应该是生效要件，否则，它们就成了合同"生效的附条件合同"，也就没有了独立存在的意义。但在罗马法上又如何呢？

有学者指出，罗马法上的实物契约之所以产生债的效力，与合意无关，其效力的根源在于某物已经被给付这一事实[2]。这一说法无疑是正确的，但是不全面，或者说不准确。"物的给付"无疑是这一类契约的核心问题和要素，但是否真的与合意无关

---

[1] [意] 彼德罗·彭梵得：《罗马法教科书》，黄风译，中国政法大学出版社1992年版，第308页。

[2] 徐涤宇：《原因理论研究》，中国政法大学出版社2005年版，第63页。

呢？如果没有合意，这一交付的实际目的是什么呢？它与赠与又如何区分？买卖需要给付，租赁也需要给付，寄托也需要给付，这些给付所决定的契约类型是由什么决定的？当然是意思表示（合意）和债因（原因）不同。对此，彼德罗指出，物的交付，既是对物所有权的转移，又是债务人承担义务的根源。他恰恰是按照所接受的数量承担义务。如果未发生所有权转移，则不产生消费借贷。但是，当事人的协议应当以设立消费借贷为目的。如果其中一方打算赠与，另一方打算以消费借贷的名义接受，则既不产生赠与，也不产生消费借贷。而且被怀疑是否存在一项足以使所有权转移成立的"正当原因"[1]。在论述利息简约与消费借贷的区别时，彼德罗指出，利息简约同消费借贷是不相容的，因为它不符合后者典型的债因，这种债因只允许按照交付的数量实行返还，或者如果达成协议，可以按照低于交付的数量的标准返还，但绝不能超过交付数量，而且消费借贷的债因还导致严格诉讼[2]。

实物契约之所以要求必须把交付物作为契约产生债的条件，原因在于：如果不交付，债务人的返还义务是没有办法完成的。

无名契约无疑是需要债因及合意的，但它却不被优士丁尼认可而纳入债的契约中。其名称恰恰也是根据其债因与其他债的契约不同而无法归类，从而其名称保留至今。可以肯定地说，无名契约是罗马法的契约与债的观念向近代契约迈进的重要一步，因为它最容易使罗马契约的类型及观念发生变异。

---

[1] [意] 彼德罗·彭梵得：《罗马法教科书》，黄风译，中国政法大学出版社1992年版，第363页。

[2] [意] 彼德罗·彭梵得：《罗马法教科书》，黄风译，中国政法大学出版社1992年版，第363页。

另外，简约之所以不产生债，是因为法律不承认人们之间的这种"客观关系"——债因。

总之，我认为，除了要式契约之外，所有非要式契约都是根据"合意+原因"的模式发生债的效力的，否则，就难以在逻辑上说清楚。恰恰是原因和合意赋予了这些非要式契约以债的效力。

五、罗马法中的债因在"物债二分"的前提下的另外作用

罗马法上究竟是否存在物权与债的二元划分、是否存在原因行为与物权转移的分离（也就是今天的学者所谓的物权行为的独立性与无因性问题）？今天的学者争议很多，有的人认为罗马法上确实存在物权行为，指出：在罗马法上的要式买卖及拟诉弃权式买卖在转让标的物的所有权时，都有不同于买卖的特有方式[1]。也有学者认为，罗马法并未建立起对一切表意行为普遍适用的统一的法律行为制度，既然连法律行为的概念都未产生，更毋论在法律行为基础上进一步抽象出的物权行为的概念了。罗马法并无物权行为的一般概念，这一概念是萨维尼对罗马法的解释，但也是诸多解释中的一种，不具有唯一正确性[2]。我认为，两位学者的观点都是正确的，都是对一个问题的解释和从某个角度的认识，无论是萨维尼还是胡果，或者基尔克，都是按照自己的一个出发点对同一现象作出的具有自己偏向的解释，从而得出不同的结论。法学也许就是在这种过程中发展的，通过"旧瓶装新酒"

---

[1] 赵勇山："论物权行为"，载《现代法学》1998年第4期。
[2] 参见田士永：《物权行为理论研究》，中国政法大学出版社2002年版，第32~33页。

的方式把理论向前推动。但最重要的问题是：有没有大家据以解释所用的那个最原始的"基础"或者称为"对象"呢？

至少可以肯定的是，在罗马法上，通过其对作为保护权利的"诉"的认识，就可以了解罗马人是很清楚物权与债权的二元区分的。彼德罗指出，在主体和标的方面的实质区别造成了物权与债权之间的其他区别，尤其是在对这两种权利的侵权司法保护上。物权可能受到任何人的侵犯，但是，人们不可能预先准确地知道谁可能侵犯它，也没有想到要通过诉讼来保护自己的权利；相反，债权则可能受到同其发生关系的人的侵犯，而且一开始就知道将可能针对该人行使诉权。因而，维护物权的诉讼是绝对的（即针对所有人），而且在古典的原告请求中提及的是物和对它的权利（属于对物之诉），而不提及被起诉的人。维护债权的诉讼则只针对在原告请求中提到的特定的人，这种诉讼叫做对人之诉[1]。

另外，罗马法上的买卖契约的特殊性也的确很容易使人想到物权转移与债权契约的区分。英国学者尼古拉斯指出，权利转移并不是契约的效力，而是随后的转让行为的效力，罗马法一直将契约与转让行为区分开来，其结果就是：当契约达成时，所有权并不向买受人转移，这种转移只发生在物品被实际交付之际[2]。彼德罗指出，作为债的买卖，在罗马法中有着非常特别的结构。首先需要说明的是：罗马法的买卖债本来并不同我们今天的买卖相对应，而是同买和卖的相互允诺相对应，因为当今的买卖在以

---

〔1〕［意］彼德罗·彭梵得：《罗马法教科书》，黄风译，中国政法大学出版社1992年版，第285页。

〔2〕［英］巴里·尼古拉斯：《罗马法概论》，黄风译，法律出版社2004年版，第193页。

特定物为标的时,是一种直接转移权利的契约,而不是设立债的契约[1]。言下之意,罗马法的买卖只是设立债的契约。

在研究罗马法上的债因在买卖契约的标的物所有权转移中的作用之前,我们先来考察一下其所有权转移的方式。

罗马法上的所有权取得方式分为原始取得和继受取得,而我们在这里所说的转让问题,当然属于后者。罗马法的继受取得主要包括要式买卖、拟诉弃权和交付三种形式。

1. 要式买卖。要式买卖是罗马法上的一种转移所有权的有效模式,通过特定仪式表明当事人之间所有权的转移[2]。要式买卖的结构表现出一种较为原始的特点,它是一种象征性售卖,当着5名证人（罗马成年市民）的面,由另一位市民（他被称为司秤）手持一把铜秤进行。购买者递上一块铜,庄严宣布该物是他的,他已经用那块铜和那把秤将其买下。随后,司秤以铜击秤,并将铜块递交给让与人,好像是交付价款[3]。

要式买卖同罗马法上的要式物与略式物的区分有关,它是针对要式物所有权转移的特定形式。盖尤斯称要式物为"具有较大价值的物",它是指属于公民所有的土地、房屋、领地、奴隶、马、牛、骡子和驴,即所有用来牵引或者负重的牲畜,除了这些有形物外,还有乡村地役权和用水地役权。除此以外的物均为略式物。在古典法中,要式物与略式物之间存在着较大的法定区别,尤其是在转让形式上,对于略式物来说,表现为占有的转移

---

[1] [意] 彼德罗·彭梵得:《罗马法教科书》,黄风译,中国政法大学出版社1992年版,第371页。

[2] 参见田士永:《物权行为理论研究》,中国政法大学出版社2002年版,第36页。

[3] [意] 彼德罗·彭梵得:《罗马法教科书》,黄风译,中国政法大学出版社1992年版,第213页。

或者让渡，这种形式是自由和简单的。而对于要式物来说，则是庄重和公开的，通过要式买卖或者拟诉弃权。越向早期法回溯，这种区分就越是深刻，而且要式物在那个时代表现出同家族共同体紧密的联系，同物的所有类似划分比较，使人得出这样的结论：这些要式物最初体现着家族共同体的社会所有权，即早期的真正所有权[1]。

这种要式买卖专门针对要式物而设，因要式物的重要性而必须采取公开和庄重的仪式，不仅使人想到要式契约，其形式就是一切，即形式是所有权转移的最重要的和核心的要件，其他根本不重要。因此，如果联想到这种转让方式是"无因"的，也就很正常了。

2. 拟诉弃权。拟诉弃权是在执行官面前进行的转让，它采取要求返还之诉的形式，转让者在诉讼中不提出异议，因而虚拟的诉讼在"法律审"中完结。拟诉弃权是转让要式物与略式物的共同方式，但是，一般来说，要式物在古典时代很少被使用[2]。它的具体程式大概是这样的：在罗马国家的执行官（比如裁判官）面前，接受物品转让的人手持该物说："我认为这一个人根据罗马法是我的（买卖奴隶的情形）。"在他提出请求后，裁判官询问转让物品的人是否提出反请求。如果转让物品的人不说或者保持沉默，裁判官则把物品判给主张所有权的人。这种诉讼叫做法律诉讼[3]。

---

[1] [意] 彼德罗·彭梵得：《罗马法教科书》，黄风译，中国政法大学出版社1992年版，第191页。

[2] [意] 彼德罗·彭梵得：《罗马法教科书》，黄风译，中国政法大学出版社1992年版，第213页。

[3] 参见田士永：《物权行为理论研究》，中国政法大学出版社2002年版，第38页。

拟诉弃权与要式买卖一样，实际上是很严肃的以公开方式转让所有权的形式，其形式可能要重于原因或者基础。因此，与其基础或者原因的关系也就很自然被解释为无因。

3. 交付。"交付"究竟是否仅仅是一个转移占有的行为，还是也包含转移所有权的意思在里面？它在罗马法上究竟如何？这一点至关重要。因为现代民法理论中的所谓物权行为的独立性与无因性恰恰就来自萨维尼对罗马法中"交付"这一概念的解释：交付是一个真正的契约，不仅有交付的事实，还有意思表示。

罗马法上的交付是万民法或者自然法所有权继受取得的方式之一，较之其他取得方式，该取得方式具有更优先的地位。前古典法和古典法中，交付仅仅适用于略式物，后古典法中，交付成为所有权转移的唯一方式。关于交付的构成要件问题，罗马法原始文献中存在矛盾，后世学者也多有争论[1]。

彼德罗指出，让渡（交付）是以放弃对物的所有权并使他人接受这一所有权为目的的，根据法律认为足以构成所有权转移的依据之关系而实行的交付或者给予[2]。但是，"放弃对物的所有权并使他人接受这一所有权的目的"是在交付本身中就存在的，还是在交付之外的一个独立因素呢？罗马人对于这一问题的回答显然是后者。同要式契约是不需要原因的，而非要式契约则必须具有债因的道理是一样的。正如有的学者指出的，《十二表法》中既规定了所有权的要式转移，也规定了所有权的交付转移，二者都体现了罗马人有关所有权转让的思维模式。这一思维模式可

---

[1] 田士永：《物权行为理论研究》，中国政法大学出版社2002年版，第40页。
[2] [意]彼德罗·彭梵得：《罗马法教科书》，黄风译，中国政法大学出版社1992年版，第209页。

以概括为：不问为何转让所有权，准确地说，就是不关心所有权转让行为之前的法律事实，而只关注转让所有权的行为本身。这一独特性不仅存在于要式转移中，也体现在非要式转让的交付制度中。要式买卖仅仅关心物与金钱的交换，而并不关心为什么要进行这样的交换，究竟是因为要式口约还是因为其他事由或者目的为交换，并不在要式买卖考虑的范围之内。一旦交换的理由嗣后不存在，如要式买卖是为了履行要式口约设定的转移所有权之债，而要式口约嗣后无效，要式买卖转移所有权的效力并不受影响。要式买卖是一个独立的转移所有权的事实，这一事实只是通过模拟的过程完成所有权的转移，对于为什么转移所有权则在所不问。要式买卖所体现出来的独立性，在交付中也同样有所体现。但是，交付与要式买卖不同：要式买卖的程式本身，就已经表明了转移所有权的意图，而交付只是一个单纯的给付的行为[1]。就如彼德罗所指出的，让渡的实际行为，它不是形式，而是对占有的单纯的实现。转让和取得的意图应当是实际拥有，用罗马法的术语来说，是指占有而非所有[2]。交付在法律上是一种透明无色的行为，它根据行为实施时的具体情况得到法律上的颜色：如果我是根据一项买卖协议向你交付我的戒指，我给你的就是所有权；如果我向你交付戒指是为了担保一项债务，我给你的就是占有；如果我为了租用的目的向你交付，给你的只是持有[3]。尼古拉斯的这一段话很容易引起误解：也许有人会认为这种目的是

---

〔1〕娄爱华：《大陆法系民法中原因理论的应用模式研究》，中国政法大学出版社2012年版，第56页。

〔2〕［意］彼德罗·彭梵得：《罗马法教科书》，黄风译，中国政法大学出版社1992年版，第210页。

〔3〕［英］巴里·尼古拉斯：《罗马法概论》，黄风译，法律出版社2004年版，第128页。

根据交付人与受收人之前订立的协议来确定的，但问题并非如此。尼古拉斯接着说：这里所要求的是就有关目的而达成的协议，而不是（之前）协议的履行。因而，如果所约定的目的是完成某一买卖行为，让渡对于所有权的转移是有效的，即使有关买卖在法律上是无效的并且因此而不能完成[1]。也就是说，"交付"本身并没有任何的权利意义，换言之，究竟交付转移的是什么样的权利，通过交付本身并不能确定，它仅仅是转移占有，因而是无色的。那么，其颜色是如何涂上去的呢？尼古拉斯接着指出，在技术语言上，让渡的效力取决于它的"原因"。这种"原因"是指当事人在进行让渡时所约定的目的：如果我是在出卖我的戒指，让渡的原因就是完成买卖，转让所有权的其他原因还有：偿还债务、实行赠与、消费借贷。如果当事人只有转移所有权的共同愿望，但没有就这样做的"原因"达成一致意见，这仍然是不够的，例如，我向你交付一笔钱，打算实行消费借贷，但你接过钱时以为是在实行赠与。在这种情况下，我们两个人实际上都有转移所有权的愿望，但没有就转移所有权的原因达成协议，因此，让渡只能转移占有[2]。有学者详尽地解释了这一过程：交付与要式买卖不同，它只是一个单纯的给付行为，如果要发生所有权变动的结果，必然需要一些因素使得这一给付的行为产生转移所有权的结果，而古老的消费借贷和要式口约就能够很好地说明这一过程。消费借贷发生时伴随发生物的所有权转移，这一所有权的转移也是通过给的行为完成的，即出借人将物给予

---

[1] [英] 巴里·尼古拉斯：《罗马法概论》，黄风译，法律出版社2004年版，第129页。这里再一次看到所有权转移与债权契约（行为）的分离。

[2] [英] 巴里·尼古拉斯：《罗马法概论》，黄风译，法律出版社2004年版，第128页。

借用人，借用人由此获得物的所有权，但也因此负有返还相同数额之物的债。在这一过程中，交付完成后，所有权发生转移，单纯的给的行为显然不能导致此等后果，交付此时之所以转移所有权，是因为当事人之间存在有为消费借贷而交付的协议。消费借贷作为一种典型的通过物缔结的债，随着物的交付而完成缔结，交付转移所有权与消费借贷之成就同时发生[1]。

要式口约作为最主要的缔结债的方式，不仅重要，且同样非常古老。通过要式口约缔结转移非要式物的所有权之债后，债务人通过"给"来履行转移所有权之债时，构成对转移所有权之债的清偿，债务人交付时抱有清偿要式口约之债的意图，接受人接受时认为债务人给的行为是为了清偿同一债，如此就清偿转让所有权之债达成了协议，并赋予交付转移所有权的效力。尽管是要式口约导致了所有权转移债的发生，但在交付时赋予交付以转让所有权之内容的，是就清偿转移所有权之债达成的协议，而非要式口约本身。而在通过要式口约转让要式物所有权的场合，要式口约独立于所有权转让行为就更加明确：要式物所有权的转让完全取决于要式买卖或者拟诉弃权本身，而与要式口约没有任何关系[2]。

在优士丁尼的《法学阶梯》中，则不再区分要式物和略式物，交付成为唯一的所有权转移的方式，由此具有了无可替代的重要性。但交付变动所有权的市民法规则仍然遵循了《十二表法》的传统，即交付需要同其他要素一并才能导致所有权的变

---

[1] 娄爱华：《大陆法系民法中原因理论的应用模式研究》，中国政法大学出版社2012年版，第56~57页。

[2] 娄爱华：《大陆法系民法中原因理论的应用模式研究》，中国政法大学出版社2012年版，第57页。

动,这一要素是就"为何转移所有权"达成协议,如"为了清偿"或者"为了借贷"。盖尤斯和优士丁尼都遵循了这一传统,且在二人的著作中,"为何转移所有权"有了自己的专门术语,也就是原因[1]。有学者将这种以原因定位转让所有权的情形,归结为市民法上的规则,即只有在市民法上交付变动所有权需要原因,而且是非要式买卖的情形[2]。

总之,在罗马法上的交付并不是转移所有权的决定性方式,它仅仅是一种不代表任何权利特征的转移占有方式,真正决定交付的性质(转移所有权还是使用权等)是交付就"为何交付和接受"所达成的一致,而这种一致并非之前存在的买卖契约或者租赁契约中的"合意",而是在交付时就交付代表什么达成的一致,这种一致的达成完全可以不同于之前的契约。这就是所谓的"原因"。因此,从这里看,萨维尼的理论绝不是一种凭空的想象,而在罗马法中确实存在得出这种结论,是一种解释论。至于是否能够说服你,那就是另外一个问题了。

也许在这里有人会提出这样一个问题:这种赋予交付以转移所有权的"原因"是否就是我们前面所说的原因或者"债因"呢?这一问题在稍后详细讨论。

与原因不同,在罗马法的一些原始文献中,常常提到另外一个概念"正当原因"。例如,保罗在其《告示评注》第31卷中就有这样的描述:物的单纯的交付并不转移所有权,仅在有买卖或者其他正当原因先于交付发生时,所有权才转移。乌尔比安也指

----

[1] 娄爱华:《大陆法系民法中原因理论的应用模式研究》,中国政法大学出版社2012年版,第58页。

[2] 娄爱华:《大陆法系民法中原因理论的应用模式研究》,中国政法大学出版社2012年版,第54页。

出，通过交付以转移非要式物的所有权，交付当然转移所有权，但必须有一个在先的正当原因[1]。

那么，什么是"正当原因"呢？我国有学者指出："所谓正当原因者，系指意思之有无存在而言。故正当原因不限于事实上的原因，如买卖是。即出于想象或者推测者亦视为正当原因。"[2]意大利学者彼德罗指出，当事人之间足以使转让所有权合法化的关系叫做"让渡的正当原因"。它与让渡行为是同时的，尽管在因果关系和理由的意义上，人们可以在观念上认为它是超前的。如果在让渡之前实际存在一项法律上的债务协议，这不是"正当原因"，而是清偿债务。因为如果先前的债是推测的或者无效的，所有权仍然发生转移，而且不能提出"返还所有物之诉"。"正当原因"不是以逐项列举的方式加以确定的：人们转让所有权可以是为了取得价金，或者为了设立嫁资，或者为了和解而结束诉讼，或者出于纯粹的捐献精神（赠与）。相反，"非正当原因"即那些足以妨碍所有权转移的原因，则是确定的，例如配偶间的赠与[3]。

从彼德罗在其《罗马法教科书》几处关于"正当原因"的论述中，我们可以体会到其含义：①在提到"行为适法性"时，他认为，适法行为的另一要件是表示行为后果不损害他人权利的原因或者客观条件，可以说是针对私人意思的法律意思，它是同他人或者同社会共同体的所有权成员的关系，它使适法行为所产生的法定取得或者丧失合法化。当然，原因的重要意义出现在权利

---

[1] 转引自娄爱华：《大陆法系民法中原因理论的应用模式研究》，中国政法大学出版社2012年版，第59页。

[2] 丘汉平：《罗马法》，中国方正出版社2004年版，第208页。

[3] [意]彼德罗·彭梵得：《罗马法教科书》，黄风译，中国政法大学出版社1992年版，第213页。

取得而非丧失问题上，因为法律设置限度针对的是权利取得[1]。②当他谈到"占有的正当原因"时说，正当原因是指确证在占有时未侵害他人而且足以使所有权合法化的那种同前占有者之间的关系。占有的正当原因可以是：购买、赠与、嫁资、清偿。在新时代，人们宁愿称它为"正当名义"[2]。③在谈到债权转移时说，转移可以分为自愿的和必要的或者法定的。对于第一种转移，只要求转让者和受让人以"正当原因"为根据达成协议，这种正当原因包括买卖、合法赠与、易物等[3]。

从彼德罗的上述论述中，我们可以对所谓的"正当原因"作出这样的理解：①所有权转移的"原因"与"正当原因"是不同的，二者可以同时存在："原因"是使交付定性的基础，如果没有原因，交付就仅仅转移占有而不转移所有，就是没有颜色的。但"正当原因"是这种限制取得权利的因素，是用于解决这样的问题的：一个根据有"原因"的交付而取得的所有权是否有"正当名义"（正当原因）。例如，赠与人将赠与物交付给受赠人时，双方就是在赠与的意义上交付和接受物的，具有"原因"，正常情况下可以转移所有权。但是，受赠人与赠与人是夫妻，因为夫妻间的赠与在罗马法上是禁止的"非正当原因"，则虽有"原因"却无"正当原因"，因而不能取得。②这种正当原因的适用范围仅仅适用于基于交付的所有权转移，因为根据要式买卖和拟诉弃权肯定不发生无正当名义或者原因的问题。③罗马法的这种以

---

[1] [意]彼德罗·彭梵得：《罗马法教科书》，黄风译，中国政法大学出版社1992年版，第66页。

[2] [意]彼德罗·彭梵得：《罗马法教科书》，黄风译，中国政法大学出版社1992年版，第223页。

[3] [意]彼德罗·彭梵得：《罗马法教科书》，黄风译，中国政法大学出版社1992年版，第317页。

"正当原因"限制权利取得的方式，实际上还是跟其契约类型有关，因为罗马法上对于交易的合法途径是有明确限制的，通过"正当原因"的限制，就防止了无正当名义的交易获得法律保护结果的后果。因此，我们可以认为，邱汉平先生在这里所说的"正当原因"应该是具体指交付中产生所有权转移的"原因"，而不是我们讨论的"正当原因"。

我们再来讨论一下前面提到的导致交付产生所有权转移的"原因"与前面契约债中的"原因"或者"债因"是否一致的问题。

它们的功能和作用是不同的：债契约中的"原因"是在非要式契约中作为控制当事人意思自治的工具的，将所有的契约产生的原因类型化、定型化，防止不被罗马法承认的交易类型产生债的效果，例如，简约所反映的社会关系就不能产生正面的债的效果，而只有抗辩的效力。作为决定交付具体内容（例如，转移所有权的交付）的原因，则与契约债中的原因或者债因不同，它其实是交付者与接受者在交付和接受交付的时候所持有的心态——是否就交付的目的（即为何交付，或者说交付的目的）是否达成一致？它与其基础法律关系可能是脱节的，例如，甲与乙签订了一份买卖合同，合同签订后甲向乙交付标的物时，双方却未认为是为了买卖交付或者转移所有权，而是在赠与的意义上交付，那么也产生标的物所有权的转移。因此，这种原因与买卖契约是相互独立的

所谓"正当原因"，则是控制交付转移所有权的因素，即使交付者与接受者在为何交付问题上达成协议（有原因），但无"正当原因（正当名义）"，也不能有效转移所有权。这里的正当名义或许与债因有某种联系，这些所谓的"非正当原因"，或许

就是不被承认的能够产生债的效力的债因。

六、小结

1. 罗马法上"原因"的出现是为了限制那些突破法定形式的"合意"的效力，即无论在罗马法的债的领域，还是物权领域，如果严格遵循了法律要求的形式或者仪式，是否有原因无关紧要，例如，如果契约是要式契约的话，原因和合意根本不重要，形式决定效力。在要式买卖的形式下，转移所有权也不需要形式之外的协议（原因）。所以，原因是在"要式"之外发展起来的限制当事人意思自治的工具之一。也可以反过来说，是给那些不具备罗马法要求的形式的契约发生法律上债的效力提供支持，就如美国学者伯尔曼批评注释法学派对原因的解释时说过的：他们找到了一种为确定争议契约的效力的有效性的语言[1]。但这种批评放在当时的罗马肯定不合适，这种原因实际上反映出：交易的需要和社会的发展需要冲破形式的限制，向契约自由迈进，但当时的制度绝对不允许抛弃形式。在二者的博弈中，发展出了原因这种东西，它是契约从形式到自由发展过程中的一个阶段。

2. 有学者认为，罗马法上原因具有三大功能：赋予无名协议以债的效力、赋予交付变动所有权的效力以及矫正已经赋予的法律效力[2]。这种观点笼统地说是正确的，但需要特别强调区分"原因"的不同概念，也就是说，这三种功能所对应的"原因"

---

[1] [美]伯尔曼：《法律与革命》，贺卫方等译，中国大百科全书出版社1993年版，第298页。

[2] 娄爱华：《大陆法系民法中原因理论的应用模式研究》，中国政法大学出版社2012年版，第27页。

是不同的：赋予契约以债的效力的"原因"，是指缔约双方之间存在的"客观关系"，例如，买卖契约中，一方交付金钱，另一方支付货款。一旦改变这种定型化的"原因"，就不是买卖契约，而是另外一种契约，例如，一方交货，另一方对应给货物，就是互易。买卖和互易有不同的原因，因此，买卖属于"合意契约"中的一类，而互易则属于"无名契约"中的一类。这种关系是客观的，而不是想象出来的。

但是，在赋予交付以转移所有权中的"原因"，则可以是主观的，因为，它是缔约双方就"为何交付标的物"所达成的一致协议，无论是什么协议，只要是双方认识一致就可以产生转移所有权的效果，即使双方之前有一个买卖契约，交付本来是为了履行买卖契约，但在交付的时候，双方达成的关于"为什么交付"却是"赠与"，那么也发生转移所有权的效果。因此，转移所有权中的这种"协议（原因）"与之前的契约债中的原因，是不同的。因此说是无因的，也不过分。如果更确切地说，使契约产生债的效力的"原因"可以称为"债因"，而赋予交付转移所有权的原因，却不是债因，而是原因。

至于不当得利中的"不当"或者说"无因"则更加复杂，与我们这里讨论的原因差别就更大。我们将在后面详细讨论之。

当然，也不能说"原因（债因）"仅仅赋予无名契约以债的效力，其实，合意契约、实物契约都需要原因的支持，才具有法律上债的效力。

3. 必须区分可以称为"债因"的原因、交付转移所有权中的原因和正当原因。其实，上面已经说过了，使非要式契约发生民法上的债的效力的原因，可以称为"债因"，它与交付转移所有权中的原因不同。但容易造成误解的可能是交付转移所有权中的原因与正当原因的区别。可以说，交付转移所有权中除了要求有原因外，还要求符合"正当原因"才能取得所有权，正当原因是对权利取得的限制。

4. 罗马法上确实可能没有当今这样的契约理论或者原因理论，我们应该用历史的眼光去看待原因问题。但是，原因在罗马法上确实存在是毋庸置疑的，也可能在某一段时间是不统一的或者前后矛盾的，这可能恰恰才是正常的。我们既不能否认罗马法上的原因，也不能用现代契约法体系去解释罗马法。

第三节 法国法上的原因

一、概述

应该说，《法国民法典》制定于19世纪初期理性主义泛滥的时代，意思自治与契约自由是当时社会的主旋律，因此，当时《法国民法典》第1134条的规定是符合当时之潮流的："依法订立的契约，在当事人之间具有相当于法律的效力。"但令人费解的是，《法国民法典》第1108条却规定了一个"债的合法原因"作为契约生效的条件；第1131~1133条规定了因原因的缺乏、错误或者非法，都将导致合同无效。按照常理，这些要求都是与契约自由或者意思自治原则相互矛盾的：意思主义应该是那个时代契约效力的主要根源，对原因的要求似乎背离了那个时代。因此，有学者指出，在法国，尽管合意主义已经成为合同理论的基石，但其法学家仍然运用传统模式表述原因理论[1]。如果是这

---

[1] 徐涤宇：《原因理论研究》，中国政法大学出版社2005年版，第108页。

样的话，是否意味着这些法学家"不识时务"？而且一个最令人关注的问题是：法国法中的"原因"是与罗马法中的债因相同，还是与所有权转移中的"原因"相同？罗马法在权利取得中的"正当原因"在法国法中是如何体现出来的呢？

虽然说，从罗马法到《法国民法典》中间经过了漫长的中世纪，而且在这一过程中，原因理论也有很大的发展，但都没有像《法国民法典》这样具有里程碑式的意义，特别是对原因理论与契约自由之冲突的说明意义。因此，我们先来考察法国法中的原因理论的形成、嬗变和发展以及它现在对法国契约效力的影响。

二、原因的概念与发展

法国民法典中明确了原因对契约产生债的效力的限制，而这一规定除了受到罗马法本身的传统影响外，法国有两位学者的原因理论对此也作出了巨大贡献，一位是多马，另一位则是波蒂埃。

（一）多马关于契约及原因的理论

多马利用罗马法上的合意概念作为协议的构成要素，并且认为合同是协议的一种。这一理论对后世法国学理和立法影响至深，法国学理与立法一直遵循这种思路，认为"合同"仅仅是指当事人指在引起债的关系发生的合意行为，而协议则是指当事人旨在产生包括债的关系在内的某种法律效果的合意行为[1]。《法国民法典》第1101条的规定就是这种思想的具体体现："契约是一人或者数人据以对另一人或者数人负担给付、作为或者不作为

---

[1] 徐涤宇:《原因理论研究》，中国政法大学出版社2005年版，第107页。

之债务的协议。"[1]

在合同的种类上,多马认为,以原因区分合同没有意义,一切合同都不过是意思的合致,应当关心的是意思表示,尤其是缔约人所追求的目的[2]。他在其著作《自然秩序中的民法》一书中将合同分为四种:对人的利用与物之间的交换有四种类型,由此构成了四类协议,一类是互相给某物的,如买卖及互易;一类是互为某事的,如管理另一人的事务;一类是一人做某事而另一人给某物,如雇工为了某一特定雇佣付出其劳务的;最后一类是一人做某事或者给某物,而另一人什么也不给或者不做的,如一人不为任何报酬地管理另一人的事务,或者一人仅仅出于慷慨而给予另一人某物[3]。尽管多马认为,原因在契约分类中没有意义,但他却不认为原因对契约效力没有意义和作用。他认为,在前三种类型的协议中,当事人之间的交易并非是无偿的,一方所负之债是另一方的债的基础。且即使看似只有一方所负债的情形,如金钱借贷,在协议形成之前,出借人作出借贷的债总是先于借入人的债。因此,在这些协议中缔结的债,尽管只是为了其中一方的利益,但也总是有原因存于另一方已为的或者将为的事务中:若事实上无任何原因,债将无效[4]。原因是什么呢?多马认为,原因不过是一种"交换物"。在赠与以及其他单方做某事或者给予某物而另不做任何事或者不为任何给予的协议中,接受即构成协议,而赠与人的允诺乃是以某种理性且正当的动机为

---

[1] 参见罗结珍译:《法国民法典(下册)》,法律出版社2005年版,第784页。
[2] 徐涤宇:《原因理论研究》,中国政法大学出版社2005年版,第109页。
[3] 娄爱华:《大陆法系民法中原因理论的应用模式研究》,中国政法大学出版社2012年版,第95页。这种分类实际上特别像罗马法上的无名契约的种类。
[4] 娄爱华:《大陆法系民法中原因理论的应用模式研究》,中国政法大学出版社2012年版,第26页。

其基础，例如已提供的服务或者受赠与的人的其他优点，或者是单纯的乐善好施[1]。多马在这里将"动机"视为原因，可能是指合同的原因而非债的原因。这一点，我们将在下面提到。

多马认为，在每一个类型的合同中，原因总是相同的，它们不同于缔约人的动机，后者因人而异：原因和具有个别性的具体概念是相对立的[2]。在这里，多马的原因概念与罗马法的债因概念具有相同的性质：客观性——每一类合同的原因是相同的，因此都是客观的，例如，买卖就是一方给物，而另一方给钱，否则就是互易。

原因缺乏或者错误，后果如何呢？多马指出，在一方无任何原因而受约束的协议中，债是无效的，而且，如果原因归于消灭，那么债同样是无效的。但必须通过具体情况来判断债是否有其原因。如果缔约人错误地以为存在原因，但事实上根本不存在原因，那么，债是无效的[3]。

(二) 波蒂埃的契约及原因理论

波蒂埃对契约的界定是：契约是一类特别的协议。协议是两个人或者多人对形成某一债或者撤销及变更某一债的统一。协议的目的在于形成某一债的，被称为契约。契约因此并不是罗马人所说的，市民法上的有名协议或者有原因的协议，而是被定义为：双方或者某方允诺并受约束，向另一方给予某物，为或者不为特定行为的协议[4]。

---

[1] 徐涤宇：《原因理论研究》，中国政法大学出版社2005年版，第110页。
[2] 徐涤宇：《原因理论研究》，中国政法大学出版社2005年版，第110页。
[3] 徐涤宇：《原因理论研究》，中国政法大学出版社2005年版，第111页。
[4] 娄爱华：《大陆法系民法中原因理论的应用模式研究》，中国政法大学出版社2012年版，第100页。

在关于原因的问题上,波蒂埃指出,每一个契约都应该有一个正当原因。在有相互利益的契约中,每一方的债的原因在于已被另一方给予或者作为的,或者预期有义务给予或者作为的,或者另一方承受的风险。在施惠契约中,一方欲对另一方施予的慷慨,是为其利益而缔结的债的充分原因。但若某债没有原因,或者在另一个没有原因的场合——缔结的原因是错误的,债无效,包括该债的契约也无效[1]。在这里,波蒂埃所谓的"正当原因",绝不是罗马法中限制权利取得的"正当原因",这一点很重要。

波蒂埃在关于原因问题上与多马的不同在于两个方面:一是不认为契约具有原因就足够了,还必须有一个合法的原因;二是认为原因除了是已为或者待为的之外,还可以是风险[2]。《法国民法典》第1108条规定:"下列四项条件为契约有效的主要条件:承担义务的当事人同意;上述当事人的缔约能力;构成义务客体的确定标的;债的合法原因。"

同时,波蒂埃还认为,没有原因的契约、原因违法或者违反正义、诚信或者道德时,债及包含债的契约无效[3]。而这正是《法国民法典》第1131、1133条的规定。《法国民法典》第1131条规定:"无原因的债,基于错误原因或者不法原因的债,不发生任何效力。"第1133条规定:"如原因为法律所禁止,或者原因违反善良风俗或者公共秩序时,此种原因为不法原因。"

---

[1] 娄爱华:《大陆法系民法中原因理论的应用模式研究》,中国政法大学出版社2012年版,第101页。

[2] 娄爱华:《大陆法系民法中原因理论的应用模式研究》,中国政法大学出版社2012年版,第101页。

[3] 娄爱华:《大陆法系民法中原因理论的应用模式研究》,中国政法大学出版社2012年版,第101页。

在谈到"原因不法"时,波蒂埃区分为一方不法和双方不法。他用一个例子来说明双方不法的情形:一个长官出一笔钱给一个士兵,让他去与另一个地方的士兵作战。此债的原因对双方而言都有违道德:对于长官来说,作出一个这样的允诺,对法律及道德的违背并不逊于接受该允诺的士兵。因为,有一个违背道德的原因,从中不产生任何诉权。士兵在打仗后,不能向长官主张允诺的钱。但是,如何长官已经付了钱,他也不能要回。因为,他并不比士兵违反道德和法律更少,法律为此等目的不会保护他。实际上,波蒂埃认为,这里不存在任何契约[1]。

在一方存在违法原因时,他举了另外一个例子来说明:某一负有抵押的财产被判以出卖,所有权人与买受人缔结协议说必须获得一个特定的价款才放弃权利书。对此协议是否有效的决定,有赖于协议的原因是否有违正义,而此情形确实有违正义:因为权利书附属于财产,就像钥匙附属于房屋。附属物在性质上就是属于主物的所有权人的。主物之所有权涵盖了从物。权利书因而属于买受人,因为判给他财产的同时,也给予了他权利书。而且,债务人在抵押财产时,同意了在不能清偿时应有一个出卖令,并因此有义务放弃财产及权利书。保有权利书即为不正义。他通过转移权利证书从而获得一笔金钱的协议建立在一个有违正义的原因之上,因此使得协议无效。总之,不仅债务人无权强制此等协议,甚至被给出的金钱也受一个返还诉权的约束[2]。这种情况如果用英美法系中的"约因"理论来说明的话,将非常地

---

[1] 娄爱华:《大陆法系民法中原因理论的应用模式研究》,中国政法大学出版社2012年版,第102页。

[2] 娄爱华:《大陆法系民法中原因理论的应用模式研究》,中国政法大学出版社2012年版,第104页。

顺畅。这意味着法国法上的原因在某种程度上就很相似于约因，也就难怪有的法国学者将原因的概念等同于约因了。当然，如果用德国人的视角看，也许应该属于非债清偿呢。

在论述错误原因的给付时，有学者举例说：我父亲留给我遗嘱说我欠你1000镑，但此事后来被遗嘱书撤销了而我却不知道。由此，我应给你一笔特定的遗产以履行遗赠。基于此错误认识缔结的契约无效。因为债的原因（即对债务的清偿）是错误的。因此，原因的错误一旦被发现，你不仅没有任何诉权强制我转移遗产，甚至，如果我已经转移了遗产，也有权将之取回。[1]这里就更清楚了，直接就相当于约因了。这也留给我们思考的空间：大陆法系中的原因与英美法系中的约因是否具有天然的渊源？

（三）关于原因概念及作用的争论

但是，由于《法国民法典》中并没有规定原因的定义，也未指明无原因、错误原因或不法原因是如何产生的，所以，债权制度中的"原因"便成为《法国民法典》中最不确定的概念之一[2]。为此，法国法上原因的定义以及原因的具体作用等问题就成为法学界长期争论的问题，并成为困扰司法的问题之一。

1. 原因的传统理论——客观原因说。原因的传统理论遵循中世纪法学家及多马和波蒂埃的思想，认为原因是指当事人订立契约的"决定性理由"，即当事人"为何"受约束的理由。该理由是一切契约当事人的直接目的，其特点具有客观性，通过对合同性质的分析即可揭示[3]。一般来说，任何人进行交易均有两种

---

[1] 娄爱华：《大陆法系民法中原因理论的应用模式研究》，中国政法大学出版社2012年版，第106页。

[2] 尹田：《法国现代合同法》，法律出版社1995年版，第152页。

[3] 徐涤宇：《原因理论研究》，中国政法大学出版社2005年版，第114页。

目的，即直接目的与最终目的。直接目的是欲通过契约取得的利益或物，例如，在不动产买卖契约中，一方交易的目的在于取得不动产，而另一方是为取得价金。而最终目的则是直接目的的目标，例如，买房子是为了居住，卖房子得到金钱是为了购买汽车。前者被称为"近因"，而后者则被称为"远因"。近因在所有相同类型的合同中均是一致的、客观的，而远因则因人而异。因而在法律上，只有近因才具有意义。正如法国学者博利亚（Berlier）指出的："什么是原因呢？恩惠契约的原因就是恩惠本身；在利己契约中，原因就是利益，也就是说，当事人签订契约所追求的好处。在买卖契约中，这种利益对卖者而言是取得代表出卖物的价金而本身；对买者而言，是获得该物而不是代表该物价值的金额。"[1]

由此可见，传统的原因理论区分目的和动机，虽然是从"当事人为何进行交易"这样的主观心理出发，却拒绝对当事人的心理状态进行个别分析研究，并以经济因素（即交换的理念）作为根据，因而具有客观性，可称为"客观原因论"。在这一点上，颇似英美法扩大了的约因概念。

传统原因理论中的原因具有抽象性和客观性，它不同于当事人通过订立合同想要达到的具体目的（动机）。就前者来说，对同一类型的合同来说，不问当事人是谁，也不管合同的具体内容如何，原因总是相同的；后者则因人而异，具有个别性、主观性的特点，因而被称为合同的远因。在此，近因与远因被严格地区分开来，只有近因才能被确定地认知，因而具有法律意义。动机则因其个别性而难以被法官认知，它不能发挥债的有效要件的作

---

[1] 转引自［美］詹姆斯·高得利："法国民法典的奥秘"，张晓军译，载梁慧星主编：《民商法论丛（第五卷）》，法律出版社1996年版，第568页。

用。因此，传统原因理论并不考虑缔约人作出允诺的动机。原因也不同于标的，标的是对"所欠的是什么"的回答，而原因则是对以下问题的回答："为何负债？"例如，在买卖合同中，买受人的义务乃是以价款的支付作为标的，但其原因却是出售人交付所售之物的义务。因此，不能混淆《法国民法典》第1108条规定的标的与原因[1]。也可以更明白地说，在买卖合同中，合同的标的是价款和物，但原因则是一方交付金钱而另一方交付货物的义务（或者称对应关系）。买卖合同的标的物在每个合同中都是不同的，但原因则是一样的。

传统原因理论对原因在各种类型合同中的运用进行了具体分析：

（1）在双务合同中，每一方当事人的义务即为他方义务的原因，亦即双方的义务互为原因。以买卖合同为例，买受人之所以支付价金，原因在于出卖人允诺向其交付出卖物，而出卖人有义务转让出卖物的所有权，其原因就在于买受人有义务支付价金。而双方当事人订立合同的动机，对于合同的成立不具有法律意义。

（2）在有偿的单务合同中，只有实践合同才涉及原因问题。在实践合同中，一方承担义务（即还标的物）的原因，是另一方先前所为的给付。而当事人订立合同的动机，对于合同的成立同样是没有意义的。

（3）无偿合同中，原因表现为当事人无偿地向对方让渡利益的意愿，存在于当事人的自由意志，是当事人对他人施以"恩惠"的思想的体现，其目的在于证明自己的善良（获得一种精神利益）[2]。由此可见，法国传统原因理论中关于原因的分析，与

---

[1] 徐涤宇：《原因理论研究》，中国政法大学出版社2005年版，第114页。
[2] 尹田：《法国现代合同法》，法律出版社1995年版，第153页。

罗马法及中世纪的思想非常相似。

2. 传统原因理论与反对原因理论的论战。原因派以法国学者 Henri Capitant 为代表，其著作《债的原因论》发表于 1928 年。他在该书中说，在一切债务中都可以找出原因。原因产生于个人的意思，表现在合同或遗嘱的条文上。诚然，承担义务的人一定有使债务发生的直接的近前的目的，人们称此目的为原因。……原因是意思表示的主要因素，……原因是债务的支持。如果自始没有原因或原因事后消失，债务均不能成立或随后消失。而动机是个人的起因，起因引起债务人承担债务的欲望。原因不是主观的事物，它取决于合同的性质。动机是心理因素，是个人的事，从而变化无穷。

Capitant 把上述理论适用于各种不同的合同，提出以下意见：

（1）在有偿双务合同，例如，买卖合同中，卖方义务的原因为支付价金，买方义务的原因是所有权的转移。但是，决定买或卖的动机则因人而异。原因概念把双方当事人彼此的义务联系起来。一方不履行义务，对方就没有履行的基础。

（2）在有偿的单务合同，债务人承担债务的原因因合同种类不同而有所不同。例如，借贷合同的借用人返还贷款的债务是以曾经收受贷款为原因。一般说来，所有要物合同项下的债务都以物的实际交付为原因。

（3）在无偿合同，不收报酬的受托人、保证人等是以为人效劳为原因。

（4）在恩惠合同，赠与人的意思表示包含两个因素：一是承担债务，二是不要求对价，且后者是原因。可见，赠与的动机与原因有别，动机是在意思表示的构成因素以外的东西。

在这里我们看到了对于"恩惠合同"的债因最为完美和正确的论述，只有这种关于债因的观点，才能将赠与等恩惠合同与买卖合同等区别开来。

反原因派在19世纪末就已出现,那时,就有人怀疑区别合同的原因与合同的标的(即客体)是否合理。近代反原因派的代表人物为法国学者Planiol,他认为,原因论是错误的。就双务合同来说,双方互相承担债务,两个债务以同一个合同为依据,产生于同一时间。在逻辑上说,这两个义务不可能一个是另一个义务的原因。再说,原因和结果是不能同时并存的。两个债务中的任何一个不可能是另一个债务存在的结果,因为在这种情形下,一个也不可能产生;就要物合同来说,原因派的所谓原因,即金钱或物的交付,实际上就是债务产生的事实,因此,和原因派的原因定义有较大的出入;就恩惠合同来说,原因派认为原因是赠与的意思,这就试图以抽象的概念使原因独立于动机。而这种抽象的概念毫无意义。所以,Planiol指出,原因是无用的,因为,虽然按照《法国民法典》的规定,合同因缺乏原因而无效,但无需原因的概念能达到同样的结果:就双务合同来说,例如,买卖标的物的灭失使出卖人的义务失去客体。此时,作为对待给付的买受人的债务当然失去效力。这里,仅凭对待给付的联系就足以说明问题,不必用原因的概念;就单务合同来说,如果没有借贷物的交付就没有借用人和借贷合同。不要把合同的不存在误会为原因不存在;就恩惠合同来说,没有原因就是没有动机,没有动机的赠与将是疯子的行为[1]。

像Planiol这样彻底否定原因的作用也许过于激进,甚至完全否认了罗马法传统,更为严重的是,脱离了市民社会的交易现

---

[1] 参见沈达明等编著:《德意志法上的法律行为》,对外贸易教育出版社1992年版,第61~62页。

实。因为，从立法和判例看，无论是大陆法系的主要国家，还是英美法系国家，都没有决然否定"债因"或者原因理论的，无论用什么方式，都在不同程度上承认原因对契约及债的影响。而且，就现在大陆法系各国的债法（或者合同法）来看，Planiol 的理论也是不能成立的：

（1）他认为："就双务合同来说，双方互相承担债务，两个债务以同一个合同为依据，产生于同一时间。在逻辑上说，这两个义务不可能是那个义务的原因。再说，原因和结果是不能同时并存的。两个债务中的任何一个不可能是另一个债务存在的结果，因为在这种情形下，一个也不可能产生。"这种观点确实有掩耳盗铃的嫌疑：在现实生活中难道不是互为因果的吗？任何一个想出卖自己物的人不是想得到对方的金钱吗？任何一个想买的人难道不是想得到对方的物吗？而且在契约的缔结过程中，这种对价也是能够显示出来的。

（2）他认为："就双务合同来说，例如，买卖标的物的灭失使出卖人的义务失去客体。此时，作为对待给付的买受人的债务当然失去效力。这里，仅凭对待给付的联系就足以说明问题，不必用原因的概念。"这种观点却与现行合同法规范不合：依法生效的合同，不可能仅仅依靠所谓的标的物丧失就失去效力，恰恰相反，必须依靠其他规范才能使合同失去效力，例如，通过"不能履行"而请求解除合同；通过"不安抗辩"或者"同时履行抗辩"或者其他抗辩才能解除合同。

3. 现代原因理论——主观原因论。与 19 世纪的理论不同，现代原因理论赋予原因以主观性，将之纳入决定当事人表意行为的"个人理由"的范畴，即纳入决定当事人订立合同的"动机"的范畴。根据现代原因理论，原因不仅包括近因，也包括远因。

换言之，传统的理论将原因与动机截然分开，而现代理论那里，原因和动机至少是部分加以混同的，故称为"主观原因论"[1]。

传统理论学者之所以对动机的研究持敌视态度，并将原因与动机截然分开，首先是担心这种研究会导致合同关系的不稳定。在他们看来，决定当事人表示同意的动机多种多样，根本无法进行辨别；其次，从社会哲学的角度说，任何对动机的研究，都将违背意思自治原则。因为，如果当事人真正有创设法律关系的自由，那么，法律就不应当去考虑当事人实施某种行为的理由。总之，对动机的探究与个人主义思想是背道而驰的，故传统理论认为，法官的权利仅限于对订立合同的客观因素进行审查，而这些客观因素对相同类型的合同的任何当事人来说，是没有任何区别的。

但在现代法国学者看来，在法国，事实上，传统的原因理论从来都没有被严格地遵循，其中一个重要的原因是，法庭从来都反对限制法官评价合同的自由。当然，更重要的原因是随着个人主义和意思自治原则的衰落，人们不再将合同视为合同本身的目的。人们认为，当事人只有在追求合法目的的限度内，才有权享受意志上的自由。而所谓契约自由，绝不意味着当事人可以自由地开设妓院。因此，在法国现代学者看来，原因应当成为审查当事人运用契约自由欲达到的目的的方法，成为淳化合同关系的手段……简言之，在传统理论中，原因是保护个人的工具；而在现代理论中，原因则成为保护社会利益的工具[2]。在这里，主观的因素掺杂其中，加剧了其不确定性。

至此，我们不必再去作深入的探讨就已得知，原因从一个客

---

[1] 尹田：《法国现代合同法》，法律出版社1995年版，第158页。
[2] 尹田：《法国现代合同法》，法律出版社1995年版，第159页。

观的标准变成了一个主观的标准，经济因素被意志因素所淡化，显然，这是判例的法律解释的功劳。这样，原因就被理所当然地归为动机之类的属于诚实信用原则的范畴中去了，结果是扩大了司法对个人契约审查的权力。到此，大陆法上的原因与英美法上的约因真是越走越远了。现代原因理论的局限性在于：动机的不确定性难以把握，而且不符合现实。

主观原因理论（原因的现代理论）所确定的基本原则，为法国当代的法学理论和司法实践所接受和承认。但法国许多学者认为，原因的现代理论在操作上困难，难以认定。学者从法国的各种判例结果的分析表明，在认定作为原因的动机时，必须符合两个条件：一是作为原因的动机必须是当事人的"决定性"动机；二是这一动机还必须为双方当事人所共同具有。

所谓决定性动机，是指该动机对合同的成立必须起推动作用，也就是说，只有当真引起合同订立的动机违法或者违背道德时，合同才归于无效。而对于次要动机，法庭是不予考虑的。所谓共同动机，则是指作为原因的动机必须是双方当事人所共同追求的目的。这就是说，纯属当事人个人的动机事实上被排除于合同行为之外。因为，法庭认为，对于纯属当事人个人动机的探究是很危险的。相反，当事人之间的共同动机则属于合同的范围，是一种客观的东西，对之比较容易进行鉴别。

学者对于这种所谓的决定性动机和共同动机提出了批评。所谓决定性动机的说法没有任何科学依据：从心理学的角度讲，决定当事人订立合同的原因是各种各样动机的综合体。一般而言，在动机的整体中，如果缺少其中之一，则当事人就不会作出订立合同的决定，例如，当事人欲开设妓院而购买房屋，但其购买房屋并非仅有这一个目的，当事人还可能是考虑到投资于不动产可获得财产上的安全：在购买房屋后，万一经营亏损，当事人可以将房屋再次出售并获得收益。但事实上，当事人的诸多动机中，法官只要发现其中之一是违法的或者违背道德的，便将之确定为决定性动机。法官并不知道、也不可能知道这一动机相对于其他动机是不是更具有决定性作用。应受指责的动机总是被视为决定性动机，而合法的动机则总是被视为次要动机。这就表明，确定动机性质的标准完全是人为的，所谓原因，不过是对违法或者违背道德的动机的一种专门的称呼。

对于共同动机，不少学者认为，从心理分析的角度看，司法实践所作的分析完全不符合客观事实。因为每一个合同当事人所追求的目的均具有个人特点，当某人为开设妓院而购买房屋时，其所欲达到的目的仅对其自己的行为起决定作用，而对于出卖人来说，除非有证据表明他知晓买受人的这一计划，否则，只能推定买受人的计划与之毫不相干。因此，要求作为原因的动机必须是当事人双方所追求的目的，这是不必要的。但是，只有当一方当事人的违法或者违背道德的企图为相对方知晓时，其动机才能被视为原因。如前例中，当出卖人对买受人购买房屋的用途一无所知时，合同应为有效，反之则为无效。依据这种观点，原因并非双方当事人的共同动机，而是决定一方当事人行为的并为他方所知晓的动机。因此，应该区分有偿行为与无偿行为来处理：在有偿行为中，如果当事人一方所追求的违法目的不为他方所知，合同应为有效。事实上，这一原则已经在许多判例中被法院确认。与此相反，对于无偿行为，只要一方当事人的动机违法，就应确认合同无效。亦即支配赠与人的违法或者违背道德的动机即使不为受赠人所知，赠与合同也应归于无效，其理由是：无偿合同被确认无效后，善意受益人（如受赠与人）只是没有获得新的利益，却不受任何损失，故无需特别保护[1]。无论如何包装动机，都说明了一点：现代法国契约法理论试图突破和摆脱传统的原因理论对意思自治的束缚，试图将原因的客观向主观转变，但是，他们又害怕法官的自由裁量过大而影响自治，因此，便在主观与客观之间摇摆不定。

（四）法国法院的判例对原因的具体运用[2]

1. 原因的概念。

（1）有偿合同中债的原因。双务合同中，每一个缔约当事人的债务的原因即在其考虑"应由对方当事人实际考虑履行的债务"之中。任何一方当事人不履行其承诺，或者承诺无效，或者承诺不能实现时，即告债无原因（最高法院民事庭，1941年12月30日）。由双务合同产生的相互债权债务关系所具有的相互依赖性，从根本上来说，前提条件是由同一合同产生的债务，由于这种相互依赖性，在一方当事人不履行债务时赋予对方当事人不履行债务的权利（最高法院诉状审理庭，1938年5月17日）。

---

[1] 尹田：《法国现代合同法》，法律出版社1995年版，第160~161页。其实，对于这种观点，在法国也有很多人反对：这种结论不能完全令人信服。就有偿行为来说，如果将一方所追求的违法目的为他方所知作为合同无效的条件，则无效合同的范围将大大缩小，从而使有关原因的法律规定所应有的功能被大大限制，对保护社会利益多有不利。就个人利益而言，这种做法实际上包含了对当事人的狡猾和欺骗的一种褒奖，因为当事人狡猾地掩盖其违法或者违背道德的意图，以避免合同无效，有可能正是由于害怕对方知道实情后拒绝与之签订合同。就无偿行为来说，上述观点也是站不住脚的，因为赠与合同无效的结果，仅仅会给赠与人带来利益，故赠与人完全可以随时以自己"动机违法"为由主张同无效。基于以上理由，可以认为，最好的办法是在不区分有偿与无偿的情况下，确定一种新的标准：作为对追求不法目的的合同一方的制裁，该方当事人不得以自己的动机违法而主张合同无效，而善意对方则可以主张合同无效。见尹田：《法国现代合同法》，法律出版社1995年版，第162页。

[2] 参见罗结珍译：《法国民法典（下册）》，法律出版社2005年版，第824~833页。

这种判例规则不太像罗马法传统中的债因,而很像英美法系国家的约因,特别是强调债权债务关系的相互依赖性,则更靠近约因而非债因。

(2)赠与行为的债的原因。赠与行为的原因在于"决定赠与人进行赠与的动机"(最高法院第一民事庭,本案涉及的是姘居男女之间赠与合同的有效性问题)[1]。这里强调的是合同的原因而非债因。

(3)要物合同的原因。借款人债务的原因在于将其为之缔结借款而必要的资金交其处分(最高法院第一民事庭,1974年11月20日)。寄托合同的原因在于交还寄托的标的物(最高法院商事庭,2000年10月1日)。乍一看,这种判例确认的规则很像罗马法上的实物契约之要求,但却是不同的:罗马法上的债因是"交付及返还相同的物",其共同特点才是"交付"合同成立。

(4)合同的原因。虽然说买受人的债的原因确实在于买受物所有权的转移以及买受物的交付,那么,买卖合同的原因则是指决定其订立合同的动机,也就是说,如无此动机,买受人就不会缔结债务(最高法院第一民事庭,1989年7月12日)。

这里要注意的是,债的原因与合同的原因不同:动机不是债的原因,但可能是合同原因。但是,赠与合同的原因在法国的最高法院却被认为是"赠与的动机"。

(5)良心义务作为原因。为了完成一种良心上的义务,即许诺支付生活费的充分的合法原因(最高法院民事庭,1862年5月27日);赠与财产看来也是为了履行良心上的义务时,作相同的处理(最高法院第一民事庭)。

---

[1] 这里采用的显然是主观原因论的观点,将动机视为原因。

在这里要注意的是：为了完成"良心上的义务"，在欧洲许多国家的法律上被认为属于"自然债务"，即不能要求强制履行，但一旦履行，则不能视为不当得利，应视为有原因的债。赠与如果也是为了履行良心上的债务时，应认为是有原因的。这与一般的赠与不同，例如，甲男与乙女曾经未婚同居，后分手。多年后，甲男发现乙女一直没有结婚且生活非常困难，觉得与自己有关，就基于良心上的义务赠与其财产。这种赠与同以上所说的基于慷慨、施惠的赠与等完全不同。

（6）原因是否存在的时间点判断。债的原因是否存在，应当按照缔结债的关系之日来判断（最高法院第三民事庭，1996年7月17日）。

2. 无原因的债。《法国民法典》第1131条规定："无原因的债，基于错误原因或者不法原因的债，不发生任何效力。"我们来看看，法国法院是如何来认定什么是"无原因的债"。

（1）合同一方当事人的债没有标的。合同一方当事人的债没有标的时，对方当事人的承诺义务也因"没有原因"而无效（最高法院第三民事庭，1983年5月4日）。

在这里，虽然没有把"原因"等同于"动机"，却显然是把"原因"作为"标的"看待，当然，这种做法恐怕是有一定的问题的，特别是用现代合同法来看，需要认真讨论：标的没有，是否意味着原因没有。

（2）如果合同双方的义务显然不对等或者一方义务微不足道时，视为无原因。

销售商承担义务，保证在5年的时间内向供应商独家订购确定数量的货品，供应商承担的义务是为对方当事人取得贷款并为其提供担保（卖方担保）。与销售商承担的义务相比，供应商的义务微不足道。因此，该合同视为无原因而无效（最高法院商事庭，1997年10月1日）。在无形权利转让合同中，由于转让的权利没有任何严肃的价值，为此支付"加入公司补偿费"并无任何实际对价，因此，该合同因缺乏原因而无效（最高法院第一民事庭，1994年6月15日）。

只要合同不可能按照双方当事人所希望的经济利益来履行，表明其没有切实的对价，该合同因无原因而无效（最高法院第一民事庭，1994年7月3日）。我认为，法庭的这一观点有其合理的成分："只要合同不可能按照双方当事人所希望的经济利益来履行"确实具有债因的意义。问题是："不可能按照双方当事人所希望的那样"有没有一个程度或者说限度的要求？例如，能够实现当事人所希望的利益的4/5，是否也意味着没有原因而使合同无效？有没有合适的补救的方法以避免合同无效？因此，"不对等"与"微不足道"应该是有区别的，是否一律视为"无原因"来处理值得讨论。因此，如果对比罗马法上的债因，就会觉得罗马法的规范更加合理：债因只影响债的成立及是否生效的问题，只问其有或者无的问题，而不问其大或者小的问题。大或者小的问题是由债因以外的制度来处理的。

（3）射幸合同的性质和原因。为了取得射幸利益而缔结一项合同，由于实际缔结的合同并不是有赖于各种外部情况，而是完全受债务人的专断意愿所支配的，因此，据以缔结该合同的射幸条件并不存在，该合同因无原因无效（巴黎法院，1957年2月15日）[1]。

---

[1] 这里其实也是值得考虑的："据以缔结该合同的射幸条件并不存在"是否等同于"原因"不存在？这其实应该属于双方权利义务平衡的"依赖条件"，而不是债因本身。

自保险合同生效至其终止，就保险期间交纳的保险费，其必然的"对价"是"为在此期间发生的事实所引起的损害承担保险责任"，如何评价保险合同的射幸性质，属于本案法官的权限（最高法院第一民事庭，2000年6月20日）。

（4）原因的误认存在。误以为自己有某种责任，在此基础上承认债务，如果不能认定损失确实是由某人所造成的，即使该人同意承认债务，进行赔偿，此种承认仍无效（蒙莫里容初审法院，1982年5月19日）。

（5）合同成立以后原因消失。法院以无原因为理由宣告一例私人之间进行的纯粹私人性质的"赠与—分割"行为无效，因为，由于该行为之后颁布的一项财政方面的法律追溯适用所产生的后果，促使当事人原来采取"赠与—分割"方式的原因已不再有正当依据（最高法院第一民事庭，1986年2月11日）。

在债务人不履行其根本性义务的情况下，原合同中订立的限制责任的条款与所缔结的义务相抵触，因此，应视为未订立，但上述法院仍然适用这一限责条款，违反了《法国民法典》第1131条的规定（最高法院商事庭，1996年10月8日）。

3. 原因上发生错误。

（1）对原因的存在发生错误。错误地以为债的原因存在，即使这种错误是"不能宽恕的错误"，亦有正当理由认定债务因无原因而解除（最高法院第一民事庭，1995年5月10日）。

这应该是法国特有的制度，如果在其他大陆法系国家，即使有法定理由，也不能自动解除，而必须通过通知或者裁判。

（2）本人并非债务人，但承诺支付一定的款项，进行支付的主要条件是清偿第三人的债务，而该第三人因中止对其个人追偿之规则的效果并不会受到求偿，因此，承诺支付义务的人对其承担义务的原因发生了"决定性错误",这一支付行为因支付人同意瑕疵而应予以撤销(最高法院第一民事庭,1996年4月2日)。

按照这一判例,如果 A 是 B 的债务人,C 与 B 无任何债权债务关系。C 因侵权对 A 有债务,因此,C 承诺向 B 支付一定的款项,目的是清偿对 A 的债务。但 A 却放弃对 C 的追究,则 C 对 B 的承诺发生了原因上的错误,可以撤销 C 对 B 的承诺。

这里实际上是合同的原因(动机)发生了错误,而非债的原因发生了错误。而且,在许多国家,债务承担是"无因"的,能否撤销值得研究。

(3)原因一部分不真实。原因一部分不真实,并不引起债务被撤销,而是将债务减少至与"存在部分的原因"相适当的程度(最高法院第一民事庭,2003年3月11日)。

这里的所谓"原因",就已经是具体的了,相当于义务或者标的。另外,这一判例规则和观点显然与上述"原因显著不对等"相互矛盾。

4. 非法原因或者不道德的原因。

(1)即使一方当事人并不知道订立合同的"决定性动机"具有非法性质或者具有不道德性质,合同也仍然可以因非法原因或者不道德原因而被撤销(最高法院第一民事庭,1998年10月7日)。但此前的判决认为,只要没有确认合同当事人是约定将出租房屋用来开设妓院,此种出租合同就不包含非法原因。

(2)协议具有非法性,并不妨碍返还因违法行为而获得的款项。

(3)订立协议所产生的债务非法,此种协议书无效,任何有利益关系的人均可主张此种无效事由,而不能有效援用"任何人都不能主张自己的卑劣行为"之法律格言。

(4）债的原因非法，并不妨碍提起返还之诉，因此，在本案中不适用"双方都具有卑劣行为时，不准许进行返还"。

（5）即使原因未予表明，契约仍然有效（《法国民法典》第1132 条）。

第一，《法国民法典》第 1132 条的规定，是推定当事人所主张的债的原因是存在的，而且不是非法原因，因此，其适用并不要求存在符合《法国民法典》第 1326 条之形式条件的文书（最高法院第一民事庭，1988 年 6 月 14 日）。

票据虽然没有说明原因，推定其存在原因（最高法院第一民事庭，1967 年 10 月 25 日）。

第二，虚假的原因。按照《法国民法典》第 1132 条与第 1315 条第 1 款的规定，经证明债的原因虚假不实时，应当由受益人证明其债权依据的是另一合法原因。如不能做此举证，其诉讼请求将告失败。合同所表述的原因被认定虚假不实，这种合同并非必然无效，而应由主张此种无效的人证明什么是合同的真正原因（最高法院第一民事庭，1988 年 12 月 20 日；1900 年 12 月 5 日）。

5. 不法原因。《法国民法典》第 1133 条规定："原因为法律所禁止、违反善良风俗或者社会公共秩序时，此种原因为不法原因。"

（1）不道德的原因。由于受害者不肯原谅遗嘱人的乱伦行为，遗嘱人就将财产赠与他人，旨在从财产上惩罚受害者，这种赠与违反公共秩序，因此无效（拉罗什法大审法院，1995 年 5 月 3 日）；为了购买一处妓院而订立的借贷合同无效（最高法院社会事务庭，1964 年 1 月 8 日）。

在这两个判例中所谓的"原因"，实际上是指订立合同的

"动机",而不是指的标的。

女仆与经营妓院的女经营者之间订立的劳动合同无效(最高法院社会事务庭,1964年1月8日)。这里是指什么不道德呢?这里显然不是直接目的。因为,女仆订立这种合同的目的显然是获取报酬,而女经营人的直接目的则是获得服务。而女经营者的动机可能是违反道德的,但女仆不见得有这种动机。

某人与一家周刊订立合同,将他人纯属隐私性质的连续三次变性的事实透露给该周刊,此种合同无效(巴黎法院,1972年1月21日)。这里的"原因"是指标的,也就是对价。

(2)非法原因。与贿赂行为有关的协议无效(最高法院诉状审理庭,1902年2月5日)。这里的原因显然是指动机,也就是指给付钱财的动机。

综合采用营养、针灸等方法进行减肥或者恢复青春,由于法律禁止在此类活动中实施所谓的"温和疗法",因此,以实施这种方法为标的的协议,虽然不包括非法行医的全部要素,仍然因原因非法而无效(最高法院第一民事庭,1996年6月11日)。这里的原因显然是指标的违法。

三、对法国法上原因的概念及其作用的评价

我们可以对比法国法上的原因与罗马法上的原因(债因)是否一致。在罗马法上,债与合同是分离的,罗马人不看中契约本身,而是控制契约"是否能够产生债",因此,将罗马法上的原因称为"债因"是十分准确的。我们从前面的考察,从梅因的《古代法》以及彼德罗的《罗马法教科书》等都可以印证,罗马人最正规的方式是通过形式将一个"债"加到契约上面的,可以

说，形式主义是罗马人之契约产生债的最正式的方式。除此之外，对没有形式的契约，要想产生债的后果，就必须要用一个工具来控制人们的自由，罗马人找到了这一工具，它就是"原因"。而且，原因是从"客观入手"而非主观来控制契约产生债的后果的，例如，罗马人承认"合意契约"只要具备原因就可以产生债的效力，而且，合意契约仅仅包括买卖、租赁、委托和合伙契约四种。而无名契约就得不到承认其产生债的后果，因为像"互易"这种东西，有可能改变交易形式，使社会关系难以控制。罗马人之所以认定原因（或者债因）是客观的，就是因为像买卖契约只能表现为出卖方交付货物，买受方支付金钱。尽管每一个买卖契约的标的不同，但必须表现为一方交付货物，另一方交付金钱，否则就不是被法律承认的产生债的合意。这也就是互易不被承认的原因，也是互易与买卖的差别。

　　法国法上的原因有没有罗马人的影子呢？是否发生了变异呢？法国学者莱尼·达维对客观原因说的评价最为中肯，他认为，原因学说给予一个非常简单的观念以影响。这个观念就是：在没有考虑当事人为什么作出这种许诺的理由和许诺者的目的时，你不能对一个许诺赋予法律的效力。不仔细研究这种理由和目的，不应该认为一项许诺具有约束力，一个契约也不应加以强制执行。这一点在英国也得到承认，但却是根据另外一种不同的学说，这种学说不是诉诸一般原因概念。原因学说，包括了英国法在"非法或者不道德合同"的单独标题下所论述的问题。作出允诺的目的通常是要从受允诺人那里获得某种利益，而受要约人允诺自己要履行义务（或者某种不作为）。但是，假如此后由于另一方当事人不履行其义务，或者履行已经不可能，允诺人便不能获得他订立合同所期望的利益，这一问题十分明显。对此，也可以诉诸原因学说。它可以解释何以允诺人可以免除履行合同义务。在这里,原因学说包含了英国的契约取消和受挫失效规则的基础,它也包括了英国法学家所说的"约因失效"的情况。毫无疑问,这里所使用的"约因"一词,除了在"约因"学说中出现外,其含义是与法国的原因近似的。这不应导致法律学家把历史上的约因学说与原因学说等同起来。约因学说在范围上提供了一个标准,以决定一项允诺是否具有法律约束力。在认真作出的允诺都具有法律约束力的法国,约因学说是不存在的。相反,原因学说是法国法的基本学说,着重强调如果合同出于非法或者不道德目的,将不被法律认可。另一方面也强调,在一个合同中,双方当事人的许诺不应该看作是彼此孤立的。另一方当事人对他的许诺的履行是对当事人的许诺的约束力的必要支持:假如契约不能按照双方当事人在缔结契约时所希望的那样履行,契约将失去其价值,法律将不允许它有效[1]。尽管莱尼·达维声称法国法上的原因不同于英美法上的约因,但其论述的原因的作用却更接近约因而不是罗马法上的债因或者原因,例如,罗马法上绝不可能说契约因为债因消失而失去效力。

莱尼·达维的这一段话是否也是在区分合同产生债的效力与合同本身是否具有效力相互区别呢?

从上面我们对法国现代原因理论的司法实践可以看出,法国的法院及学理是区分合同的原因与债因的。在债因方面,应该是采取的客观标准,也就是法国传统的原因理论。也就是说,任何人进行交易均有两种目的,即直接目的与最终目的。直接目的是

---

[1] [法]莱尼·达维:《英国法和法国法》,潘华仿、高鸿君、贺卫方译,清华大学出版社2002年版,第128~129页。

欲通过契约取得的利益或物,例如,在不动产买卖契约中,一方交易的目的在于取得不动产,而另一方是为取得价金。而最终目的则是直接目的的目标,例如,买房子是为了居住,卖房子得到金钱是为了购买汽车。前者被称为"近因",而后者则被称为"远因"。近因在所有相同类型的合同中均是一致的、客观的,而远因则因人而异。因而,在法律上,只有近因才具有意义。如法国学者博利亚(Berlier)指出:"什么是原因呢?恩惠契约的原因就是恩惠本身;在利己契约中,原因就是利益,也就是说,当事人签订契约所追求的好处。在买卖契约中,这种利益对卖者而言是取得代表出卖物的价金而本身;对买者而言,是获得该物而不是代表该物价值的金额。"[1] 由此可见,传统的原因理论区分目的和动机,虽然是从"当事人为何进行交易"这样的主观心理出发,却拒绝对当事人的心理状态进行个别分析研究,并以经济因素即交换的理念作为根据,因而具有客观性,可称为"客观原因论"。在这一点上,颇似英美法扩大了的约因概念。博利亚说:"法律中最确定的是:无原因即无义务。"[2] 这多像霍姆斯的话。如果法国法的原因学说到此处为止的话,与英美法上的约因理论就不会离得太远。也可以说,具有罗马法基因。

但是,就如莱尼·达维所说的,在没有考虑当事人为什么作出这种许诺的理由和许诺者的目的时,你不能对一个许诺赋予法律的效力。不仔细研究这种理由和目的,不应该认为一项许诺具有约束力,一个契约也不应加以强制执行。这是否可以看成是对

---

[1] 转引自[美]詹姆斯·高得利:"法国民法典的奥秘",张晓军译,载梁慧星主编:《民商法论丛(第五卷)》,法律出版社1996年版,第568页。
[2] 转引自[美]詹姆斯·高得利:"法国民法典的奥秘",张晓军译,载梁慧星主编:《民商法论丛(第五卷)》,法律出版社1996年版,第568页。

合同（合意）的控制？可以说是针对合同本身的效力控制，是合同的"原因"。当然，考虑一个合同本身的问题，就可以考虑其动机，尤其是在现代社会中，强调社会利益的时候，就可以用动机来控制。当然，也可以看成是法国的司法判例对传统原因理论的扩大解释和适用，以达到控制意思自治的目的。我们从上面对法国司法判例中原因的分析，就可以看到这一点。因此，有学者总结说：归纳起来，在法国民法中，原因具有双重定义和作用：一方面，原因是指"补偿物"，即当事人承担义务所获得的交换物。在这里，原因具有客观性和抽象性的特点，它只适用于双务合同及实践合同之外的单务合同。此外，这种原因通常只适用于补偿物缺乏或者微不足道的情形。只有在特殊情况下，才存在不法原因。因此，正如传统理论所指出的那样，这种原因的作用在于保护个人利益。另一方面，原因是指"决定性动机"，即当事人决定订立合同的根本缘故。在这里，原因具有主观性和具体性的特点，适用于一切合同。这种原因的作用在于，当一方当事人追求不法目的且为他方所知时，合同即因不法而归于无效。因此，与传统理论中的原因相反，这种原因的作用在于保护社会利益[1]。

我们从《法国民法典》对原因的争论及司法判例对原因的适用和具体认定来看，法国学理与立法实际上经历了一个从客观到主观延伸、从抽象到具体的延伸过程。这说明了什么呢？

究其原因，这是19世纪初期唯意志论与自由交换的商品市场对立和统一的真实写照。一方面，唯意志论强调意志是契约效力的根源和唯一根据；另一方面，这种意志必须体现和配合自由的交换。这种对立虽然在契约自由中得到了暂时的统一，但在具

---

〔1〕 尹田：《法国现代合同法》，法律出版社1995年版，第163页。

体回答契约效力的根源时（即要求回答：是意志还是交换时），就不能总是躲躲闪闪的。但是，最终还是唯意志论占了上风。故有学者总结说，在唯意志论占据欧洲之前，原因是确定合同是否正当有效的唯一工具。但是，在唯意志论到来之后，一切都改变了。在那些主张给予法典以革命性的学者看来，个人意思自治是至高无上的东西，除非能够证明契约的订立是由欺诈或胁迫等促成的，否则，作为精神纲领的意志自由在经济领域中的体现，所有的契约都应当得到履行。至于所谓原因，由于合意已在根本上说明了契约效力的由来，因而，它便降格为某种表面化的可有可无的东西，不再含有正义或公平之意，也不再给契约的生效与否添上是否正当的问题，而只不过是站在门外为已经合法存在的合同提供一个多余的原因罢了[1]。

从法国法的客观原因论向主观原因论的转化过程中，我们也不能不感到，随着契约自由越来越多地受到限制，个人本位向社会本位的转变，国家越来越多地依靠原因作为手段和工具来审查个人间的契约是否符合社会公共利益，如果其动机（即远因）与社会公共利益不合，法院就会否认其效力。在此情况下，尚不能说原因是一种可有可无的东西，但它确实从一种积极的要件变成了一种消极的要件，即在客观原因论那里，无原因即无责任；而在主观原因论那里，没有原因不能使合意归于无效，但原因违法会阻却其生效。到这里可以看出，伴随着客观原因论让位于主观原因论，法国合同法也彻底摆脱了罗马法的形式，脱离了契约的真实基础，真正成为"意志理论"了。因此，《法国民法典》虽然规定了原因，但却一直没有像约因理论那样形成霍姆斯式的统

---

[1] 傅静坤：《二十世纪契约法》，法律出版社1997年版，第78页。

挈地位,学说上纷争不止,司法上实施不一,而立法上躲躲闪闪。虽然《法国民法典》第1108、1131条规定了原因的地位,但第1132条却又规定:"原因即使未经载明,合意仍不能认为无效。"其结果就像詹姆斯所言:"事实的焦点在于没有人找到一个好理由说明为什么该有一种原因学说,而不是错误之一。传统意义上的原因学说已经消灭了,只剩下意思思想。"[1]

法国的学理与司法判例对待原因的态度可以说经历了一个这样的过程:抽象的客观(就同一类合同来说,不问合同当事人是谁,原因总是相同的[2],这就是罗马法的原因)——具体客观(等同于交易标的物)——主观动机。把法律对合同的控制深入到合同的每一个细节,而且无所不在。因此,动机就成为难以把握的一个工具了。本来,交易的动机是私法的禁忌,任何人都不会把动机写入合同,而且动机难以确定。但法国判例却把动机作为控制合同效力的工具。有意思的是,判定一个女仆与妓院老板签订的劳务服务合同无效,实在难以理解。如果把原因视为标的物,当然标的违法也就成为原因违法,从而使合同无效。我们甚至在法国上述法院的判例关于原因的适用中看到,如果双方当事人缔约后,标的物丧失,可以看成是原因丧失,标的物不存在看成是原因不存在。这一点似乎完全不同于罗马法中的原因。甚至在今天的合同法理论来看,我们也难以理解:这种情况是否属于合同不能履行的问题?或者用德国人的理论来看,属于履行障碍的问题?由此可见,法国法上的原因理论是很特别的,就如莱

---

[1] 转引自[美]詹姆斯·高得利:"法国民法典的奥秘",张晓军译,载梁慧星主编:《民商法论丛(第五卷)》,法律出版社1996年版,第569页。

[2] 参见沈达明等编著:《德意志法上的法律行为》,对外贸易教育出版社1992年版,第59页。

尼·达维所说的，原因学说是法国法的基本学说，其用途是极其广泛的。

总之，原因在罗马法上是一个"外在"的控制工具，即控制交易的法律关系种类，是一个客观问题。而在法国法上逐渐蜕变为一个"内在"的工具，因此，《法国民法典》第1132条规定："原因即使未经载明，合意仍不能认为无效。"正是由于契约理论发生了变化，原因的作用也就发生了变化，沦为了纯粹保护社会利益的工具。

至于说，法国法上区分债的原因与合同的原因，有没有合同生效而不发生债的效力的情况呢？现在尚不清楚。如果有的话，可能就是自然之债。

但是，如果我们据此认为，原因理论仅存于《法国民法典》中，那将是一个极大的错误。《德国民法典》《瑞士民法典》虽然没有明确规定把合法原因作为合同成立的条件，但德国学理在法律行为方面确曾深入讨论过原因这个概念，其司法判例也承认之，其发展过程大体经历了一个像法国法那样从客观到主观的发展过程。我们将在下面详细探讨。

第四节　英美法上的约因

一、对约因问题的说明

约因理论对英美法系的合同法理论与实践影响至深，英美契约法发展变化的蛛丝马迹无一不与约因相联系；法和经济学派的功利主义、富勒的信赖利益理论、丹宁的"约定上禁反言"等规则均是围绕着约因理论展开的。因而，在英美国家关于约因的说明资料可谓汗牛充栋,所以,笔者在此无意再去重复这些泛泛的论述,但为了从两大法系的不同视角去观察契约效力的根源,又不得不提到这一概念及其在影响契约效力方面的作用。

霍姆斯说,契约的全部意义在于其正式性和外在性,约因在支持契约效力方面的说明,正是从当事人合意的外在视点去寻找契约的效力根源的。同时,在英美法系,由于约因理论的突破,使得其不再一致而是支离破碎,故吉尔默大喊"契约死亡"而向侵权行为法过渡。约因理论的衰亡已被许多学者所认同,阿蒂亚也不否认这一点。如果真如此,契约效力的根源又将是什么呢?由于这一问题的存在,我们又不得不去考虑作为死亡的"病因"和现象,从其衰亡的历史脉络上来把握支持约因效力的基础和根源。

同时,我们也极想遵循概念法学的逻辑,先给约因下一个定义。但是,最终发现实为不易,因为的确如阿蒂亚所言,约因理论混乱,处处充满矛盾,而且在英美法系,自约因理论产生的那一刻起,就对何为约因的问题争论不休。所以,我不能给出一个确切的约因定义,只能在对约因的历史考察中去把握这一概念的真正内涵。

二、约因理论创立的初因及在契约法上的作用

应该说,约因这一概念萌芽于英国,而发展和完善于美国。约因在英国的出现最初是为了对抗其固有的令状程式。众所周知,中世纪的英国法极端重视形式,每一实体纠纷都有一种对应的诉讼程式。而在契约法领域,当时的诉讼程式包括那些具备法定书面形式及加盖印章的合同,而大量的非正式合同不能采取令

状形式进行诉讼。因此,为了提高司法效率,英国法院的法官最终发明了约因理论,从而使各种契约纠纷都能够有一个统一的度量标准,使之能够在一种共同的诉讼形式下进行诉讼[1]。英国的法官是如何创造出约因这一武器的呢？英国法官之所以要在案件审理中频频使用约因一词,是因为以令状为基础的诉讼程式在传统的普通法系中,始终没有关于允诺在什么情况下发生效力的统一规范,而面对越来越多的超出令状诉讼程式的争议的出现,法官必须靠自己的力量重新发明一种程式,以容纳所有的非令状诉讼。在旧有令状诉讼中,所争议的合同是先天存在的,法官的首要任务只是照章判决而已。而在新的诉讼程式中,法官首先要解决的问题就是所争议的合同是否合法存在的问题。对这一情况,没有现成的法律可循,只能靠法官自己对案件的分析得出结论。因此,从这个意义上说,约因是法官用以判断在什么情况下作出的允诺应当产生合同性质的法律效力的一系列思维过程的完整化的总结[2]。

虽然说约因产生的初始动机是为了使那些因令状的限制而得不到法律救济的契约纠纷获得救济,但从其产生后的实际作用看,却是限制约定的效力,即哪些允诺应赋予法律的效力,哪些不使其产生法律效力,约因就是一个判断的标准,没有约因的允诺是不能被强制执行的。所以,在英美法系,讲到契约的成立必须是"合意+约因"。

与侵权行为法及财产法不同,契约责任仅存在于特定的当事人之间,而这种责任是根据当事人的约定产生的。对此,吉尔默

---

[1] 傅静坤:《二十世纪契约法》,法律出版社1997年版,第64页。
[2] 傅静坤:《二十世纪契约法》,法律出版社1997年版,第66页。

指出:"契约理论想捍卫这样一种理想和主张,即任何人皆不必然地对某人某事负责。由于这种理想难以实现,于是折中的办法就是将责任限制在一个狭窄的范围内,于此范围,责任才是绝对而无条件的。"[1] 限制责任的手段为何?根据霍姆斯的论述,约因就是一种限制契约责任的工具。他指出,契约的全部意义在于其正式性和外在性,除非契约的形式——约因已经存在,否则不存在契约,也不存在契约责任。吉尔默称之为"契约机器的平衡轮"[2]。

关于约因的作用,日本学者内田贵认为:"约定要获得法律约束力,必须具备哪些条件呢?在此出现了英美法上特有的概念'约因(consideration)',即原则上约定只有满足了称为'约因'的要件时方可成为契约……故并不是所有的情形均适合给予法的约束力,在普通法区别适于给予法的约束力的约定和不适于者,而对后者以'无约因'来否定其约束力。"[3]

作为对约定效力的判断标准——约因的说明的最好的案例,即在英美法上最有争议的案例之一——1809年的斯迪克诉马利克一案(*Stick v. Myrick* 1809):船方雇佣一批海员作一次往返于伦敦和波罗的海的航行,途中有两名船员开了小差。为了使船顺利返回伦敦,船主答应其他船员将开小差的两名船员的工资分发给他们。但事后船主食言,船员们向法院提出了诉讼请求。法院认为,船主的诺言是不能执行的,因为缺少约因。理由是:船员们

---

[1] Grand Gilmore:"契约的死亡",载梁慧星主编:《民商法论丛(第三卷)》,法律出版社1995年版,第207页。

[2] Grand Gilmore:"契约的死亡",载梁慧星主编:《民商法论丛(第三卷)》,法律出版社1995年版,第210页。

[3] [日]内田贵:"契约的再生",载梁慧星主编:《民商法论丛(第三卷)》,法律出版社1995年版,第299页。

在开船时就承担了这样的义务，即答应在航行中遇到一般普通的意外情况将尽力而为。有两名船员开小差属于这种意外情况，余下的船员应根据开始答应的义务尽力把船开回目的港，故原先存在的义务不能作为一项新的诺言的约因[1]。

对于这一案件，威灵斯顿教授作了这样的评述："如果 A 和 B 已经达成了一项双务协议，经常发生的情况一般是：一方当事人事后对契约感到不满，并拒绝履行契约义务，除非另一方答应给他大大超过契约原来约定的数目的一笔补偿。……在原则上，第二个协议是无效的。因为，无论额外补偿是否实际支付，违约方履行原契约义务并未产生合法损害，况且在达成第二个协议之时，违约方就已经受到了契约义务的约束而必须完成工作；而对于承诺方来说，第二个协议的履行，也不会给他带来额外的合法收益，因为他已经拥有了要求对方履行契约义务的权利。在这种情况下，这一结论在原则上将得到国家权威的有力支持。"[2]这是对约因作用的经典性说明。

但是，是否对于一切缺乏约因的约定均否定其法律效力呢？这就不得不考察约因理论发展的衰落的历史。

三、约因的发展与衰落以及对契约效力的影响

1. "获益—受损"式的约因理论。虽然说约因这一概念是英国法官为对抗令状诉讼并打破普通民事法院对契约诉讼的垄断特权而创立的，但在 1840 年伊斯乌德诉肯扬案（*Eastwood v. Ken-*

---

[1] 张文博等：《英美合同法指南》，复旦大学出版社 1995 年版，第 11 页。
[2] 转引自 Grand Gilmore："契约的死亡"，载梁慧星主编：《民商法论丛（第三卷）》，法律出版社 1995 年版，第 213 页。

yon 1840）以前，关于约因的规则及何为约因一直是不确定、不清楚的。1840年的伊斯乌德诉肯扬案企图将约因规则化，确立了"获益—受损"公式。其大致的内容是：如果要约人从交易中获得利益，那么，这种获益就是其作出允诺的充分的约因；另一方面，如果承诺人因立约而受损，那么这种损失也是其作出允诺的充分约因。简言之，获益或受损均为允诺的约因[1]。但是，这一约因公式在实践中具体运用时暴露出了自己的弱点，最直接的是它未能说明契约效力的全部问题，尤其是未能说清楚，从法律的观点看，获益与受损意味着什么，因此招致了学者的批评。

2. 霍姆斯的互惠约因理论。霍姆斯是在对"获益—受损"公式的批评中提出自己的约因理论的：所谓约因的本质，不过是根据合意的内容，作为该约定的动机和诱因而赋予其约因或被接受之。反过来，作为引起提供约因的一般动机和约定，其根本在于，在习惯上彼此对他方而言处于互为诱因的关系[2]。霍姆斯理论的革命意义在于将约定和约因的相互诱因关系加以特别地强调，从客观上看，二者构成交易。霍姆斯理论的法哲学思想的中心原则是这样的：法律发展的必然过程遵循下列轨迹：最初，作为法律规则基础或渊源的是那些对具有主观道德错误或应受责备的案件的判决；最后，法律规则所具有的原始的道德内容将会完全消失，而被告意志的主观状态也会变得无关大体。法律就是这样，从"主观"到"客观"、从"内部"到"外

---

[1] 转引自Grand Gilmore："契约的死亡"，载梁慧星主编：《民商法论丛（第三卷）》，法律出版社1995年版，第210页。
[2] 转引自Grand Gilmore："契约的死亡"，载梁慧星主编：《民商法论丛（第三卷）》，法律出版社1995年版，第300页。

部"、从"非正式"到"正式"的运动[1]。这就是霍姆斯所说的,契约法的全部意义就是其正式性和外在性的意义。威灵斯顿对此作了这样的说明:毫无疑问,法律通常是通过主观的意向性术语表达的,而远远不是客观的表述,但后者被认为是前者的证据……但是,当法律被确定时,我们见到的是实质的法律规则而非任何"证据规则"。此时,整个主观理论便告失败——这种主观理论有时又极其荒谬地浓缩为一句古怪而久已盛行的词语——"意志的合意"。通过"意志的合意"这种伪装,我们发现,在主观理论下无法精确地表述我们所确立的契约规则,除非我们坚持主张构成契约的必需要素只能是完全外在的(客观的)[2]。这个外在的客观的因素就是约因。根据这一理论,单纯的约定不足以产生法的约束力,还需要交易性的外观——约因。

霍姆斯的理论显然具有较强的说服力,具有空前的影响,至少在美国成为压倒一切的力量。依吉尔默的观点,由霍姆斯确立的古典契约理论的本质特征可以概括为以下三点:①由于约因理论的重组,使契约责任的入口变得非常狭窄;②在契约责任成立的范围内实施绝对责任;③对大额的损害赔偿的限制乃至否定的态度[3]。

虽然说,我们很难就霍姆斯的理论对契约法的影响和贡献作出全面得当的评价,但就其对英美契约法的历史性贡献作下面的

---

[1] 转引自 Grand Gilmore:"契约的死亡",载梁慧星主编:《民商法论丛(第三卷)》,法律出版社 1995 年版,第 236 页。

[2] 转引自 Grand Gilmore:"契约的死亡",载梁慧星主编:《民商法论丛(第三卷)》,法律出版社 1995 年版,第 238 页。

[3] 转引自[日]内田贵:"契约的再生",载梁慧星主编:《民商法论丛(第三卷)》,法律出版社 1995 年版,第 300 页。

评价实不为过：

（1）霍姆斯的理论以约因这一外在的客观的标准限制了契约责任的范围，创立了内在逻辑紧密的理论体系，使英美契约法第一次真正成为一个独立的理论体系，并以第一次契约法重述的肯定为标志对英美合同法进行了成功的整合。虽然说英美法在契约法方面总的趋势是抵制法典化，但这种自成一体的理论体系本身就是法典化的一部分。

（2）霍姆斯的约因理论真正体现了"自由的交易"这一在当时条件下社会的真正需要。因为在这一理论框架内，"过去的约因不是约因"，例如，B 赠与 A 价值 10 美元的书，其后 A 向 B 允诺支付 10 美元的价钱，A 的允诺就会因缺乏约因而无约束力。因为，在 A 允诺之前，B 的赠与已经存在，现在，对于 A 的允诺，B 无任何对应的交换物，即双方无相互诱因关系；道德上的义务不能作为约因。但是，约因的价值不必与允诺的价值相等，因为某人愿意为一个允诺支付过高的代价，或者自愿接受低于其代价的许诺，那是当事人自己的问题，这完全是契约自由的内容，故在英美契约法上有这样的法谚："一把胡椒面就足以满足法律对约因的要求。"所有这些均充分体现了交换自由和契约自由的内容。在霍姆斯那里，巧妙地完好地糅和在一起，其理论获得了空前的认同和影响也就不足为奇了。

四、约因理论的衰亡

霍姆斯对契约理论的发展和完善方面的贡献是不朽的，但与其他同时代的人一样，其对契约理论的构建有许多武断和臆想的成分，仅仅是形式主义的理论。当追求实质正义的现代法观念一抬头，其理论就会受到巨大的冲击并面临危机。导致其危机的因素是多方面的，在此，我们仅讨论以下几种：

1. 约定禁止翻供原则。吉尔默这样评价霍姆斯的理论：如果历史地看，霍姆斯的约因理论是不太站得住脚的，这一点霍姆斯本人也清楚。回顾过去，无数案例都以约因的名义加入了责任，而根本看不到霍姆斯所说的"互惠的约因动机"。……20世纪初，除纽约州之外，严格的"互惠约因"理论赢得了广泛的承认。但事实表明，与霍姆斯不同，许多法官不愿冷酷而麻木不仁地对待陷入困境的原告——他们把弥补损失的希望寄托于被告的承诺上，而没有正式的契约的保障。而这种新理论又使1900年的那批法官不能像他们的前任在半个世纪前那样声称"损害本身就是约因"。他们不得不寻找一种新的解决办法，或至少是一个新的术语，在这种情况下，在一些法官的头脑中自然而然地产生了这个词"不得翻供"——这是一种最简单的解决办法。在1900年以后的契约案例中，"不得翻供"这个词发展成为短语"衡平法上的禁止翻供"和"允诺后不得否认"的原则[1]。

"约定不得翻供"原则是由英国法官丹宁勋爵于1946年7月的"中央伦敦财产信托有限公司诉海伊·特利斯房产有限公司案"中创立的[2]。在该案中，丹宁第一次在英国历史上正式地

---

〔1〕 〔美〕Grand Gilmore：“契约的死亡”，载梁慧星主编：《民商法论丛（第三卷）》，法律出版社1995年版，第256页。

〔2〕 该案的案情大体是：原告将其位于伦敦的一层公寓以每年2500英镑的租金出租给被告99年。二战开始后，由于人们害怕轰炸，许多公寓都空了。为了留住承租人原告同意将房租减到一半，只收1250英镑。战争结束后，房客回来了，公寓重又客满。原告要求被告从现在开始每年按2500英镑支付，并补交自战争开始到结束期间每年少交的1250英镑，理由是原告允诺的减少1250英镑房租的诺言无约因。转引自〔英〕丹宁勋爵：《法律的训诫》，杨百揆、刘庸安、丁健译，群众出版社1985年版，第176页。

使得没有约因的允诺产生法律约束力。在该案的判决中，丹宁法官说："在每一个案件中，法庭认为某一承诺对于作出承诺的人是有约束力的，即使按照过去的习惯法，要找出它的任何约因也是困难的。法庭还没有走到为由于违背这种承诺而要求损害赔偿的诉讼提出理由的程度，但是，他们不允许承诺的一方作出与其诺言不一致的行动。在这个意义上，也仅仅在这个意义上，这种承诺才提出了禁止翻供的问题。"[1]丹宁法官因这一判决而流芳百世，其判例所创造的规则在英国引起了广泛的讨论。但这是否意味着约因的废除？

答案当然是否定的，在其中央伦敦财产信托有限公司诉海伊·特利斯房产有限公司案的判决中，我们已经隐隐约约地感觉到，不得翻供不能作为提出赔偿诉讼的诉因。在随后的"库姆诉库姆"（Combe v. Combe）一案[2]中，丹宁法官重申了这一点：

"我虽然赞成在海伊·特利斯案中所宣布的原则，但有一点是重要的，即不应把它扩展得太远，免得造成危害。这条原则不是制造出从前没有的诉因。当双方进行一笔交易时，在由于一方坚持自己严格的法律权利会产生不公正的情况下，这条原则仅仅是防止他坚持这种权利。

---

〔1〕 [英]丹宁勋爵：《法律的训诫》，杨百揆、刘庸安、丁健译，群众出版社1985年版，第177页。

〔2〕 该案的案情大致是这样的：库姆夫妇于1915年结婚，但于1939年分居。此后妻子提出离婚。1943年，法院作出了中期判决。丈夫同意付给妻子每年100英镑的免税抚养费。法院作出了终期判决，而丈夫却没有支付抚养费。1950年，妻子提出诉讼要求丈夫支付600英镑抚养费。一审法院按照中央伦敦财产信托有限公司诉海伊·特利斯房产有限公司案确立的规则判决丈夫支付该费用。然而，在上诉时，丹宁法官却又以"无约因"而否定了妻子的请求。转引自[英]丹宁勋爵：《法律的训诫》，杨百揆、刘庸安、丁健译，群众出版社1985年版，第179页。

第三章 债法体系中的债因与自然之债

照我的理解，这条原则是：一方以自己的言论或行为对另一方作了一个用来影响他们之间的法律关系并且要照着去做的承诺或保证，那么另一方一旦迅速接受了这个承诺或保证并按此办事，以后就不允许作出承诺或保证的人回复到以前的法律关系上来，好像他没有作过这种承诺和保证。不过由于他自己把自己带进了这个限定的条件中，他必须接受他们的法律关系，即使就法律而言，这种关系没有任何约因，而只有他的话作为根据。

考虑到这条原则从来不能孤立地作为诉讼本身的一个诉因而成立，那么当它是诉因的主要部分的时候，它决不能放弃约因的必要性。约因主义已被牢固地固定下来了，不能被一种间接的原因所推翻。虽然近年来它的一些恶果在很大程度上有所缓和，但是它仍然是合同成立的基本必要条件，因此，没有必要对它进行修改或废除。我担心我不能把这一点弄清楚，从而把本案的法官引入歧途[1]。"

由此可见，公平的禁止翻供原则在丹宁法官那里，仅仅是作为衡平法避免不公正结果的手段，是"盾"而不是"剑"。也就是说，受诺人可以在抗辩中使用，而不能直接据此提出诉讼请求。具体地说，当债权人允诺放弃债权时，债务人可以以其免除的允诺不得翻供对抗之；但在赠与的允诺中却不能使用。在这里，如果我们仔细回顾罗马法的话，就会想到，"约定不得翻供"的作用多么像罗马法上的"简约"。

但是，禁止翻供原则在卡多佐和科宾那里，就不仅仅是"盾"了。即使在霍姆斯的契约理论占绝对统治地位的时候，由

---

[1] [英] 丹宁勋爵：《法律的训诫》，杨百揆、刘庸安、丁健译，群众出版社1985年版，第181页。

卡多佐主持的纽约上诉法院也采取与霍氏理论完全不同的契约法。根据吉尔默的说法，卡多佐对霍姆斯理论的抨击是机敏、躲躲闪闪且犹豫不决的，但科宾的态度要直率得多。科宾通过对大量案例的分析研究，证明霍姆斯的约因理论不仅作为历史事实是错误的，而且作为一种社会政策也是错误的。于是，在第一次契约法重述的小组工作会议上，科宾公开指出："先生们，你们在从事重述普通契约法的工作，近来你们已经采用了一个约因的定义，现在我提供给你们一份案例清单——有成百甚至上千个——在这里，在根据你们的定义既不存在约因也不存在责任的情况中，法院都加进了契约责任。先生们，你们准备怎样去对待这些案例呢？"[1]由于科宾所提供的案例材料不容辩驳，于是，在《第一次契约法重述》第90条中就写入了"不得翻供"的科宾思想：在允诺者有充分的理由相信其约定在被允诺人一方诱发具有明确且实质性的作为与不作为，并且实际上已诱发了上述作为与不作为的场合下，只有通过强制执行该约定才能避免不正义的后果时，其允诺具有约束力。

此后不久的1936年朗·富勒（Lon Fuller）教授即发表了"契约上损害赔偿的信赖利益"一文，进一步扩大了"约定禁止翻供"的范围，使约因理论进一步衰亡。霍姆斯自己也承认，如果承认"约定不得翻供"法理，将意味着"根绝约因理论"。

2. 诚实信用原则。诚实信用原则是自罗马法以来的原则，根据英美法的分类，可分为三种类型：

（1）第一种类型是作为规定契约上义务之履行或权利之行使

---

[1] 转引自［美］Grand Gilmore："契约的死亡"，载梁慧星主编：《民商法论丛（第三卷）》，法律出版社1995年版，第256页。

的行为准则规范的诚实信用原则,换言之,是发挥弥补默示合意之不足功能的法理,罗马法就是首先在这个意义上使用诚实信用原则的;在此作为确定诺成契约履行义务的内容的基准,发挥了补充当事人合意的功能。

(2) 第二种类型是从买卖契约上保护买主的观点出发,采取与公信原则同样原则的场合下,在买主"善意"的意义上使用诚实信用原则这一概念的。

(3) 第三种类型是在契约交涉过程中发挥作用的诚实信用原则,即所谓的缔约过失所针对的问题[1]。

但是,在大陆法系被普遍承认的诚实信用原则在英美法上却一直未得到公开的承认,而常常通过所谓的错误和默示条款法理显示其精神。弗利德里希·凯斯勒教授(Freidrich Kessler)在1964年发表了题为"诚实信用与契约自由"的著名论文,该文中指出,该原则在德国被冠以"缔约过失责任"(calpa in contrahendo)的名义,而在美国的许多案例中,法院对当事人强加了一种可称为前契约义务的东西,该义务要求缔约者以诚实信用为交易前提。也就是说,同样的原则也能从美国判例中推导出来,但却被美国法学所忽视了[2]。英美法向来承认第一、二种类型意义上的诚实信用原则,第三类意义上的诚实信用原则虽未被公开承认,但其在美国司法判例中确实存在。

当然,约因理论的消亡还有其他因素,但我们仅仅指出上述二种原因就足以说明其已身患绝症。至此,在英美法上一直被认

---

〔1〕 [日] 内田贵:"契约的再生",载梁慧星主编:《民商法论丛(第三卷)》,法律出版社1995年版,第314页。

〔2〕 Kessler & Fine, "Culpa in contrahenbo", Bargaining in good faith and freedom of contract: Acomparative study, 77, *Har. L. Rew.* 401 (1964).

为是契约效力根源的正当化理论——约因理论宣告结束。在许多情况下，即使没有约因，契约尚未成立，基于信赖及诚实信用原则也可产生契约责任。人们又似乎回到了最初的出发点和原来的问题上来了：约定的效力根源是什么呢？

五、对约因的评价及约因的未来

（一）评价

德国学者茨威格特评价说："英美法的约因理论本身是正确的，债务人决不会没有对价而作出严肃的允诺，因此，法律不应该允许对无约因的允诺提起诉讼。"[1]约因的适用实际上是符合市民社会这种土壤和要求的，一个正常的市民社会中的人不可能作出无偿的许诺，即使赠与也是作为与买卖完全不同的一种例外。但是，如果坚持严格地适用约因理论来决定合同的执行力，则有许多问题：

1. 对于债务免除的效力造成影响。如果债权人愿意免除债务人一部分债务，此项免除也可以因缺乏约因而无效。因为在这种情况下，债务人没有提供对价。因此，美国许多法院已经限制约因在这种情况下的适用了[2]。

2. 对于"过去的约因不是约因"的修正。对此，《美国统一商法典》第2·209条规定："修改买卖合同的协议不需要约因具有约束力。"

---

[1] 转引自沈达明、梁仁洁编著：《德意志法上的法律行为》，对外贸易教育出版社1992年版，第64页。

[2] 沈达明、梁仁洁编著：《德意志法上的法律行为》，对外贸易教育出版社1992年版，第64页。

第三章　债法体系中的债因与自然之债

其实，对于这些所谓过去的约因、合同成立后发生的允诺、不充分的允诺（例如，向对方提供1角钱而得到的允诺）等都可以包括到"无约因"中，对于这种情况，是否在任何情况下都不生效力呢？其实很难做到绝对。例如，美国法院在1929年曾经有过这样一个判例：房屋买卖合同成立后，双方想到保险单的受益人必须更改为买受人的名字，出卖方对此作出了许诺。但后来由于出卖人的遗忘，没有办理此项手续，后来发生火灾。法院认为，卖方的允诺是无约因的无偿允诺，这一项允诺是在合同成立后作出的，因而无约束力。对此，德国学者茨威格特认为，在这种情况下，大陆法系国家法律将按照卖方因未履行买卖合同或者委托合同项下的义务而承担责任，并承认买方有损害赔偿请求权[1]。如果两大法系之间对此问题存在如此大的差异，而且美国法院判例又没有其他救济措施可言，那么，说明这种约因理论已经严重脱离生活。因此，许多英美法国家法官试图突破这一限制。例如，英国法官曼斯菲尔德爵士（Lord Mansfield）曾经指出：如果由于受益人过去的行为，债务人有给予补偿的道义上的义务，债务人目前的允诺恰恰是旨在把这种道义上的义务转变为法律上的义务，这种情况下，应视为有约因的存在。但英美国家法院一般不接受这种观点。对此，茨威格特认为，把约因等同于道义上的义务势必导致英美法上约因的消失[2]。的确，如果约因成为道义上的义务，恰恰因这种约因产生的债都是大陆法系国家民法上的"自然之债"，道义上的原因或者

---

[1] 转引自沈达明、梁仁洁编著：《德意志法上的法律行为》，对外贸易教育出版社1992年版，第65页。

[2] 转引自沈达明、梁仁洁编著：《德意志法上的法律行为》，对外贸易教育出版社1992年版，第65页。

约因的确不是民法上的债的根据。

其实,富勒的"信赖理论"比纯粹的约因理论更符合生活实际,即无偿允诺引起信赖的相对方确实改变了他的地位,而且受益人的反应是受益人所能够预料的,则此种无偿的允诺约束债务人[1]。

(二)约因的未来

早在18世纪末,曼斯菲尔德爵士(Lord Mansfield)就曾建议,在英国法中,所有严肃作出的允诺都应当具有法律约束力,并受限于广泛运用的欺诈、胁迫、情事变更等"无效原因"理论[2]。但是,由于其苏格兰的出身,其建议在其死后的半个多世纪里不仅一直未被采纳,而且被视为异端邪说。自20世纪中叶以来,在英美国家对约因理论的反对声此起彼伏,因为它的确是不易掌握的变色龙,即使是在约因理论最辉煌的时期出版的《第一次合同法重述》的第75条和第90条之间也存在着明显的不一致。约定不得翻供的原则和信赖主义原则的出现几乎使得所有的允诺均能找出约因,只要法官愿意。卡多佐甚至在赠与允诺中也找出了约因。这样,约因作为契约效力的说明的理论还有什么意义呢?于是,主张废除约因理论的呼声日益高涨。早在1935年,英国学者Wright就明确表示:"我认为约因原则纯粹是一个包袱。科学的、合乎逻辑的合同理论应按下述答案作为合同意思的检验标准:有没有经过周密考虑的、严肃认真的成立约束性合同的意思,而且这种意思并非违法、不道德、受错误、诈欺或胁

---

〔1〕 转引自沈达明、梁仁洁编著:《德意志法上的法律行为》,对外贸易教育出版社1992年版,第65页。

〔2〕 [美] Grand Gilmore:"契约的死亡",载梁慧星主编:《民商法论丛(第三卷)》,法律出版社1995年版,第210页。

迫的影响。对每一个具体的案件来说，这是一个事实问题。"[1]在英国，对约因学说的普遍不满意的各种评论于1934年提交给"法律修订委员会"。……最近，负责完成契约法编纂人物的法律委员会已采用新的观点来对待约因。据说，废除约因学说的可能性正在考虑之中[2]。在美国，约因理论的扩展，自20世纪30年代以来一直深受成文法的侵蚀，对于不可撤销的要约、契约变更及免除债务之清偿关于约因的要求，首先在纽约州所颁布的制定法中被废除，随后又为密执安州所效仿。在《美国统一商法典》中也可看到其影子[3]。阿蒂亚指出，一旦约因被废除后，现在由它执行的一些功能就得由另外一些法律规则来执行……现在已经产生了一种与它抗衡的理论，即不说在这些案件中有没有约因，而是说当事人有没有建立法律关系的意思表示……显而易见，如果废除约因，法院就得使用"建立法律关系的意思表示"这个公式来代替原来的约因公式，从而决定哪些允诺是可以得到强制执行的[4]。如果是这样，英美法系的契约法与大陆法系的契约法就相差无几了，因为建立法律关系的意思表示是大陆法系要约成立的一个要件。

从约因理论的产生、发展、完善和衰亡的历史中，我们看到，在强调个人本位和自由交换的时代，以交换为核心的约因理

---

[1] 转引自沈达明、梁仁洁编著：《德意志法上的法律行为》，对外贸易教育出版社1992年版，第64页。

[2] [英]阿蒂亚：《合同法概论》，程正康等译，法律出版社1982年版，第106页。

[3] [美]Grand Gilmore："契约的死亡"，载梁慧星主编：《民商法论丛（第三卷）》，法律出版社1995年版，第265页。

[4] [英]阿蒂亚：《合同法概论》，程正康等译，法律出版社1982年版，第108页。

论曾作为契约效力根源的说明理论得以正当化,并成为统帅英美法学学理及司法的正统理论。但随着时代的变迁,公法对私法的侵入,以约因理论为支柱建立起来的仅存于当事人之间的绝对责任的入口变得越来越大,约因实际上最终被废除。这是否意味着契约的死亡及契约法向侵权行为法的过渡,我们姑且不论,但的确需要找出支撑契约大厦的根基——契约为何具有约束力。

六、与原因的比较性结论

从立法及学理上看,无论是大陆法系还是英美法系,均非常清楚地认识到,契约的目的是设立、变更或消灭权利义务关系,即为正当的交易。既然人们的合意是为了利益的交换,就会得出在契约法上有意义的两个必然结论:①将非财产性的约定从契约法上排除出去;②当事人的意志并非纯粹的意志,而是"物化了的意志",即具有交易因素的意志,这就不能不受到"物"的约束。于是,在英美法系就创造出了"约因"理论,即仅有当事人的合意是不够的,必须在合意上面加上一个物质性的因素——约因,从而使意志"物化"。而在大陆法系(特别是法国)则在合意之外加上了一个"合法的原因"。即使抛开法国法上的原因理论,在整个大陆法系,从来就未将契约中的合意看作纯粹的意志,赠与合同、质权合同、保管合同等要物合同自不必说,就连诺成合同,也始终没有离开交易的范围。同时履行抗辩权、不安抗辩权、解除或终止合同权等制度就充分地说明了意志的物化。这些均充分说明,两大法系均注意到了合意的"物化性"。

但应该说,大陆法系以法国法为代表的原因理论确实不同于英美法上的约因,至少,约因不包括动机。而且,很清楚的是,如果没有约因的合同被当事人履行了,也属于自然之债。

第五节 德国法上的原因及其应用

一、概述

德国法上究竟有没有原因?有学者指出:《德国民法典》与《瑞士民法典》都没有把合法原因作为合同成立的一项条件[1]。我们要正确理解这一论断,这并不是说,德国法上不承认或者不存在原因问题,否则,我们就不能正确理解德国人普遍承认的一个原则:债权法律行为(负担行为)一般都是要因的,而物权行为(处分行为)都是不要因的(无因的)。因此,实际上,德国的学理与判例从来就没有放弃过原因理论。恰恰相反,由于德国人创造了法律行为的概念,将法律行为区分为负担行为和处分行为,并且将原因行为贯彻于负担行为与处分行为之中。就如有的学者所指出的那样,原因理论事实上在潘德克吞法学体系中已因法律行为的体系化、抽象化而变得更加错综复杂……原因的概念支撑着每一个具有财产性后果的法律行为,每一个涉及给予的意思表示后面一定能够找到一个原因[2]。德国学者弗卢梅指出,罗马法简明扼要地阐述了债权合同的原因问题,不论各国法律针对这一问题作出何种具体规定,这一问题都是存在的[3]。

---

[1] 沈达明、梁仁洁编著:《德意志法上的法律行为》,对外贸易教育出版社1992年版,第66页。
[2] 徐涤宇:《原因理论研究》,中国政法大学出版社2005年版,第196页。
[3] [德]维尔纳·弗卢梅:《法律行为论》,迟颖译,法律出版社2013年版,第191页。

之所以出现上述现象，主要是因为自罗马法以来的一个观念发生着决定性作用，即"并非所有契约都能够产生诉权"。因此，自罗马法以来的民法一直在为所有关于财产给予的行为寻找一个正当化的理由，那就是：为什么甲会对乙产生给予的义务？其行为的正当性何在？所以，原因理论的意义也就是在为财产性给予进行正当性说明。就如德国学者贝克尔所言，在德国法上，给予的正当性，主要是通过与包含"原因"的依赖关系的联系获得说明的。德国法系对要因与无因的区别，并非意味着无因行为中根本不存在原因，抽象或者无因性原则只是强调此种行为仅仅不以原因为要素[1]。弗卢梅更明确地指出："在给予中，原因关系是说明给予行为正当性的基础。"[2]

在德国法上，对与财产有关的法律行为的正当性，是从主观正当性与客观正当性两个层面进行说明的：主观正当性说明当事人之间的权利变动本身何以正当；客观正当性说明取得人保有所取得的财产利益的行为结果何以正当。一般来说，所有法律行为，意思表示因素即应可以说明其效力的正当性[3]。因为，法律行为的核心就是意思自治，法律对意思自治的尊重，即符合正义的要求，即具有主观正当性。

然而，在市民社会中，除了主观正当性之外，法律行为还要求行为人有具体的目的，即所谓"如果不存在目的就不应产生义务"，或者可以说，即使某种法律效果已因尊重当事人的意思表示而在法律上被认可，其效力也不应被继续维持。但是，由于在

---

[1] 转引自徐涤宇：《原因理论研究》，中国政法大学出版社2005年版，第217页。

[2] 转引自田士永：《物权行为理论研究》，中国政法大学出版社2002年版，第271页注释7。

[3] 徐涤宇：《原因理论研究》，中国政法大学出版社2005年版，第230页。

具体情形下，目的常因当事人的不同而不同，不易为相对人所了解，故在法律上必须有适当安排目的的规范问题[1]。从上述德国学者关于原因的概念的论述，可以看出，其实，其主流原因理论与法国一样，为避免原因理论的滥用，避免主观化，将原因与动机区分，并且强调目的的客观性，即同一类合同应有相同的目的，以实现规范的统一性。可以说，这是法律行为客观化的正当性说明。

在要因行为中，由于行为人的目的为其行为的构成要素，故该内在目的本身即可说明此种给予行为的效力根源：一方面，当事人追求某种法律效果的意思表示本身使其法律行为的效力具有了主观正当性；另一方面，包含在该意思表示之中的目的是当事人追求某种法律效果的最终理由，构成权利取得人保有其权利的正当化根据。因此，可以说，要因给予行为不需要借助其他要素，其内在的原因本身即可说明其效力的正当性。在此情况下，其效力的主观和客观正当性通过包含原因在内的意思表示而获得统一的说明[2]。

在抽象的法律行为中，原因合意并非该行为的构成要素。因此，给予行为本身不表现其欲实现的目的。给予行为之所以产生给予的效果，仅仅在于当事人意在实施给予，仅此为效力的主观正当性体现。因此，给予行为不能通过其自身而获得其效力的客观性正当说明。但如果缺乏客观原因，则会导致不当得利的返还[3]。也可以这样说，不当得利的返还，是对给予行为本身缺乏原因的反面说明或者救济。田士永教授更进一步地说，"抽

---

[1] 黄茂荣：《债法总论（第1册）》，中国政法大学出版社2003年版，第21页；徐涤宇：《原因理论研究》，中国政法大学出版社2005年版，第231页。

[2] 徐涤宇：《原因理论研究》，中国政法大学出版社2005年版，第231~232页。

[3] 徐涤宇：《原因理论研究》，中国政法大学出版社2005年版，第233页；田士永：《物权行为理论研究》，中国政法大学出版社2002年版，第305页。

象说"详细区分债权与物权,详细区分当事人意思表示中的效果意思,通过仅使其中的所有权意思表示因素影响交付行为效力,解决了交付转移所有权的主观正当性问题;至于其客观正当性,通过不当得利中的客观原因予以解决[1]。"抽象说"不但解决了交付转让所有权的正当性问题,还坚持了债权与物权的区分,从而使权利理论及法律行为理论进一步精细化[2]。

二、德国法上原因的概念

德国的民法典没有规定债的原因(债因),但其学理与判例却从来没有放弃过债因的实际适用。德国法上的原因是指什么呢?德国学者弗卢梅指出,原因的概念应当是:它是使给予行为中的给予正当性的理由……在买卖合同中,基于行为所完成的给予的法律原因属于行为的内容。卖方基于买卖合同取得价金请求权,买方基于买卖合同取得商品交付请求权。除此之外,无需借助于买卖合同之外的法律原因来使当事人取得的请求权具有正当性。按照买卖合同的约定,买方与卖方分别基于自己的给付而取得对待给付请求权,该约定构成买卖双方基于买卖合同所享有的请求权的正当即原因[3]。在德国法上,原因不是指当事人心目中要达到的各种各样的目的,而是指所承担的义务的近前的、典型的"目的"。每一类合同的"目的"都是相同的,即雷内尔

---

[1] 以我的理解,田士永教授是在说:客观正当性是包含在债权行为中的原因来支持或者说明,其原因在基础法律行为中。如果缺乏原因,就可以通过不当得利制度来解决抽象性带来的问题。不当得利实际上也起着证明缺乏客观原因的作用。

[2] 田士永:《物权行为理论研究》,中国政法大学出版社2002年版,第107页。

[3] [德]维尔纳·弗卢梅:《法律行为论》,迟颖译,法律出版社2013年版,第179页。

（Lenel）所谓的典型的交易目的，不因为当事人不同而有所不同。原因具有普遍性、典型性，所以，德意志学理与法国正统派一样，认为每一类合同只有一种原因，也只能有一种原因，即取得债权的原因、清偿原因或者赠与原因[1]。

德国法是严格区分原因与动机的，弗卢梅指出，人们应当严格区分基于法律行为所确定的给予原因和虽然促使行为人实施法律行为却不构成法律行为内容的动机这两种情形。例如，在买卖合同中，法律行为规则一般仅限于买卖标的物与价金的确定。法律秩序正是以此对作为合同类型的买卖合同的前提条件予以规定的，且人们在法律交往中也是以此对作为行为类型的买卖合同予以应用的。至于买方为何买入、卖方为何卖出，即动机，则不属于买卖这一法律行为的约定。原因即卖方的价金请求权和买方的标的物交付请求权产生的法律原因，是一方所获得的请求权以对待给付为前提。至于促使卖方或者买方订立合同的其他"原因"，通常不构成其所订立的买卖合同的法律行为的规则。"动机"属于"远因"，它不为法律行为本身所涵盖[2]。德国另一位学者尼佩代指出，我们将旨在引起给予的间接法律效果的意图称为给予的"原因"，它属于主观主义的原因概念，毫无助益，特别是它无助于理解抽象行为与无因行为。此外，就像纯粹的意图不会影响到法律行为的效果那样，它在任何情况下都不会对给予行为的法律效果产生任何影响[3]。到这里为止，我们就可以看到德国

---

[1] 沈达明、梁仁洁编著：《德意志法上的法律行为》，对外贸易交易出版社1992年版，第67页。

[2] ［德］维尔纳·弗卢梅：《法律行为论》，迟颖译，法律出版社2013年版，第185页。

[3] 转引自［德］维尔纳·弗卢梅：《法律行为论》，迟颖译，法律出版社2013年版，第179页。

法上的原因几乎与罗马法一致，也恰恰是法国传统原因理论的概念。

近年来，法国的原因理论有了新的发展，将动机也纳入原因的范畴中，即"对当事人缔约具有决定性的动机"，也成为原因的一部分，使得法国法的动机呈现出"二元制"现象，即主观原因与客观原因的二元结合。德国判例和学理面临同样的发展，原因理论从过去的抽象概念中摆脱出来，走向心理的、具体的动机领域。例如，德国学者尼波尔笛（Nipperdey）就指出，原因系指达到某项给付行为的法律效果的意图，即该给付行为的法律目的。由于达到某项目的同时是该给付行为的动机，所以，原因亦构成给付行为的法律基础[1]。德国判例和学理一致认为，一项法律行为的违法性和无效可能归责于标的、内容，当事人的动机、所追求的目的。判例从关于遗嘱的第2078条找到了依据，该条不加限制地承认动机错误的作用。德国联邦最高法院在1936年3月13日的一个判决中指出："引起法律行为无效的违法性应将法律行为的全部特征加以衡量，并考虑到造成该法律行为的特色的一切情况，即法律行为的内容、当事人的动机、当事人所追求的目的等，以确定这一法律行为是否抵触有公正、争议感的人的感情。"德国联邦最高法院在1951年3月5日的一例判决中又逐字逐句地重述了该判决的内容并明文加以援引，以表示判例在这一点上的连续性[2]。

---

[1] 沈达明、梁仁洁编著：《德意志法上的法律行为》，对外贸易交易出版社1992年版，第67页。

[2] 沈达明、梁仁洁编著：《德意志法上的法律行为》，对外贸易交易出版社1992年版，第67～68页。

三、要因法律行为与不要因法律行为

德国学理与立法与法国民法不同，其区分负担行为与处分行为（债权行为与物权行为），原因在这两种法律行为中也就不同。负担行为一般是产生债权债务的法律行为，而处分行为一般是执行或者落实负担行为的法律行为，它担负着物或者权利的直接变动，不仅涉及意思表示，还涉及处分权。

德国民法区分负担法律行为（包括债权行为）与处分法律行为（包括物权行为），也就是有因法律行为与无因法律行为。在负担行为或者有因法律行为中，原因包括在法律行为之中，为法律行为的内容，而处分法律行为或者无因法律行为则不需要原因。在这两种行为中，原因的"有无"之体现，会影响行为的法律效力。弗卢梅指出，按照法律秩序的规定，在抽象的法律行为中，给予的法律原因不属于法律行为的组成部分。反之，在有因法律行为中，给予的法律原因属于行为的内容。在我国的法律秩序中，所有权的转移属于抽象行为，而买卖合同则属于有因行为[1]。有学者指出：以任何物权或者债权法律行为的形式落实给付的法律行为，有些是要因的，有些是抽象的（无因或者称为不要因）。哪些是要因的，哪些是抽象的呢？这取决于法律行为说明为什么要给付的原因，是落实给付的给付行为的组成部分，还是处于给付行为之外。几乎所有属于债法的法律行为都是要因的。当事人之间就给付所作的约定只是在债法领域内成立为

---

[1] [德]维尔纳·弗卢梅：《法律行为论》，迟颖译，法律出版社2013年版，第181页。

双方当事人之一的利益的债权。给付行为和落实这种给付行为的法律行为合二为一，是要因的。相反，包含给付的处分行为，其说明为什么要成立这些法律行为的原因与作为这些法律行为的根据的原因是分开的。关于其原因的说明，表现在负担的法律行为中，该法律行为往往是合同，也可能是单方法律行为，学理称该负担的法律行为为基础法律行为。基础法律行为本身并不落实给付，为落实给付，需要成立处分行为。基础法律行为成立在处分行为之前，也可能与处分行为同时成立。处分行为的抽象性在于，基础法律行为所表明的作为基础法律行为内容的原因，是处于处分行为之外的，即与处分行为无关。处分行为的抽象性产生以下结果：基础法律行为的无效对于处分行为的效力不产生影响[1]。

上述文字听起来甚为晦涩，如果通俗地解释，可以如此理解：区分一个法律行为是要因的还是不要因的，就要看其原因是包含在该法律行为的本身内，还是在该法律行为之外。如果该原因包含在法律行为之内，是其本身的组成部分，那么，它就是要因法律行为；反之，如果该原因处在法律行为之外，不是其本身的组成部分，它就是不要因的。在债法中的负担行为，因双方给付义务的对等性，很明显，负担义务的原因处在该负担行为之内，即任何一方当事人获得对方的给付的对价是对对方进行给付。故一般都说，负担行为（或者债权行为）都是要因的。相反，在处分行为（即转移所有权的行为）中，因双方仅仅就交付所有权及对方在接受所有权的意义上达成合意，至于为什么转移所有权，并不在该合意之内，而是在该转移所有权的法律行为之

---

〔1〕 沈达明、梁仁洁编著：《德意志法上的法律行为》，对外贸易交易出版社1992年版，第68~69页。

外的负担行为中（基础法律行为中），因此是无因的或者抽象的。由此可见，只有在德国法上区分负担行为与处分行为的体系内，才能作出这样的解释。而法国的原因理论则不能如此解释。以买卖为例来说明：一个买卖分为两个部分：①负担行为。买卖合同是双务合同，卖方允诺转移动产或者不动产的所有权，以买方支付价金为对价。这是一个债的法律行为，只产生相互的债权，并且相互构成原因，原因就包含在该法律行为之中，是一个要因的法律行为，但不实际转移买卖标的物的所有权。②处分行为。由于买卖合同本身不产生转移买卖标的物所有权的效力，要落实负担行为中双方的义务或者实现双方的权利，从而达到买卖的目的，必须有一个发生实际转移所有权的行为，该行为就是处分行为。该处分行为实际上是与买卖合同这一基础法律行为相联系的，出卖人之所以要转移买卖标的物的所有权给对方，是为了从对方取得价金；而对方之所以支付金钱，也是为了从对方取得物的所有权。但这一目的（原因）并不表现在处分行为之中，不是处分法律行为的组成部分，而是在基础法律行为——买卖合同中。处分行为仅仅是就转移买卖标的物的所有权达成合意并交付或者登记。就如有的学者所指出的："尽管处分行为是执行承担债务的行为，但分离达到这样的程度：处分行为一般不提起那个承担债务的行为。"[1]不仅如此，按照德国法，如果买卖合同无效，转移所有权的原因也就不存在了，却不影响所有权转移的效力，因此是不要因的。只能根据另外的制度——不当得利寻求平衡性救济。

---

[1] 沈达明、梁仁洁编著：《德意志法上的法律行为》，对外贸易交易出版社1992年版，第71页。

第六节　对原因作用的总体评价及其与我国债法的关系

一、对原因作用的总体评价

在市民社会中，最常见的情况是：一个人负担某种义务或者为某种财产给付，都必须有一个原因，来说明他为什么要这么做，因此，对于原因的立法规定和司法要求，绝对不是无病呻吟，而是法律世界的生活要求。就如德国学者所指出的，罗马法简明扼要阐述的合同原因问题，不论各国法律针对这一问题作出何种具体规定，这一问题都是存在的。因为给付的允诺原则上尚需一个使允诺对方当事人基于允诺而对允诺人享有的请求权具有正当性的法律原因。至于允诺的法律原因是作为法律事实的构成而成为允诺行为的组成部分，还是允诺的法律效力独立于其法律原因，这一问题仅属于对法律秩序所认可的给具有法律拘束力的允诺以法律技术上的安排问题[1]。因此，可以说，无论是英美法系的约因还是大陆法系国家的原因，其大致的作用是相同的，都是在说明义务或者损失的正当性，同时也有限制意思自治的作用。

罗马人通过对原因的强行性规定，达到控制交易关系的类型，从而实现契约类型的强制性。例如，上面提到的，罗马法一

---

[1] [德] 维尔纳·弗卢梅：《法律行为论》，迟颖译，法律出版社2013年版，第186、191页。

直不承认"互易契约"的法律效力，因为它与买卖契约不同，也就是说，这种交易类型不被承认。正如德国学者所指出的，从这一角度看，罗马法的规则似乎很原始，然而，罗马法通过对合同类型的限制达到了两个基本目的：其一，明确区分了具有法律拘束力的法律行为约定与那些未能形成具有法律拘束力的债的关系的允诺。此外，它使合同内容轮廓清晰，因为它由法律秩序确定的某一合同类型应当具备的内容所决定。其二，大部分债权合同的法律问题源自那些合同当事人未就其予以约定却对债权关系产生影响的情形。此处所涉及的是所谓的"自然属性条款"：正如罗马人所做的那样，如果人们将债法上的合同自由仅仅限于缔结那些为法律秩序所认可的、其内容由法律秩序所确定的合同的自由，那么人们可以按照类别来拟定自然属性条款并对其进行一般性地规定[1]。这里所谓的"自然属性条款"，实际上就是某类合同通常的条款，如果当事人不约定，法律也可以进行补充，也就是我们民法学术语中的"合同的常素"。

什么才是我们所说的债因或者原因呢？它是客观的还是主观的？动机、标的物等是如何被纳入原因理论中的？

从对罗马法的考察，我们可以看出，罗马法上的债因其实就是指某种法律关系，或者说某种给付与对待给付所体现出来的抽象关系，而不是指给付物本身。例如，买卖契约就是一方交付买卖标的物，而对方交付金钱。而互易之所以不被承认，就是因为它不是这样的交易关系。因此，罗马法上的原因不是指具体标的，因而是抽象的、客观的。但到了《法国民法典》《德国民法

---

[1] [德]维尔纳·弗卢梅：《法律行为论》，迟颖译，法律出版社2013年版，第193页。

典》就产生了很多争议，甚至解释为目的、动机，有时还是目的与动机的结合体。为什么会有这样的变化？

我们必须坚持原因的正确概念和本来的作用，把不是原因作用的东西放在原因之外来解决。就如德国学者所指出的，让原因由法律行为决定，与动机严格区别。动机乃由行为人决定，法律行为规则通常仅限于确定标的物与价金。这样，法律把买卖契约作为一种契约类型，并且交易中通常将买卖契约作为一种行为类型。因此，买受人之所以买和出卖人之所以卖，即动机，不属于买卖这一法律行为协商一致的范围之内。我们的法律规则所规定、交易实践中所存在的正是如此。原因，即出卖人请求支付价金以及买受人请求交付标的物的法律基础，是对待给付[1]。因此，原则上，每一个当事人的缔约动机不会影响到合同的法律效果，这是因为它并没有构成合同约定的一部分，即它没有构成给付与对待给付规则的一部分。即使合同一方当事人将其缔约动机告知另一方当事人，该动机也不能因此成为合同的内容。例如，当家具的买方告诉卖方他为女儿置办嫁妆而购买家具时，他不能因为女儿婚事的取消而拒绝受领货物并拒绝支付价款。女儿的婚事不构成买卖合同的原因[2]。图勒认为，原因是直接决定给予的法律意义的目的，该目的之外的目的乃是动机。法律目的（即原因）区别于引起当事人进行此行为的实际动机[3]。我国台湾地区学者王泽鉴先生的概念非常准确：任何一个交易，除了个人

---

〔1〕 转引自田士永：《物权行为理论研究》，中国政法大学出版社2002年版，第285页。

〔2〕 [德] 维尔纳·弗卢梅：《法律行为论》，迟颖译，法律出版社2013年版，第202页。

〔3〕 田士永：《物权行为理论研究》，中国政法大学出版社2002年版，第284页。

第三章 债法体系中的债因与自然之债

的主观目的之外，都有其所企图的典型交易目的，典型交易目的也就是给予实现的法律效果，该法律效果决定给予法律性质及其法律适用。法律行为原因是基于给付所欲实现的通常的典型交易目的[1]。这种所谓的"典型交易目的"，实际上就是强调某类交易的原因的客观性。不能用"目的"来解释或者替代"原因"，原因实际上不是当事人的交易目的，而是某一类合同的客观目的或者称为客观效果。需要强调的是：①原因是某类合同交易关系的客观表彰物——给付与对待给付，但原因并不关心这种标的物是什么。例如，买卖合同仅仅关心给付和对待给付是物与金钱，具体什么钱和具体什么物，并不是原因所关心的东西。因此，原因仅仅关心"形式"上的东西，因而具有客观性。②这种客观性使对人们的行为的评价变得容易和公正，减少法官的主观任意性。

法国现代学理与判例这种做法在与契约自由原则的配合方面是值得赞同的，但在逻辑性方面难以统一，因此，也就存在争议。我认为，必须把动机、具体的标的、内容违法等对合同发生影响的因素排除在原因的大门之外，寻求其他法律救济。"原因"只存在"有或者无"的问题，并通过有或无的判断来影响合同的效力，根本不存在违法问题。合同的标的、动机、内容等违法也是影响合同的效力的因素，可以直接通过违法来否定合同的效力，没有必要将其放在原因中来。例如，买卖毒品的合同是有原因的，符合"给付与对待给付"的客观表现形式，因此，不能从原因的缺乏来影响其效力。但是，可以通过标的物违法来否定其效力。

---

[1] 王泽鉴：《民法学说与判例研究》，中国政法大学出版社1998年版，第259页。

二、原因与我国债法

从上面各国关于原因的学理和立法，我们看到，原因主要在合同效力的"客观化"的正当性说明中起限制作用。也就是说，契约是当事人意思表示一致的产物，这本身就是对合同效力的理性说明，无论在今天还是在任何理性时代，似乎都是不证自明的道理。但合同的基本作用在于交易，仅仅有意志不能彻底完成这种物质性的交易。这一点，自罗马法就非常清楚，意志不能产生债的效果。"原因"恰恰就是对合同义务存在的正当性作出的客观性说明，即我之所以对你承担财产性义务，是因为有客观性目的，否则，仅仅是"我愿意"不能说明法律赋予你对我主张义务的正当依据。双方都有所"求"，才构成交易的对应性，双方的义务才有了相互依存的物质基础，法律对这种义务采取强制才有充分的理由。

上述原理，无论对于法国法还是德国法，都是普遍适用的。但由于两国的法典构造模式不同，在具体说明和适用上也就不同。由于法国法不区分债权与物权，也就无负担行为与处分行为的区分，有关财产的行为是一致的。合同的原因本身就是合同的一部分，法国民法上所谓的"合意"，就是主观正当性的说明。同时，原因也是支持其义务存在的客观基础，也成为客观性正当性说明。而在德国，由于其区分负担行为与处分行为，所以在负担行为中的原理与法国一样；而在处分行为中，原因不是行为的组成部分，因此是无因的。但并不是原因不起任何作用，由于缺乏原因，构成取得人的不当得利。即在处分行为中，仅仅有双方转移所有权的合意，从而构成权利义务的主观正当性说明；由于原因处在行为之外，其客观正当性要依赖外在的原因来说明。但这一客观性原因不影响行为本身的效力，仅仅是因缺乏原因而导致取得物不能保有，从而负有不当得利的返还义务。

原因理论在我国又如何呢？我国的学理和司法非常强调意志的作用而忽略原因，即仅仅注重行为的主观正当性而忽视客观正当性。但从我国的法律制度层面看，却不缺少对原因的正面规定。例如，我国《合同法》第66条规定的"同时履行抗辩权"[1]、第67条规定的"先履行抗辩权"[2]、第68条规定的"不安抗辩论权"[3]、《最高人民法院关于适用〈中华人民共和国合同法〉若干问题的解释（二）》规定的"情事变更"[4]等，都与原因有关，而与合同的约定不同，是对于原因的认定。也就是说，法律在这里关注的，不仅仅是双方达成了什么样的合意，而是关注合意背后相互的义务（原因）是否存在，以及是否严重不对等。如果原因不存在了，或者原因有不存在的危险，或者原因

---

[1]《合同法》第66条规定："当事人互负债务，没有先后履行顺序的，应当同时履行。一方在对方履行之前有权拒绝其履行要求。一方在对方履行债务不符合约定时，有权拒绝其相应的履行要求。"

[2]《合同法》第67条规定："当事人互负债务，有先后履行顺序，先履行一方未履行的，后履行一方有权拒绝其履行要求。先履行一方履行债务不符合约定的，后履行一方有权拒绝其相应的履行要求。"

[3]《合同法》第68条第1款规定："应当先履行债务的当事人，有确切证据证明对方有下列情形之一的，可以中止履行：①经营状况严重恶化；②转移财产、抽逃资金，以逃避债务；③丧失商业信誉；④有丧失或者可能丧失履行债务能力的其他情形。"

[4]《最高人民法院关于适用〈中华人民共和国合同法〉若干问题的解释（二）》（法释〔2009〕5号，2009年2月9日最高人民法院审判委员会第1462次会议通过）第26条规定："合同成立以后客观情况发生了当事人在订立合同时无法预见的、非不可抗力造成的不属于商业风险的重大变化，继续履行合同对于一方当事人明显不公平或者不能实现合同目的，当事人请求人民法院变更或者解除合同的，人民法院应当根据公平原则，并结合案件的实际情况确定是否变更或者解除。"

严重不对等，法律就要给予救济。

第七节　原因或者债因与自然之债的关系

一、债因与法定之债及自然之债、非债的关系

"债因"从历史上看，实际上是民法（具体就是债法）调整的社会关系的范畴，也即哪些社会关系应纳入民法债的规范范围内的问题。那些不被民法债法规范纳入其调整范围内的社会关系就不具备"债因"，从而在民法上不具备债的效力。

也正是在这一意义上，债因与自然之债有了本质的联系，正是债因将自然之债与一般民事债（法定之债）相区别：民事债是具备民法债法所承认的债因的，例如，因合同所生之债、因侵权所生之债、因无因管理所生之债、因不当得利所产之债、因缔约过失所生之债等，因这些事实所发生的特定人与特定人之间的权利义务关系为民法上的债的原因，从而被定性为"法定之债"。而"自然之债"虽然也具有债因，但其债因却与民事债不同：其所反映的社会关系恰恰是民法债法所不承认纳入自己调整范围的社会关系，也即非民事债的法律关系，而是在民事债的法律关系之外的"次民事债之法律关系"，民法不承认其具备现实的保护力，也不一般地承认其具有民法上的效力。因而，表现出来的就是不具备民法上的请求权的全部要素，故德国民法及我国台湾地区"民法"称之为"不完全债"。因而，正常情况下，它被排斥在民法救济的大门之外。但由于这些自然之债也是有"债因"的，故一旦履行就不得反悔，所以，民法虽然不保护其实现，但却拒绝反悔。因为义务人实际上对债权人是有义务的，只不过，

这些义务难以上升到民事权利义务的高度，对社会并不具有极其重要的意义和价值，故将其放逐到"民事法律关系之外"，但一旦履行，即不得反悔。就如德国学者所言，自然债务满足了法律义务的所有前提要件，自然债务涉及的是人与人之间的关系，其内容决定了这种债务是无法拒绝的。自然债务向其权利人提供了对履行的一项相对主观权利，民法债务和自然债务的义务地位是相同的，自然债务作为一种法律义务，其缺乏强制执行权限和自愿履行之间并不冲突。和民事债务一样，自然债务也存在所谓的客观上的债务原因[1]。可以看到，自然之债只具有一般民事债的某个效力：履行后的保有之正当性。只有在这里与民法规范有关，其他则与民法规范无关。并且，从这里将其与"不当得利"相区别。同时，也将其与"赠与"相区别，从而不适用赠与的规则。因为，一旦将其视为赠与，则义务人的许多抗辩将会对自然之债的债权人不利。

但在自然之债的确定中，即在如何确定一种社会关系是否属于自然之债的问题上，是一个很值得研究的问题。也就是说，什么是一般民法上的债的债因，什么是自然之债的债因，什么是二者之外的社会关系，需要认真区分，特别是从法律关系之外的道德或者良心、宗教义务中确定为自然之债的债因，究竟应交给立法解决还是司法甄别，至少在我国是一个重大的问题。例如，非婚同居者之间的权利义务问题，是否是一个自然之债的问题，就值得思考。例如，我国最高人民法院在关于"民间借贷"的利率问题上，将24%～36%之间的利息部分确定为自然之债，

---

[1] Goetz Schulze, Die Naturobligation: Rechtsfigur und Instrument des Rechtsverkehrs einst und heute-sogleich Grundlegung einer Forderungslehre im Zivilrecht, Mohr Siebeck, 2008. pp. 240~241.

就是一个很好的例证。以此，我认为，这种区分和甄别的工作应交给司法裁判而非立法规范，但立法必须为自然之债留出必要的空间。

二、债因在区别自然之债及赠与中的作用

赠与和自然之债的债因方面有无相同或者相似之处？这种对比非常具有意义，因为有些自然之债的表现形式可能就是赠与的形式，例如，同居者之间的赠与，表面看起来是赠与，但实际上这种赠与与一般的赠与之间可能是不同的。

我们先来看一下罗马法上的赠与。赠与在罗马法上被定义为："某人（赠与人）出于使另一人（受赠人）受益的单纯意图向后者彻底转让包含在自己财产中的财产性权利的无偿原因。"赠与要求不存在任何要求清偿的原因，即便是简单的自然债务，因为赠与不应当是一种清偿[1]。在罗马法上的契约类型中，至少在文字契约、实物契约、合意契约和无名契约中都不包括赠与契约在内，那么，赠与契约在罗马法上是通过什么方式来进行的呢？在罗马法中，赠与受到一种颇为严格的制度的调整。为使赠与有效，直到君士坦丁时代，要式买卖和拟诉弃权这些形式都仍然保留着重大的意义[2]。这就很好地说明了为什么在现在的这些文献中没有看到罗马人论述赠与的债因的原因，因为在罗马法上，形式大于一切，只要是合乎形式的契约，即无论是通过要式

---

[1] [意] 彼德罗·彭梵得：《罗马法教科书》，黄风译，中国政法大学出版社1992年版，第410页。

[2] [意] 彼德罗·彭梵得：《罗马法教科书》，黄风译，中国政法大学出版社1992年版，第412页。

第三章 债法体系中的债因与自然之债

口约还是拟诉弃权，只要符合形式就产生债，在这里，债因是不需要的。因此，讨论赠与的债因在罗马法上是多余的，如果不通过这些法定形式的赠与，即使有债因也不被法律认可。

赠与的这种形式性要求，直到希腊—罗马时代，才有所改变，在这一时代，要式买卖与拟诉弃权的形式消失，人们成功地建立了一种并不完全阻碍赠与但又要求深思熟虑和实际执行的制度——制作书契并在公共登记簿上注册。这种实践在君士坦丁时代得到承认，它形成了"登记"手续。《优士丁尼法典》规定：超过500 solidi的赠与均需要登记，在一定限度内多次进行的赠与，只要每次不超过500 solidi，也无需登记。君主赠与、将军向士兵赠与动产、为重建被拆除的房屋或者为解放奴隶而实行的赠与、为帮助妇女设立嫁资而实行的赠与，也无需登记。但是，配偶之间的赠与是绝对禁止的[1]。

赠与的原因或者说债因是什么呢？对此学者之间存在争议。从法国法开始，由于原因概念的模糊性，使得法国对原因的争议十分激烈。一派观点认为，赠与的原因是动机（例如，多马就是这种观点，反原因派也持这样的观点。这种观点也得到了德国学者弗卢梅的肯定[2]）；另一派则认为，恩惠契约的原因就是恩惠本身。我国台湾地区学者王泽鉴先生认为，无偿增加受赠与人的财产，即是赠与的原因[3]。

我同意法国传统原因理论关于赠与原因或者债因的观点，即

---

[1] [意]彼德罗·彭梵得：《罗马法教科书》，黄风译，中国政法大学出版社1992年版，第413页。

[2] [德]维尔纳·弗卢梅：《法律行为论》，迟颖译，法律出版社2013年版，第202页。

[3] 王泽鉴：《民法学说与判例研究》，中国政法大学出版社1998年版，第259页。

王泽鉴先生的观点，赠与之所以是赠与，就是因为赠与所反映的客观关系——债因是不同的：买卖合同的债因是一方交付货物而另一方交付金钱；互易合同的债因是一方交付实物而另一方也交付实物；而赠与合同的债因则是一方给付而另一方无偿取得利益或者权利。这恰恰就是差别。如果将动机作为合同的债因，将难以区分合同的类型，而且往往把主观的因素带进合同解释，造成更多的任意性。例如，甲出卖某一物品给A，动机是甲认为A需要这种东西而且想通过出卖给A而帮助他，而乙赠与给A某物，也是想通过赠与而帮助他。虽然甲是出卖，乙是赠与，但动机都是相同的，那么，买卖和赠与的区分就难以通过债因来区分。因此，我认为，法国立法和学理上的争论，实际上是混淆了债因与合同正当原因所导致的。因为到了《法国民法典》，契约自由成为一个普遍的原则之后，罗马人想通过债因来控制债的产生与人之间的意思的立法宗旨已经不再存在了，恰恰相反，法国人是想通过合同的正当原因来控制人们的意思自治，而不是控制契约同债之间的关系。因此，法国立法和学理更多关注的恰恰是合同效力本身。

我们现在可以通过"债因"来分析一般民法上的债、自然之债与赠与、不当得利之间的关系：民法上的债是具有民法上认可的产生债的债因的交易关系；赠与虽然具有民法上的债的债因，但与一般民法上的债之债因不同，是无偿取得。自然之债的债因恰恰处在民法上的债与赠与之间：赠与是指在赠与人与被赠与人之间没有任何义务关系，而民法上的债是双方具有显然的民事权利义务关系；而自然之债的双方有一定的权利义务关系，因而不同于赠与；但这种权利义务关系又不被民法承认为一般的债的关系，但民法虽不认可其具有一般债的关系，但却承认其具有较弱的债的关系,即义务人一旦履行即不得反悔,也不得请求不当得利返还。由于赠与和自然之债一样,具有法律承认的债因,所以,它们一旦被履行即不得视为不当得利。但是,赠与虽然具有债因,其正当原因确实是值得思考的一个问题:它恰恰是民法上正当原因的例外——一方获得而没有任何付出,一方付出而没有所得,这是不平衡的、不正当的,很有可能被列为无正当原因。但是,这时有两个因素抵消了这种不正当:①赠与人的动机——恩惠或者其他;②形式。从罗马法开始,就要求特别的形式,要么是要式,要么是拟诉弃权,即使到了最后的发展阶段,也要求登记。到今天,欧洲大部分国家对赠与的要求都要有公证(例如,《法国民法典》第931条、《德国民法典》第518条都要求公证是赠与合同生效的要件)。在我国,虽然不要求公证,但也作为一般合同的例外处理:只要没有转移财产,就可以随时撤销赠与。

明知无债务而给付,为赠与,排除不当得利[1]。

三、债因与合同的正当原因的区别

其实,罗马人是区分"债因"与"合同的正当原因"的,这一点深深影响了《法国民法典》,前面我们提到,法国法院是区分合同的原因与债的原因的。

意大利学者指出,任何法律事实的本质层次都意味着主体与其他成员处于这样一种关系之中:无论法律后果对其有利还是由

---

〔1〕 [德]维尔纳·弗卢梅:《法律行为论》,迟颖译,法律出版社2013年版,第197页。

其负担，它均不表现为不公正，也就是说不损害任何人。不言而喻，这是根据一定的立法标准以及立法所代表的一定的法律意识作出的判断。也就是说，适法行为的正当原因实际上是要求行为后果不损害他人权利，可以说是针对私人意思的法律意思（法律强制）。它是同他人或者同社会共同体的所有成员的关系，它使适法行为所产生的后果（权利取得或者丧失）合法化。例如，"先占"是一个法律事实，它使人取得所有权，但这种后果只产生在法律确定的情况中，也就是当物不属于任何人，因而任何人不会因此而受到损害时。法律行为因此而区分为适法行为与非法行为，非法行为是指在法律上不正当的行为，而在适法行为中，人的意思在法律规定的限度内活动，并且法律所承认的后果或多或少是主体所追求的目的，而在非法行为中，人的意思却违背法律的规范，因而法律后果与被追求的目的相抵触。因而，适法行为可以被定义为："法律在其规定的条件和限度内承认能够产生主体所期待的法律后果的意思表示。"因而，在适法行为中需要区分两项要件：主体的意思和事实或者客观条件，所期待的后果因该条件而受法的保障。这种条件被罗马叫作"正当原因"[1]。适法行为的无效是多种多样的，例如，行为缺乏某项基本要件，以致法律既不承认它，也不保障它的结果[2]。

区分契约的"债因"与"正当原因"的意义何在呢？我们可以举一个例子来说明罗马人区分的意义：一个成年人与未成人订立买卖契约是具有债因的，这种契约不违反债因的规定。但是，

---

[1] [意] 彼德罗·彭梵得：《罗马法教科书》，黄风译，中国政法大学出版社1992年版，第57~59页、第66页。

[2] [意] 彼德罗·彭梵得：《罗马法教科书》，黄风译，中国政法大学出版社1992年版，第68页。

法律不允许未成年人独立订立超出其行为能力的契约，因而，契约是效力待定的，是缺乏正当原因的；买卖毒品的合同是有债因的，但是，由于毒品买卖为法律所禁止，因而缺乏正当原因，是不适法的行为，因而在与社会其他成员或者社会的关系上是有害的，因而是不能生效的。因此，可以说，正当原因的作用是控制法律行为本身的效力问题，而债因则是控制结果的。债因只是"有或者无"的问题，而正当原因则是合法非法的问题。

那么缺乏正当原因与缺乏债因的其他法律后果是什么呢？我们来分析两个例子：

1. 当实施给付或者允诺是为了使他人不实施不道德的和不法行为时，例如，A 与 B 订立合同，约定：只要 A 不伤害 B，B 每年支付给 A 100 万元。这里是缺乏债因还是正当原因？后果是什么？

2. 当人们要求返还根据任何一种不存在的或者已经终止的关系而为给付时，缺乏的是债因还是正当原因？例如，A 本来欠 B 1000 元，其子 C 已经替代 A 进行偿还，A 不知道此事，又进行了偿还。这时，是因为缺乏债因还是正当原因？

第 1 种情况下，应该是"债因"存在问题，这种"交易关系"不属于法律允许的交易类型，因而这种行为不能产生民法上的债。如果因此交付了金钱，可以请求返还。但是，如果 B 明知如此而为之，则可以视为赠与。

第 2 种情况下，债因是没有问题的，但是，这种"非债清偿"破坏的是双方当事人之间的权利义务平衡，应属于正当原因存在问题。也就是意大利学者所指出的，这种情况一般因取得的近原因偶然地同一个在法律上不存在或者无效的远原因相结合而发生。在这种情况中，虽然对物权或者债权的取得受到承认，但是，人们允许受害者为从另一方获得对财产增加部分的返还而提起诉讼。产生这种债和诉讼的某些事实同实物契约很相似，但是，应当加以注意的是债因，注意使债合法化的客观关系，即由当事人一方取得而由另一方付出的财产增加[1]。

如果按照德国民法的规定，上述两种情况都属于不当得利的问题，但对法律行为本身的影响是不同的。

---

[1] [意] 彼德罗·彭梵得：《罗马法教科书》，黄风译，中国政法大学出版社1992年版，第398页。

第四章 自然之债与债法体系

——民法中应然与实然意义上的自然之债

第一节 自然之债在现代债法中的意义及其价值

一、自然之债在民法中的价值之争与规范模式

在民法理论及民法典体例上，关于债法如何规范自然之债的问题上，存在"四种学说"和"两种模式"。这"四种学说"为否定说、肯定说、不完全债权替代说及折中说；两种模式是直接规范与间接规范（不完全债权替代）。

（一）四种学说

在我国，"否定说"以前辈学者黄右昌为代表，现代学者也有主张者。黄先生认为，罗马法之所以承认自然债务，一是由于当时法律不完备，二是由于存在特殊的家庭制度。现代的情形与罗马法远远不同，在现代编纂民法典时，如果存在法律应保护价值的，都应认为有诉权的债权，以使其完全有效。而如果没有法律保护价值的，即可不认为是债务，没有必要保留无强制力的自然债而滋生烦扰。而且，法律行为自由是现代债权法上的原则，

如果当事人意思表示真实,就产生法律行为的效力。所以,当事人之间约定履行某种义务的,其义务常常是有效的,不必再去依据自然债。比如,当事人不想援用时效去主张债务消灭,而与债权人仍然约定归还的,就可以认为有负担义务的意思,属于有效的义务[1]。张广兴教授也持否定的观点[2]。

"肯定说"以法国立法及学理为代表[3]。日本学者我妻荣也持肯定的观点,他认为,日本旧民法对自然之债有详细规定,而(现行)民法中无相应规定。学说中,否定说为多数说。其后,肯定说渐强,现代判例对此予以承认。在今日,通说及判例都以债权原则上具有诉权及强制执行力,抛弃了欠缺两点之债权作为例外或者个别的处理态度,对于债权的效力认识到存在差异,努力作出统一的解释[4]。

"不完全债权替代说"以《德国民法典》及德国学理为代表。《德国民法典》未直接规定"自然之债",而是通过对请求权效力的阻却而赋予债务人以不履行之权利,来达到与自然债务相同的效果,即将自然之债的债权人之债权定义为"不完全债权",从而使债权无强制执行力。德国学者梅迪库斯指出,如果债权人不享有债权的全部权能,则可将这种债权称作不完全债权。但在多数情况下,这一称谓(以及常常同义使用的"自然债务"一词)仅限于法律否定有债务存在的情况。依《德国民法典》第762

---

[1] 黄右昌:《罗马法与现代》,中国方正出版社2006年版,第281页。

[2] 张广兴:《债法总论》,法律出版社1997年版,第35页。

[3] 参见[法]雅克·盖斯旦、吉勒·古博:《法国民法总论》,陈鹏等译,法律出版社2004年版,第687页;罗结珍译:《法国民法典》,法律出版社2005年版,第949~950页。

[4] [日]我妻荣:《新订债权总论》,王燚译,中国法制出版社2008年版,第61页。

条、第764条和第656条，赌博、差额交易和约定婚姻居间报酬均不设定债务。但是，对于因此种原因所为的给付，不得以不存在债务为由而请求返还。就是说，在这种法律关系中，债权人不得请求给付，特别是可诉请履行性。[1]

我国台湾地区"民法"虽从《德国民法典》，对自然之债也采取"不完全债权替代说"，但有学者对此持有折中态度，例如，王泽鉴教授就认为，自然债务这一概念，有时用于不能依诉讼请求的给付义务；有时指基于道德上义务的债务；有时指因不法原因而生的债务；有时更不加以区别，兼指诸此各种情形。用语分歧，殊失原义，实不宜再为使用。倘若使用，亦须明辨其究竟指何种情形，尤其应避免由此而导出的不合理推论[2]。王先生的上述论断可以有两点理解：①自然之债最好是不要使用，如果使用的话，也应明确其具体含义，避免概念上发生分歧。因而，可以认为，先生的态度是折中的。②先生的上述否定理由似乎不十分充分：如果不用"自然债务"而使用"不完全债务"，是否就能够解决先生所说的"时而指东，时而指西"的问题呢？不完全债务似乎也是一个与自然债务十分相似的概念，不是指一种情况，而是指多种情况，更像是一个大箩筐。

（二）法典之立法模式

综观大陆法系具有代表性的民法典，其立法模式大概可以分为两种：一是德国式的（间接规定，以不完全债权替代），二是法国与意大利式的（直接规定）。

《德国民法典》的模式是：不明确规定自然债务，也没有

---

〔1〕 [德]迪特尔·梅迪库斯：《德国债法总论》，杜景林、卢谌译，法律出版社2004年版，第19~20页。

〔2〕 王泽鉴：《债法原理》，北京大学出版社2009年版，第20页。

一般性的规定，而是在具体制度中个别处理。虽然从《德国民法典》的第二编（债务关系法）之第四章（各种债务关系）的第19节"不完全债务"（第762~764条）看，似乎是对"不完全债务"作出一个概括性规定，但实际上却不是这样[1]，实际上是对赌博、打赌和射幸合同等的具体问题的规定，而不是一般性规定。另外，通过第214条第2款、第814条对具体的自然债务作出个别化处理。我国台湾地区现行的"民法"体系就是德国式的。

《法国民法典》及《意大利民法典》的模式是"一般规定+具体的个别化处理"模式，即首先规定一个关于"自然债务"的概括条款，然后再在具体条文中规定个别化处理的规则。《法国民法典》第1235条第1款规定："清偿必须以债务为前提，无债务而清偿者，得请求返还。"该条第2款规定："对于自然债务作自愿清偿者，不得请求返还。"这里实际上指出了两点：①自然债务不是民法上的债务；②即使对于这种不是民法上债务的自然债务，一旦自愿清偿即不得请求返还。从《法国民法典》的总体结构看，第1235条所在的位置，大概相当于"债法总论"的位置。在第1965~1967条的"射幸契约"中又有具体的个别化处理。从《法国民法典》的结构看，其位置相当于债法分论。

《意大利民法典》也采取法国模式，在其第四编"债"中的第七章"非债给付"中专门规定了"自然之债"，而且在具体的各种债中，对各种具体的自然债务作出个别化处理，如第1933~1935条规定的赌博与博彩、第940条规定的时效届满后的债务

---

[1] 如果是这样的话，它与法国法就没有实质的差别，仅仅是如何称呼自然债务的问题了。

等。荷兰民法也从之,《荷兰民法典》第六编第一章第一节第 3 条就明确规定:"有下列情形的债为自然之债:a. 因法律或者法律行为丧失可强制执行性;b. 一方对另一方负有不可推卸的道德义务,尽管在法律上不可强制执行,但按照一般观念应认为另一方有权获得该项给付的履行。"[1]

二、对自然债务的意义及立法体例之我见

如果要对于上面的两种模式和四种学说作一个简单的评价的话,我觉得,否定说所坚持的对自然之债的理解,与我们在这里讨论的自然之债可能语义上有重大差别,因此,就难以讨论其可行性。不完全债权替代说、折中说实际上是承认有自然之债这种现实存在的,只是以什么名义来规范的问题:是冠以"不完全债权"还是用"自然债务",即直接规范还是间接规范的问题。像《德国民法典》中,其实也是有对自然之债的规范制度的,仅仅是不称之为自然债务。这恐怕与《德国民法典》及德国关于债的理论有关系,因为德国债法是以"请求权"为核心建构起来的,因此,合同与侵权可以放在"债法"中加以分析规定,因为它们的结果都产生"请求权"。就如有的德国学者所指出的:"人们很容易将同种类的法律后果归结到同样的法律基础之上,以满足教义学的体系构造。"[2] 茨威格特也指出,债法是关于"债的"权利的,它是某人基于契约、不当得利或者侵权行为而获得的,只

---

[1] 参见王卫国主译:《荷兰民法典》,中国政法大学出版社 2006 年版,第 161 页。
[2] [德]弗兰茨·比德林斯基:"损害赔偿中的共同行为",李云琦、吴训译,载王洪亮等主编:《中德私法研究(第 12 卷)》,北京大学出版社 2015 年版,第 54 页。

是针对特定人的一种请求权[1]。对于自然债务，如果从阻却请求权的角度看，无疑也是正确的。但法国式的规范方式也有其优点，将自然债务统一规定，以利于对自然债务的整体把握，然后再分别规定，更利于理解和司法。因为：

（一）在债法总论部分或者相当于总论部分的位置规定"自然债务"可以为裁判提供依据

许多反对将自然债务直接规定于债法的学者的一个重要理由，就是它不能为请求权提供法律上的基础，因为自然债务本身就不具备法律上的请求效力，即使履行了，也仅仅是消极保有。我们必须承认，这种观点无疑是非常正确的。因为，法律规范的一个重要功能就是为请求权提供法律基础。但是，这不是规范的唯一功能，在此之外，规范还有其他功能，支持一项反对请求权的抗辩也是其功能，也是可以作为裁判规范来适用的，至少是辅助性规范。例如，我国《合同法》第117条就是关于"不可抗力"的抗辩规定，第68条是关于"不安抗辩"的规定等。在任何一部法律中，这种辅助性规范很多。有关自然债务的规范也具有对已经履行者的返还请求权的阻却功能，不仅是可以规定，而且有必要规定的。《法国民法典》第1235条就具有这样的裁判性功能。

（二）对自然债务作出正面且一般性规定符合当代社会需求

1. 使用"自然债务"这一术语既符合传统，也符合中华人民共和国成立以来的习惯用法。说到传统，自罗马法以来，自然债务就是一个通常的用语，《法国民法典》就是采用这一称呼。只是到了《德国民法典》才改用"不完全债务"，但后世大陆法

---

〔1〕［德］K. 茨威格特、H. 克茨：《比较法总论》，潘汉典等译，贵州人民出版社1992年版，第269页。

系国家采用"自然债务"这一术语的要远远多于采用"不完全债务"这一术语的国家。从我国历史上看，1929年的《中华民国民法典》从《德国民法典》，称为"不完全债务"，但我国台湾地区学理上仍然有许多人反对这一称呼。中华人民共和国成立之后，我国的民法教科书一般都采用"自然债务"或者"自然之债"，少有使用"不完全债务"者。因此，无论从罗马法传统，还是我国习惯，还是使用"自然债务"或者"自然之债"更好。另外，采用"自然债务"或者"自然之债"更符合这些债务自身性质。

2. 对自然债务作出正面且一般性规定符合当代社会的多元化需求。当今社会的道德标准已经多元化，对法律的诉求也呈现出多元化。例如，过去社会中的非婚同居被视为违反善良风俗，因而其相互之间的权利义务并不为法律所正视，不仅中国如此，几乎整个欧洲国家也是如此。而如今，大部分欧洲国家的法律无不正视这一问题，关注这种至少是具有社会或者道德义务的人们之间的相互关系在法律上的地位，大部分自然债务其实就是这种社会关系与法律的碰撞。以前的法律是这样的：要么是债，要么是非债。这种非此即彼的做法已经不能适应当今社会，需要一种缓冲。自然债务其实就是这种非此即彼的中间地带：自然债务仍然不属于法律上的义务，游离于法律上的债权债务关系之外。但一旦履行，就受到法律上的保护。例如，我国《最高人民法院关于审理民间借贷案件适用法律若干问题的规定》中，涉及约定利率在24%~36%之间的利息部分就属于这种情况，也是为适应现代中国融资的社会现实需求作出的。

（三）我国未来民法典规定"自然债务"是有理论基础支持的

我国的各种立法中，虽然没有直接规定"自然债务"或者"自然之债"，但民法教科书上都有介绍，学者与法官都能够接受这种概念。我国有的学者在民法典建议稿中已经明确规定了这一概念，例如，徐国栋教授在其《绿色民法典草案》中就已经明确了自然债，并且有些条文具有开创性意义。

（四）法国式的立法模式更符合民法典的外在形式要求及裁判需求

首先，如果"债法"是带有"债总"模式时，在债的总论中规定"自然债务"或者"自然之债"就等于在债法体系中为其留出了空间和位置，在其统摄下，再规定各种具体的自然债务的效力，就显得更顺理成章。

其次，即使在不带有"总则"模式的情况下，先规定自然之债，再规定其具体类型及效力，也比较符合"一般到具体"的思维模式，如《法国民法典》即是如此。

德国法与法国法对同一问题采取的应对方法有差别，但都承认这种现象的存在。但是，由于任何立法都不可能对自然债务或者不完全债务列出一个详细的、包揽无余的清单，因此，需要法官在实际案件中自然裁量。二者相比，法国法的模式更具有开放性，利于法官裁判。法国实践中，法官正是根据《法国民法典》第1235条通过判例发展出许多不同的自然债务：①即使亲子关系并未得到确认的非婚生子女，其生父亦负有提供抚养费用的自然债务（最高法院第三民事庭，1976年6月30日）；②父母无偿为刚刚参加工作的年轻劳动者提供住所，属于自然债务（最高法院第一民事庭，1983年4月5日）；③情人，只有在打算抛弃与之姘居的女子时，才负有"保证该女子未来生活"的自然债务（最高法院第一民事庭，1959年10月6日）；等等[1]。

---

[1] 参见罗结珍译：《法国民法典（下册）》，法律出版社2005年版，第950页。

第二节 契约自由与自然之债
——自然债务可以通过约定产生吗?

一、该问题的意义

契约自由原则与自然之债之间是否存在一种天然的联系呢？如果从罗马法的历史上看，确实是耐人寻味。从债的意义上看，罗马法上能够产生债的效果的契约自由是受到严格限制的：仅仅是那些具备法律认可的债因（交易类型）受到法律的承认和保护，这些类型的交易确实是有契约自由的。但是，那些不被法律认可的交易是不会产生债的效果的，因此，契约自由与债是分离的。依据这种自由所产生的协议不被定义为"契约"，而是被定义为"合意"或者"协议"，它们不生产债。它们产生什么呢？是否是自然之债呢？当现代社会承认契约自由的时候，不再把产生债的契约局限于法律规定的类型化之后，约定是否能够产生自然之债呢？德国学者弗卢梅指出，罗马法通过将债权行为类型限定于法定类型对其进行明确划分。我国法律秩序是建立在以内容形式自由为主旨的合同自由原则之上的，从这一角度看，罗马法的规则似乎很原始。然而，罗马法通过对合同类型的限制达到了两个目的：①明确区分了具有法律拘束力的法律行为约定与那些未能形成具有法律拘束力的债之关系的允诺。此外，它使合同内容轮廓清晰，因为它由法律秩序确定的某一合同类型应当具备的内容所决定。②大部分债权合同的法律问题源自于那些合同当事人虽未就其予以约定，却对债权关系产生影响的情形。此处涉及的是所谓的自然属性条款：正如罗马人所做的那样，如果人们将债法上的合同自由仅仅限于缔结那些为法律秩序所认可的、其内容由法律秩序所确定的特定类型的合同的自由，那么人们就可以按照类别来拟定自然属性条款并对其进行一般性的规定。反之，如果人们允许自由地形成债权合同的内容，那么，只要涉及行为的具体特征，人们就无法就自然条款而言追溯那些具有普适性的法律传统[1]。也就是说，罗马法由于严格限制形成债的约定自由，因此，对自然债务的约定就非常广泛，但现在各国都承认契约自由，不再严格限制债的类型，通过约定设计自然债务的传统就受到极大的限制。但"度"应如何把握呢？

按照契约自由的原则，人们可以依自己的意志自由地形成各种债的关系，只要不违反法律的效力性强制性规定，法律就保护这种约定所产生的法律后果。那么，在这些所谓的依自由意志所形成的债的关系中，是否包括"自然债务"或者说"自然之债的关系"？

这一问题涉及债法体系的整体性安排及契约自由原则的适用领域，故有特别说明之必要。值得注意的是：如果合同当事人按照契约自由的原则将合同义务约定为无强制执行力的民法外义务，则双方根本就没有发生民法或者合同法上的权利义务关系，那么，无论是按照法律行为中的意思表示规则，还是按照合同法中的"要约—承诺"规则，都是无法接受的，即不构成法律行为或者合同。这样一来，这种约定本身还与契约自由或者意思自治原则有关系吗？因此，自然债务能否通过约定而产生，就成为债

---

[1] [德] 维尔纳·弗卢梅：《法律行为论》，迟颖译，法律出版社2013年版，第193页。

法中的一个"结",需要解开之。

二、理论说明与见解

对于约定能否产生自然债务的问题,学者之间看法并不一致。德国学者梅迪库斯指出,可诉请履行性是否可以通过协议排除,并非没有疑义。依通说,如果双方当事人可能会处分请求权,特别是可能免除请求权,则准予排除。在这种情况下,相对于免除而言,排除可诉请履行性被看作一个欠缺。相反的见解则认为,应当将完全排除一切诉讼管辖的行为限制在一个更加严格的范围之内才是正确的[1]。

弗卢梅则认为,不仅在有关单方给付的约定中,而且在有关双方给付的约定中,当事人都有可能明确规定他们之间的约定不具有法律拘束力,也不产生法律上的权利和义务。在这种情形中,关于这种允诺的约定不构成法律行为,因为按照这一约定,当事人恰恰不希望形成法律关系。履行以这种方式约定的单方给付的行为构成赠与,除非该给付基于约定以外的原因非为无偿。当涉及双方给付的约定不具有法律拘束力时,如果其中一方履行给付而另一方却拒绝履行对待给付时,则履行一方可以根据《德国民法典》第812条的规定,基于不当得利请求返还已为的给付。理由是:作为给付目的的另一方当事人的对待给付并未履行。事实上,有关排除双方给付法律拘束力的约定仍然构成法律行为,这是因为它规定对待给付的履行是给付的原因。反之,先

---

〔1〕 见〔德〕迪特尔·梅迪库斯:《德国债法总论》,杜景林、卢谌译,法律出版社2004年版,第22页。

行给付的人不能请求对待给付的履行，因为按照双方的约定，恰恰不应存在这一请求权。当双方都已履行给付时，任何一方都不能请求返还其所为的给付，双方所获得的给付均具有"法律上的原因"。这是因为，就此而言，作为生效的法律行为规则，约定使给付的保留具有正当性。经常出现有关排除法律拘束力的约定，人们也可以通过订立"绅士协议"或者"以名誉担保"承担义务的方式来排除约定的法律拘束力。他们的共同之处在于所约定的规则不以形成符合约定的法律关系为标的[1]。德国德累斯顿州高等法院于1909年判决的一个案件，就是一个典型：原告为被告提供了某项服务，为了对此行为予以奖励，被告拟定包含下列内容的保证书："鉴于S先生提供的服务令我非常满意，所以我欠他1500马克。该款项应以下列方式予以支付……此外，我明确声明，该酬劳属于我自愿支付，S先生不能通过法院提起诉讼的方式来实现自己的请求权。"州法院和州高等法院在后来的诉讼中对S的起诉予以驳回[2]。在这一类情形中，人们可以借用从普通法继受而来的术语称其为非完全之债、自然之债[3]。

我认为，弗卢梅的观点大致是正确的。依我之见：

1. 应该直截了当地说，当事人可以约定一个自然债务，但是，这种约定属于"君子协定"，而与意思自治或者契约自由无涉，与法律行为、合同、法律关系不沾边，双方约定了一个民法管辖外的关系，基本上属于"民法外空间"，只有履行完毕后才

---

[1] [德] 维尔纳·弗卢梅：《法律行为论》，迟颖译，法律出版社2013年版，第107～108页。

[2] [德] 维尔纳·弗卢梅：《法律行为论》，迟颖译，法律出版社2013年版，第110页。

[3] [德] 维尔纳·弗卢梅：《法律行为论》，迟颖译，法律出版社2013年版，第111页。

与民法发生关系——不得请求返还。因为：

（1）法律关系是民法纳入自己调整范围内的社会关系的一部分，而自然债务根本不属于民法调整，而是只有履行完毕后才与民法的保护发生关系，如果不履行，则不能请求民法上的保护或者请求履行，即其履行与请求与民法无关。

（2）从法律行为的基本构成看，法律行为的核心是意思表示，而意思表示的核心是其中的"效果意思"，而效果意思则是指该行为在民法上发生的权利义务后果。但自然之债根本不可能发生民法上的权利义务后果，所以，上述弗卢梅的话是正确的：这种"约定不具有法律拘束力，也不产生法律上的权利和义务。在这种情形中，关于这种允诺的约定不构成法律行为"。

（3）从合同法规范看，合同的目的在于产生民法上的权利与义务，如果不能产生这种后果，则不能说是合同法或者民法上的约定。例如，我国《合同法》第2条第1款就规定："本法所称合同是平等主体的自然人、法人、其他组织之间设立、变更、终止民事权利义务关系的协议。"显然这种约定不是合同行为。

（4）我之所以说"弗卢梅的观点大致是正确的"，是因为，在其上述观点中，有些地方显然是不符合逻辑一贯性的，例如，他说："履行以这种方式约定的单方给付的行为构成赠与，除非该给付基于约定以外的原因非为无偿。当涉及双方给付的约定不具有法律拘束力时，如果其中一方履行给付而另一方却拒绝履行对待给付时，则履行一方可以根据第812条的规定基于不当得利请求返还已为的给付。"这显然存在问题：

第一，"赠与"与"不当得利"与自然债务存在巨大的差异，关于这一点我们已经明确论述过了。履行自然债务何以成为"赠与"？当自然之债的一方给付而另一方拒绝给付时，如何会成为

"不当得利"？假如 A 与 B 约定了自然债务，各自对对方负担自然债务，按照自然债务的理论和规则，任何一方履行后都不能依不当得利请求返还。如果 A 履行了自然债务而 B 未履行，A 如何可以请求民法上的不当得利？B 履行完毕也是如此。在这里，弗卢梅并没有说清楚，双方的权利义务本是"民法外空间"，是如何进入到"法内空间"的。当然，如果将之解释为赠与或者不当得利并不是没有可能，但弗卢梅用这种方式说明显然难谓周全。

第二，弗卢梅说："事实上，有关排除双方给付法律拘束力的约定仍然构成法律行为，这是因为，它规定对待给付的履行是给付的原因。反之，先行给付的人不能请求对待给付的履行，因为按照双方的约定，恰恰不应存在这一请求权。当双方都已履行给付时，任何一方都不能请求返还其所为的给付，双方所获得的给付均具有'法律上的原因'。这是因为，就此而言，作为生效的法律行为规则，约定使给付的保留具有正当性。"我们不能否认，这种约定本身可以是法律行为，因为其后果是"排除请求权"。但是，至于其履行后保留的正当性却没有必要通过法律行为规则来说明，因为自然债务的履行和保有履行的后果本身就具有法律原因，因而也就是正当的。我们前面一直在论述一个重要的问题：**自然之债是有债因的，而债因恰恰就是债权人保留履行结果正当性的根据。**

2. 这种约定的效力还与双方约定的范围与内容等因素相关。我认为，双方约定的诉请履行的请求权的排除，即无法律约束力的权利义务，应该有一定的限制。例如，我国《合同法》中 15 种有名合同，就难以排除法律拘束力，因为这些合同都具有法律上保护的民事债的债因。如果一旦排除这些有名合同的约束力，使以前的合同之法定义务的属性变为非法律义务，或者社会义务或道德义务，那么这些合同的"债因"其实就已经发生了变化，这些合同的性质也就发生了变化，其立刻从法律领域逃逸出来而进入非法律调整的领域，契约自由或者合同法的规则就统统不再对其起作用了，也就无所谓"合同法"上的合同了。因此，合同法上的合同之约束力是不能被排除的。"君子协定"（或者说"绅士协议"）并不是法律上的契约。

另外，弗卢梅先生所举的上述例子中的德国德累斯顿州高等法院 1909 年的判决中，"服务生 S 已经履行了自己的义务而被告将自己的允诺排除了请求权"这种案例中，需要另外说明的是：

（1）被告的行为不是赠与，因为，赠与是指赠与人对受赠与人无任何义务，而自然之债的债务人对债权人虽然无民法上的法定义务，即无法定义务产生的原因，但有道德、社会或者宗教等方面的义务。本案中，被告对 S 先生无法定义务，但却因其服务很好而具有感激之情，是自然债务。

（2）由于 S 已经履行了自己的服务，而且在服务时并不知道被告要感激并酬谢他，所以，如果在英美法上，可能被法院认为"无约因"而不支持 S 的请求。在大陆法系，被告的这种义务不能被看成是一种对 S 的服务形成对应的义务，因此，也是不能被支持的。当然，该案件是否可以用"单方行为"的效力来获得解决呢？因为，在大陆法系的法律行为理论中，任何单方意思表示一般都不具有法律效力，而被告对 S 的这种允诺也仅仅是单方意思表示，因此，也不一定具有效力。

另外，我们假定这样一个例子：A 与 B 签订"买卖合同"，约定 A 交付电脑一台，于 2017 年 10 月 5 日前交付。B 支付货款的义务可以根据 B 的自愿，A 不能通过诉讼或者其他法律途径来实现自己的货款请求权。则下列问题需要讨论：①A 与 B

签订的合同是否属于民法上的合同的范畴？效力如何？②与B的义务属性各属于什么性质？③A能否获得法律的救济以及获得什么救济？

对于问题1，应该说，A与B签订的合同很难说属于民法上的"买卖合同"，因为，其中一方的义务已经显然不属于民法上的义务，而属于自然债务。A的义务属于无对价，是无偿的，当然不属于民法上的"买卖合同"。在这种情况下，可以按照当事人的真实意思及法律行为的构成要件，认定为"赠与合同"。这正是弗卢梅上面所说的赠与的特殊情况。至于合同的效力，在罗马法上，因其"债因"与买卖合同的债因不同，而与其他各类合同也不同，因此，肯定是无效的。根据《法国民法典》第1108条和第1131条的规定，因合同不具备原因而无效[1]。在英美法上，因合同不具备对价（约因）而不能得到执行。在我国现行《合同法》及理论上，会无效吗？应该不会。一般会按照赠与合同认定。这一点，类似德国法上的做法。这种认定也有一定的道理，因为A的对价（B的义务）已经不属于民法上的义务，而是法律外义务，故A的履行是无民法上的对价的，属于无偿合同，

---

[1]《法国民法典》第1108条规定："下列四项条件为契约有效成立的主要条件：承担义务的当事人的同意；当事人的同意；构成义务客体的确定标的；债的合法原因。"第1131条规定："无原因的债，基于错误原因或不法原因的债，不发生任何效力。"法国判例认为，如果合同的双方的义务显然不对等或者一方义务微不足道时，视为无原因。法国最高法院在一判决中认为，销售商承担义务，保证在5年的时间里向供应商独家订购确定数量的货品，供应商承担的义务是为对方当事人取得贷款并为其提供担保（卖方担保）。与销售商承担的义务相比，供应商的义务微不足道。因此，该合同视为无原因而无效（最高法院商事庭，1997年10月1日）。在无形权利转让合同中，由于转让的权利没有任何严肃的价值，为此支付"加入公司补偿费"并无任何实际对价，因此，该合同因缺乏原因而无效（最高法院第一民事庭1994年6月15日）。参见罗结珍译：《法国民法典（下册）》，法律出版社2005年版，第826页。

视同赠与是说得通的。但问题是，如果没有"自然之债"这一概念，就难以认定 B 的义务为民法外义务。因此，从这里也说明，自然债务在我国法上是有意义和价值的。

关于问题 2，A 的义务显然属于民法上的义务，是有执行性的。而 B 的义务因无强制执行性，属于自然债务，即民法外的义务，该义务不受法律管辖。

关于问题 3，当然，在罗马法、法国法、英美法国家，都可以得到上述救济，而德国，就如弗卢梅所说，可以视同赠与而适用赠与的救济规则。在我国合同法上如何？也应适用《合同法》关于赠与合同的规则，即第 186 条第 1 款的规定："赠与人在赠与财产的权利转移之前可以撤销赠与。"而 B 的义务就是自然债务。但我国法律现在缺乏的是对于自然债务应如何对待的规范。

在谈到自然之债与契约自由或者意思自治的关系时，还有一个不得不讨论的问题是自然之债与单方法律行为的关系问题，更直接地说，就是一个疑问：单方法律行为能否产生自然之债？这一问题直接关系到民法理论中一个很大的问题：单方法律行为的效力问题。我们常常讨论契约自由或者意思自治，将法律行为作为意思自治的手段，更将法律行为分为单方法律行为与双方法律行为。但是，但我们常常忽略的问题恰恰就是：意思自治与单方法律行为的关系问题。这给司法实践带来了许多疑惑，许多判例不问是否单方行为，直接赋予其效力，例如，A 直接告诉 C 的债权人 B："我愿意为 C 对你的债务承担担保责任。"这种单方行为是否具有法律上的效力？如果没有法律上的效力，是否还具有自然债务意义上的效力？

德国学者拉伦茨指出，单方法律行为是原则上由一个人即可单独有效地（即能够发生法律效果）从事的行为[1]。由于一个人的意思就能够决定这种行为的法律效力，因此，单方法律行为必须受到严格的限制才具有法律上的合理性。为此，德国学者施瓦布指出，有效作出一项单方法律行为的前提是表意人具有一项形成权，该权利要么直接以法律制度为依据，要么以一项法律行为为依据[2]。施瓦布所说的"形成权是单方行为的前提"，应该说，绝大多数情况下是正确的，但在有的情况下，法律也允许在"仅对他人给予权利"的限度内承认单方法律行为的效力，例如立遗嘱、代理权授予等。但法律往往对这些单方法律行为有特别的要求，例如，《德国民法典》第2229～2254条就专门对遗嘱形式作了特别规定。比较而言，拉伦茨的说法更为周到：如果单方法律行为仅仅涉及行为人的个人权利领域，其有效性是没有疑问的。如果单方法律行为涉及另一个人的权利领域时，有可能损害这一个人的利益时，行为人就必须具备一项特别的法律权利，这种权利可以产生于先前订立的合同，也可以直接产生于法律[3]。但施瓦布的下列观点特别引起我们的注意：法律特别是在这样一些情形下允许一项单方法律行为发生效力，其中，表意人除了可能给自己造成不利之外，不会给任何人造成不利，比如，抛弃对一块土地的所有权、抛弃一份遗产。但是，即使在这种关系中，对于导致产生单方面法律后果的可能性，法律仍然是非常谨慎的。《德国民法典》只是对于特殊情况才认可对一项权利的单方

---

[1] [德]卡尔·拉伦茨：《德国民法总论》，王晓晔等译，法律出版社2003年版，第432页。

[2] [德]迪特尔·施瓦布：《民法导论》，郑冲译，法律出版社2006年版，第296页。

[3] [德]卡尔·拉伦茨：《德国民法总论》，王晓晔等译，法律出版社2003年版，第432页。

面有效地放弃这种法律制度,并且并不把它作为一般性的工具。比如,如果一个债权人想要免除债务人的债务,仅有其抛弃表示尚不够,而是还必须有债权人和债务人的免除合同(《德国民法典》第 397 条)[1]。

在我国,学理上也持有与德国学理同样的观点,单方法律行为是意思自治的一个例外,其效力要受到严格的限制。更可喜的是,最高人民法院也已经注意到了这样一个问题,其在关于《担保法》的司法解释中,专门就保证的单方性效力作出了一个限缩性解释:"第三人单方以书面形式向债权人出具担保书,债权人接受且未提出异议的,保证合同成立。"[2] 如果不发生法律效力的单方法律行为,能否产生自然债务呢?

我们应该正确理解"单方行为不一般地发生法律效力"的真正含义:不发生法律上的效力,但并非等于不发生法律外效力。也就是说,单方法律行为一般不创设民法上的民事法律义务,但并非没有"自然"意义上的社会、道德等义务。这也恰恰就是自然之债发生的空间和根据。弗卢梅先生所举的上述例子中的德国德累斯顿州高等法院 1909 年的判决中,被告对 S 的义务就可以看成是因单方行为而发生的自然债务。例如,即使按照我国《最高人民法院关于适用〈中华人民共和国担保法〉若干问题的解释》,如果保证合同没有成立,债权人当然不能请求保证人履行保证义务。但是,如果保证人据此履行了保证义务后,后果如何

---

[1] [德]迪特尔·施瓦布:《民法导论》,郑冲译,法律出版社 2006 年版,第 296~297 页。

[2] 《最高人民法院关于适用〈中华人民共和国担保法〉若干问题的解释》(法释〔2000〕44 号,2000 年 9 月 29 日最高人民法院审判委员会第 1133 次会议通过)第 22 条第 1 款。

呢？按照当下我国民法学理的解释，可能有三种不同的处理方式：①因为保证没有成立，因此，保证人履行使债权人不当得利，保证人应该能够请求返还；②虽然保证没有成立，但保证人履行保证责任的，可以视为对债务人的债务承担（因为债权人接受履行视为同意）；③可以将保证人的这种行为视为"无因管理"，保证人的履行费用由债务人偿还。但可能很少有人用地自然之债去解释这一问题，即保证人对债权人的这一义务是否可以视为自然债务呢？我认为可以。但是，必须强调的是，保证人对债权人的保证履行仅仅可以视为对债权人的自然债务，一旦履行，不能视为不当得利而请求返还，但是，对于债务人来说，其对保证人的偿还义务不能视为自然债务。

第三节 自然之债与无因管理及不当得利的关系

一、自然之债与无因管理的关系

自然之债与无因管理有着某种天然的关系，但由于无因管理在大陆法系与英美法系有着不同的命运，当然，是否产生自然债务也就完全不同。

无因管理是我们非常熟悉的大陆法系国家债法中债的发生原因之一，因未受委托而为他人管理事务，结果同契约相似，但却无委托契约，故称为"准契约"。在民法典的立法模式上，大陆法系国家有两种模式：一是法国式，二是德国式。法国模式是将"无因管理"归于"准契约"中，而在德国模式中，则直接称为"无因管理"。但这种债的原因在普通法系与大陆法系国家有着截然不同的地位。

在普通法系国家，从来没有发展出一种源自无因管理的法律关系的概念。在普通法上，原则上认为，若某人未受委托向他人提供对其服务请求提供报酬或者费用或者补偿是完全不妥当的。英格兰法官 Bowen 在 *Falcke v. Scottish Imperial Insurance Co.* 一案中进行了经典描述："毫无疑问，一般原则是，根据英格兰法，某人为了保护他人的财产或者使之受益而付出的工作或者劳动或者支出的金钱，对所挽救的或者获益的财产并未创设一项担保权，甚至也未创设一项偿还费用的债务。责任不能背着人们而予以强加。"[1] 这一立场在美国法上被称为"禁止好管闲事原则"，这一原则的经典表述在 1887 年俄勒冈州最高法院审理的 *Glenn v. Savage* 一案中。在该案中，1880 年，在俄勒冈州的达拉斯市，大量的珍贵木材落入哥伦比亚河上并将被急流冲走，木材的主人 Savage 当时并不在场。当时，在正旁边工作的 Glenn 为其提供了帮助和服务，避免了木材被冲走。7 年后，Glenn 向法院提出请求，请求 Savage 提供与其服务相当的合理价值。俄勒冈州最高法院认为，让 Savage 承担责任，需要他曾经要求提供服务，或者知道接受所提供的服务时，曾经承诺过偿付这些服务。否则，法律将把未经他人请求时为他人的利益的行为视为自愿的好意行为，对此提起的诉讼不能得到法院认可。法律不应允许将值得称赞的慷慨行为事后转变为对金钱的要求[2]。普通法系国家反对类似大陆法系国家无因管理可以产生债的一个重大理由还在于：未经他人同意而介入他人事务者，只不过是一个侵入者，尽管他可能

---

[1] 转引自李昊："论英美法上的'好撒马利亚人'"，载《华东政法大学学报》2014 年第 4 期。

[2] 转引自李昊："论英美法上的'好撒马利亚人'"，载《华东政法大学学报》2014 年第 4 期。

仅仅旨在为所有人做好事，但他的良好意图是无关的，因为在普通法上，在侵入侵权中，动机是无关的，因此，内在地构成侵入的事务并不会仅仅因为侵入者的动机是良好的而发生改变[1]。但是，如果被管理人给予了管理人以费用等，又当如何呢？因为普通法系没有自然债务的概念，也只能用赠与来解释了。

普通法系的这种做法也许有其道理，在大陆法系的无因管理制度中，的确出现了普通法担心的"动机"问题，即有时对"管理人的管理意思"难以确定的问题：是否有为他人管理事务的意思。但总体上看，大陆法系的做法比普通法更缓和，更适应社会的需求，特别适合中国国情。但从无因管理的历史上看，却是为了避免更多的侵权而设立的。古罗马时，在《艾布体亚法》中，无因管理并不受法律的调整，但从社会道德和经济两方面看，这种行为都是有利的，既体现了互助的美德，又可以减少个人和社会的财产损失。但是，如果毫无限制，则任何人都可以借此而干涉他人的事务，侵犯他人的自由和利益。在法定诉讼时期，《霍斯体利亚法》曾规定，凡因公出差或者作战被俘，如其财物被盗，所有市民均可以被害人的名义对窃贼提起盗窃之诉。据此，在程式诉讼时期，大法官处理无因管理时，即比照该法，允许因各种原因离家的人，回来后有权要求管理其事务的人交回其管理的事务，管理事务者付出的费用也可以要求偿还。共和国末年，无因管理已由市民法正式予以调整，具体规定了双方的权利和义务。管理事务的人不再限于诉讼中消极地防卫，而是有了积极的诉权，因而在无因管理当事人之间产生了准契约关系[2]。之后的

---

[1] 转引自李昊："论英美法上的'好撒马利亚人'"，载《华东政法大学学报》2014年第4期。

[2] 周枏：《罗马法原论（下册）》，商务印书馆1994年版，第773页。

《法国民法典》与《德国民法典》都继受了这种债的发生原因。

从大陆法系这种限制的角度看，并不鼓励人们进行无因管理，因此，大陆法系国家普遍地认为，无因管理人只能请求被管理人支付费用或者因此而负担的债或者自己因此造成的损失，而不得要求对价或者报酬。这一点很重要，恰恰在这里需要讨论自然债务的发端：尽管被管理者从法律上讲，没有支付报酬或者对价的义务，但如果被管理者认为，管理人贡献很大，仅仅给予其费用和成本是不能表达感激之情的，另外给予报酬或者奖励之类的，是属于自然债务还是赠与？我们知道，赠与同自然之债一个很大的不同就是双方之间是否存在一种"亚债务关系"，即这种关系虽然不是民法调整的权利义务关系，但具有道德或者良心等义务。我认为，这种情况下，恰恰管理人与被管理人之间具有这种产生自然债务的"债因"基础，而不能仅仅用赠与来解释，从而不适用我国《合同法》第186条的"任意撤销权"。以自然债务的制度来解决这种问题，符合现实的要求，即如果管理人通过诉讼要求报酬或者对价的，法院不应支持，因为从法律上说，管理人没有这种权利，被管理人也没有这一义务。但在法律外，被管理人还是有良心或者道德义务的，一旦履行了支付报酬或者其他给付义务，即不得请求管理人予以返还。正是有人看到了许多见义勇为者的遭遇，又没有自然债务的缓冲，因此，提出了法律应确立无因管理人的报酬请求权的必要性[1]。但这种观点又过于极端，背离了自罗马法以来无因管理制度的基本价值与作用，会成为鼓励人们进行无因管理行为的制度性工具，导致无因管理

---

〔1〕 郑诗洁、叶怀民："论无因管理人的报酬请求权"，载《中国外资》2012年第20期。

的滥用。

有学者提出了另外一个新的概念——"情谊性无因管理",并认为,无因管理是法律对需要进行调整的"情谊行为"所作的理论和立法概括,情谊行为是无因管理的基础,或者说,无因管理行为都是情谊行为,无因管理是需要法律进行调整的情谊行为。将无因管理定性为情谊行为的原因如下:①二者均为无偿行为;②二者原则上都属于无私的利他行为;③二者都无受法律约束的意思,也即虽然法律要求无因管理者具有为他人管理事务的意思,但却不要求其对管理后的法律后果具有意思或者意思表示[1]。该学者敏锐地观察到:在无因管理的后果方面,涉及债与非债的关联,无因管理关涉民法调整的空间与民法外空间,似乎应该是一种连接器,这一点无疑是正确和可贵的,其所发现的民法内空间的东西就是民事债,而法外空间恰恰就是自然债。但是,其关于无因管理的定性是不准确的,不能说,情谊行为是无因管理的基础,就如我们不能说"友谊是民间借贷的基础一样",这种说法在民法或者契约法上是没有意义的,无因管理是有自己的"债因"的,是被法律特别纳入自己调整范围内的关系,就如意大利学者所说,这种事实同"债因"或者客观关系意义上的委托很相似,当罗马人说债产生于准契约时,他们指的正是无因管理[2]。而情谊关系则完全是在债法之外的关系,不受民法调整,其并不具有民事债务之"债因",因而,不能上升到法律保护的法律关系上去。但根据这种义务所发生的义务为自然债务,只要履行完

---

[1] 王雷:《民法学视野中的情谊行为》,北京大学出版社2014年版,第153~154页。

[2] [意]彼德罗·彭梵得:《罗马法教科书》,黄风译,中国政法大学出版社1992年版,第396页。

毕，即不得请求返还，在这里刚与民法沾边，即民法只保护履行的结果。

二、自然之债与不当得利的关系

不当得利作为债的发生原因，在大陆法系国家及我国的学理与立法中普遍得到承认，但何为得利之"不当"？学理论上却存在争议，有"统一说"与"非统一说"[1]。我国《民法通则》第92条规定："没有合法根据，取得不当利益，造成他人损失的，应当将取得的不当利益返还受损失的人。"[2]从这一规定上看，似乎采取"统一说"，但如果仔细分析，却不免有点不周延：因法律规定而取得的利益，应当如何？例如，在动产附合于不动产时，不动产所有权人为有合法根据的取得，但必须返还不当得利。因此，德国民法理论及我国台湾地区"民法"学理都采取"非统一说"，将不当得利分为"给付型不当得利"与"非给付型不当得利"而分别分析原因[3]。其实，罗马法上的债的分类是建立在各种债的"债因"不同的基础之上的，而这里的"债因"恰恰就与自然之债有极大的关系。例如，意大利的罗马法学者彼德罗指出，建立在不正当的原因或者法律关系基础之上的财产增加叫做不当得利。这种情况一般是因取得的近原因偶然地同一个在

---

[1] 王泽鉴：《民法债编总论中（第二册·不当得利）》，三民书局1990年版，第17页。

[2] 2017年10月1日起实施的《民法总则》第122条规定："因他人没有法律根据，取得不当利益，受损失的人有权请求其返还不当利益。"

[3] 参见［德］迪特尔·梅迪库斯：《德国债法分论》，杜景林、卢谌译，法律出版社2007年版，第525～587页；王泽鉴：《民法债编总论（第二册·不当得利）》，三民书局1990年版，第22～182页。

法律上不存在或者无效的远原因相结合而发生。产生这种债和诉权的某些事实同实物契约很相似，但是，应加以注意的是"债因"，注意使债合法化的客观关系，即当事人一方取得而由另一方付出的财产增加[1]。比较来看，如果通过对我国《民法总则》关于不当得利的规定的无"合法根据"进行解释，可以认为，"债因"在给付型不当得利中就是指无合法的给付原因，而在非给付型不当得利中，则应是指无正当基础。其实，这些统统可以归属于罗马法的"原因与正当原因"之中，而这些原因之中就包括自然债务的产生根据。

例如，《德国民法典》第814条所规定的对"不当得利返还请求权的排除"特别规定，若给付符合道德义务或者礼仪上的考虑者，不得请求返还。比如，侄子对叔叔无法定赡养义务，但如果出于道德义务而赡养者，不得以对方不当得利而请求返还，这就是典型的自然之债进入民法领域的考虑。另外，由于不当得利返还的范围有具体规定，可能导致义务人负担道德或者良心义务。例如，我国台湾地区"民法"第182条第1款规定："不当得利之受领人不知无法律上的原因，而其所受的利益已不存在者，免负返还或偿还价额之责任。"虽然可以将这种规定看成对善意不当得利者的鼓励，但对于受损害者，不当得利人是否存在法律外的道德义务？若基于这种道德义而给予受损害人以补偿或者其他给付，效力如何？我认为，这里应用"自然之债"的概念来解决：如果仅仅作出许诺而未履行的，受损害人不得请求履行。但已经履行的，履行人不得以无正当根据为由而请求返还。

---

〔1〕[意]彼德罗·彭梵得：《罗马法教科书》，黄风译，中国政法大学出版社1992年版，第399页。

自然债务一个最大的作用和意义在于：其能够适应和平衡社会的需求，并且能够使民法义务与社会义务的界限有缓和的余地。我国《最高人民法院关于审理民间借贷案件适用法律若干问题的规定》就很好地解决了法定义务、自然债务与非法高利贷之间的关系。另外，在自然之债与不法、不当得利返还之间，一直存在一个具有争议的问题：不法是否能够成立自然之债？赌债就是一个很好的例子。下面将详细论述之。

第四节　自然之债的实证考察

一、概述

尽管在各国法律上实际存在着各种各样的自然之债（也许名称并不统一），但由于对其性质的认识及发生根据的观点并不一致，故列出一个详细的清单是十分困难的，就如有的法国学者所指出的：很难详尽地列举自然债务，民法典的一些评论者曾经试图列出一张完整的清单，但他们的努力并没有被法院判例认可，想就法院所认可或者可能认可的自然债务列出一个详尽无遗和终极的清单，都是徒劳的。另外，即使是仅仅局限于阐述那些最为典型的情形，任何分类排列的努力也将是十分困难的[1]。我在此不想绞尽脑汁地列出一个详细的清单，仅仅欲就实际生活中存在的自然之债的基本类型和存在形式作出一个说明，以利于讨论和认识自然之债。

---

[1] [法] 雅克·盖斯旦、吉勒·古博：《法国民法总论》，陈鹏等译，法律出版社2004年版，第684页。

二、作为实证存在的自然之债

如果从历史的源头来考察,由于特殊的政治因素,罗马法上的自然之债要远远多于在今天各国立法和判例上的存在。我们前面已经讨论过,罗马法上的自然之债分为纯正的自然之债与非纯正的自然之债,而纯正的自然之债由于人格的统一而成为历史的陈迹,而有些自然之债却被保留下来,就如优士丁尼关于非纯正的自然之债的思想,即他倾向于把一切道德的、宗教的或者其他社会渊源的、具有财产性的债都归于自然之债的思想,直接影响了法国、意大利的学理、立法和判例。下面我们就一些在各主要国家实证存在的典型的自然之债进行考察。

(一)经过诉讼时效期间并经债务人抗辩后的债务

经过诉讼时效期间的债是否是自然之债?我国有许多教科书在提到自然之债时,将其作为说明的例子(在此我不想列出教科书的注释性清单),但如果仔细分析,却存在重大的疑问。

在我国,学理上对于诉讼时效经过后的债会发生何种效力存在争议。争议的焦点在于:债权的诉讼时效经过后究竟是使债务人拥有"抗辩权",还是使债权人丧失"胜诉权"呢?这就涉及我国的立法和司法判例规则。

我国关于诉讼时效的立法主要是《民法总则》第188条第1款规定:"向人民法院请求保护民事权利的诉讼时效期间为3年。法律另有规定的,依照其规定。"对该条款的含义,主要有两种解释:抗辩权发生主义和胜诉权消灭主义。前者认为,时效完成后,债权人的债权实体权利并不消灭,仅仅使债务人拥有拒绝履行的抗辩权。而后者认为,债权罹于诉讼时效之后,债权人丧失实体法上的胜诉权，对债权人的此种地位，可以称为"法院不予保护"。但该胜诉权应是指公力救济权[1]。"胜诉权消灭主义"在很长一段时间为我国学理之通说。

如果仔细解读我国《民法总则》第188条，的确能够得出这样的结论：债权人丧失的不是诉权，而是"强制执行力"，但说成为"胜诉权"似乎不准确，因为如果债权人的诉讼请求为"确认债权"的话，法院当然可以判决其胜诉，因为债权人确实享有自然之债的债权；如果债权人的诉讼请求是"请求债务人履行债务"，当然就不能胜诉；如果诉讼请求是"确认债权并请求债务人履行"，则法院仅能够判决其享有自然债权。但与此相关的另外一个问题就出现了：法院能够主动援引时效进行裁判吗？如果是主张丧失"胜诉权"的话，法院就应该能够援引时效而进行裁判，否则就会出现这样的结果：债务人不抗辩，法院就判决债权人胜诉。这样一来，"法院不予保护"或者"丧失胜诉权"就不成立了。因此，如果严格按照我国《民法总则》第188条的规定，法院应该主动援引时效进行裁判，才能与"人民法院不予保护"相匹配。实践也的确如此，在很长一段时间内，我国许多法院主动援引时效。这样，再结合我国《民法总则》第192条的规定，就属于比较典型的自然之债。

但是，如果认真对照一下司法实践，就会发现立法与司法的巨大差异：在实践中，经过诉讼时效期间的债权仍然可以起诉，法院也受理并且收取诉讼费用。假如债权人能够起诉且交纳诉讼费用却不能胜诉的话，那么，为什么债权人明知不能胜诉还要起诉呢？实际上，我国法院的司法实践采取的是德国式的"抗辩权

---

[1] 张俊浩主编：《民法学原理（上）》，中国政法大学出版社2000年版，第354页。

发生主义",即债权人可以起诉,如果债务人不知诉讼时效已经经过或者虽然知道但出于良心而不主张时效抗辩的话,也可能胜诉。2008年《最高人民法院关于审理民事案件适用诉讼时效制度若干问题的规定》进一步明确了"抗辩权发生主义",根据该解释第1条的规定,当事人可以对债权请求权提出诉讼时效抗辩;该解释第3条规定:"当事人未提出诉讼时效抗辩,人民法院不应对诉讼时效问题进行释明及主动适用诉讼时效的规定进行裁判。"第4条规定:"当事人在一审期间未提出诉讼时效抗辩,在二审期间提出的,人民法院不予支持,但其基于新的证据能够证明对方当事人的请求权已过诉讼时效期间的情形除外。当事人未按照前款规定提出诉讼时效抗辩,以诉讼时效期间届满为由申请再审或者提出再审抗辩的,人民法院不予支持。"

既然是"抗辩权发生主义"模式,就不能说经过诉讼时效期间的债为自然之债,因为债务人是否抗辩并不清楚,只有债务人抗辩后,经过诉讼时效期间的债才变为自然之债。这一点,自从罗马法以来就是如此。意大利学者彼德罗指出:虽然人们反复说时效排除的只是诉权,我们仍不倾向把这种债承认为地地道道的自然债[1]。因为在罗马法上,时效是这样一种法律制度,根据该制度,一切诉权,即一切体现在诉讼时刻的权利,在经过一定时间之后,可以通过抗辩而加以消灭[2]。另外一位意大利学者米拉拜利也认为,按照法律的规定,时效届满,应当由债务人主张。如果债务人履行了时效已经届满的债务并且未就该债务提出

---

[1] [意]彼德罗·彭梵得:《罗马法教科书》,黄风译,中国政法大学出版社1992年版,第302页。

[2] [意]彼德罗·彭梵得:《罗马法教科书》,黄风译,中国政法大学出版社1992年版,第107页。

任何抗辩,那么,债务人履行的是法定债务(obbligazione civile)。事实上,即使是以默示的方式,债务人同样可以放弃时效利益,这样也就使债务关系保持在法定关系的范畴。反之,在债务人对时效进行了主张之后,又自动履行了时效届满的债务,那么,债务人履行的是自然债务[1]。

当然,也有的法国学者反对用自然债务的理论来解释时效经过后的债的效力,并认为,在自愿履行时效届满的债务的情形下,可能并不必借助于自然债务理论来解释拒绝返还之诉,尽管这通常被认为是自然债务最为典型的情况。实际上,时效并不会自动导致债务的消灭,它必须由债务人援引。因此,如果在履行完毕以后再主张时效已经届满,从而要求返还,就应当看到在给付的当时,民事债务是具有完全的效力的,故接受给付不构成不当得利。这就解释了判例为何拒绝给付人的返还请求,而无需停留在给付当时,给付人未曾意识到时效已经届满这样的事实。至于在给付之前给付人已经提出过时效抗辩的情形,其给付肯定是在知情的情况下实现的,因此相当于放弃了时效利益。这足以证明解决方法的合理性,而无需援引自然债务理论[2]。

但我认为,用自然之债来阐释经过诉讼时效期间而债务人已经提出时效抗辩却又履行的债务,是对自然债务的履行,更能够解释先前债与履行的债的同质性,更容易解释单方履行或者承诺履行行为的效果发生的合理性。根据目前我国的司法实践与主流的民法理论,可以肯定地说,经过诉讼时效期间的债不是自然之

---

[1] [意]恺撒·米拉拜利:"自然之债",载杨振山主编:《罗马法·中国法与民法法典化》,中国政法大学出版社2001年版,第385页。

[2] [法]雅克·盖斯旦、吉勒·古博:《法国民法总论》,陈鹏等译,法律出版社2004年版,第691页。

债。只有当债务抗辩后，该债才变为自然之债。对这种债的履行或者承诺履行，才能解释为是对自然债务的清偿。

（二）民间借贷中的限制性利息

1.《最高人民法院关于审理民间借贷案件适用法律若干问题的规定》第26、30、31条的文义解释。《最高人民法院关于审理民间借贷案件适用法律若干问题的规定》关于民间借贷利率的核心条文主要是第26、30、31条。第26条规定："借贷双方约定的利率未超过年利率24%，出借人请求借款人按照约定的利率支付利息的，人民法院应予支持。借贷双方约定的利率超过年利率36%，超过部分的利息约定无效。借款人请求出借人返还已支付的超过年利率36%部分的利息的，人民法院应予支持。"第30条规定："出借人与借款人既约定了逾期利率，又约定了违约金或者其他费用，出借人可以选择主张逾期利息、违约金或者其他费用，也可以一并主张，但总计超过年利率24%的部分，人民法院不予支持。"第31条规定："没有约定利息但借款人自愿支付，或者超过约定的利率自愿支付利息或违约金，且没有损害国家、集体和第三人利益，借款人又以不当得利为由要求出借人返还的，人民法院不予支持，但借款人要求返还超过年利率36%部分的利息除外。"根据以上规定，可以作出以下文义解释：

（1）借贷双方约定的利率未超过年利率24%的，该约定不仅有效，而且有实体法上的请求权，即如果证据能够证明以上事实的，法院在实体判决中应该支持。

（2）借贷双方约定的利率超过年利率24%，但未超过36%的，该约定有效，但无实体法上的请求权，即如果出借人请求借款人偿还该利息的，人民法院不予支持；然而，如果借款人已经偿还了该部分利息而请求返还的，法院不予支持。

（3）借贷双方约定的利率超过年利率36%的，超出部分不仅无效，而且，即使借款人已经偿还的，也可以请求返还。

（4）逾期利息、违约金或者其他费用，可以一并主张。

2. 在 24%～36% 之间的利率约定，是否能用自然之债来解释？

我认为，《最高人民法院关于审理民间借贷案件适用法律若干问题的规定》中关于24%～36%之间的利率约定的效力之规定是符合自然之债的基本特征的。因为：

（1）借款人与出借人之间的这种利息约定是有"债因"的，而非不当得利，但债因较弱，无法上升到法定之债的地位。因为按照契约自由的原则，特别是大陆法系之"合意"理论，任何一方的许诺都会产生相应的义务。如果合同没有被宣告无效或者被撤销，则应履行义务。从这一角度看，出借人获得约定利息是有根据的，而借款人也有义务偿还利息。只不过由于国家的强制性干预，使得这种约定的效力发生了变化：超过36%的部分强制其无效，而在24%～36%之间的部分，弱化其效力而提供有限的法律保护：出借人无实体法上的请求权，但如果借款人偿还的，则出借人可以保有而非为不当得利。

（2）这种债可以转让，但不改变其自然之债的性质，新债权人享有的仍然是自然之债。

（3）作为主动债权不得抵销，但可以作为被动债权而被抵销，相当于债务人主动履行。

（4）在程序上，自然之债的债权人是可以起诉的。

3. 小结。我国最高人民法院根据目前的社会具体现实，对于民间借贷利息利率由原来的"两段论"改变为"三段论"，即由原来以年利率24%为标准分为有效并受到保护和无效而不受保护的"两段论",变为以年利率24%和36%为标准的"三段论"(不超过24%的年利率约定不仅有效,而且受到法律保护;超过36%的约定无效且不受法律保护;24%~36%之间的利率约定有效但保护较弱,即出借人请求借款人履行的,法院不支持;但是,借款人履行完毕后请求返还的,法院也不支持)。24%~36%之间的利率约定的规定显然是加入了传统民法"自然之债"的制度,使得法律保护的空间具有了弹性,适应了我国现实的社会需求,是值得肯定的。

(三) 赌债

在讨论赌债之前,我们先来讨论一下"不法原因的给付"与自然之债的关系问题。我们前面已经讨论过不法原因与自然之债的关系,法国的判例不承认非法原因产生自然之债。但是,就《法国民法典》的规定来看,与其他国家并无不同。《法国民法典》第1965条规定:"法律对于赌博的债务或者打赌的偿付,不赋予任何诉权。"第1967条规定:"在任何情况下,输方不得追索其自愿支付的金额,但赢方有欺诈、欺瞒或者骗取情形时,不在此限。"如果与《德国民法典》第762条、《意大利民法典》第1933条相比较,并无区别。因此,即使在法国,对此也是存在争议的[1]。关于不法原因给付,在韩国也存在争议。《韩国民法》第746条规定:"基于不法原因的财产或提供劳务的给付者,不得请求返还。"依"不可返还说",基于不法原因的给付因为不得请求返还属于自然债务。但依"法定债务说",《韩国民法》第746条是为了体现对于反社会秩序或违反强行法规的不法行为者,

---

[1] [法] 雅克·盖斯旦、吉勒·古博:《法国民法总论》,陈鹏等译,法律出版社2004年版,第686页。

法律拒绝其协助的立法政策，不属于自然债务[1]。

这在我国也存在争议，如我国台湾地区学者郑玉波、王泽鉴先生等都认为，如赌债这样的非法或者违反善良风俗的行为产生的"债"不应是自然之债。因为自然债务给付的不得请求返还，非属不当得利；而不法原因之给付则并无债务之存在，本应构成不当得利，但因给付存在有不法之原因，而法律上有所谓"不得主张自己之不法而有所请求"的原则，遂不许其请求返还[2]。也就是说，自然之债属于"债"的范畴，而因不法原因产生的"债"根本就不是债，其不得请求返还的原理并不是基于"自然之债"的考虑，而是基于对不法行为的惩罚。我国台湾地区的法院也有许多判例承认其为自然之债的，如1954年台上字第225号判决、1955年台上字第421号判决等。但王泽鉴先生等认为，这些判决一方面确认其为不法原因而生的义务，另一方面又认其为自然债务，似有矛盾，故不法原因产生的义务不应属于自然之债的范畴[3]。

我们认为，从逻辑上说，王泽鉴先生等的主张是正确的，正如古典理论和新古典理论都认为，自然之债与民事债具有同质性；德国学者及我国有许多学者都认为，自然之债属于效力不完全的债，但属于债的范畴。但是，从债法的一般理论看，不法原因（包括违反善良风俗）不产生受法律保护的义务，也就根本不产生债。所以，不法原因的给付根本就不是在履行自然之债，法

---

[1] [韩]崔吉子："教会奉献金与自然债务——韩国宗教赠与纠纷案评析"，载《法学》2004年第6期。

[2] 王泽鉴：《民法学说与判例研究（第二册）》，中国政法大学出版社1998年版，第126页。

[3] 王泽鉴：《民法学说与判例研究（第二册）》，中国政法大学出版社1998年版，第120、139页。

律之所以阻却给付人的返还请求权，是基于另外的考虑，但不是自然之债的因素。但我们必须要注意两点：

第一，前面已经提到，自然之债的渊源具有"多元化"的特点，有的是基于"先债"的存在，如经过时效期间后的债务；有的根本就没有先在的义务存在，如给予某些社会道德义务的给付等，自然之债多数情况下是基于"一旦给付就不得返还"这样的结果而将它们统一起来的，之所以借用"债"这样一个概念，是因为要使其与赠与和不当得利区别开来。

第二，并不是所有的社会、道德义务等都可以被认为是有自然之债的存在，只有那些被社会普遍认同的义务才能构成自然之债的渊源，否则就只能用赠与或者不当得利来解释而适用相应的规则。因此，在不法原因产生的义务中，是否存在"被社会普遍认同的义务"呢？如果存在，可以归于自然之债中，以利于归类研究。显然，我们不能排除存在这样的义务，如赌博产生的债，难道不具有这样的特征吗？如果没有欺诈或者胁迫，"愿赌服输"这样的传统观念，使人们很难认为输了的人没有给付的义务，尽管其不属于法定义务。因此，我们不能仅仅从逻辑入手来对待自然之债。正是因为这些不法原因的给付被法律切断了不当得利返还请求权以示惩罚，但这恰恰成为给付受领人保有给付的正当依据，此时的给付应当属于自然之债的范畴。

所谓赌博，乃是以偶然之机会，决定财物之输赢也。赌博之形态繁多，其经核准经营者，因有法律上之依据，不生合法与否之问题；其未经核准者，效力如何？这是重要的法律问题[1]。

---

[1] 王泽鉴：《民法学说与判例研究（第二册）》，中国政法大学出版社1998年版，第119页。

也就是说，州官放火合法，百姓点灯的效力则需要认真讨论。例如，《德国民法典》第763条规定："抽彩或者开奖活动经国家批准的，抽彩合同或者开奖合同即有约束力，否则，适用第762条的规定。"而《德国民法典》第762条规定："赌博或者打赌不使债务成立。因赌博或者达赌而给付的一切，不得以债务未曾存在为由请求返还。"德国学者解释说：赌博或者打赌均不产生债务，但是，对于因此种原因所为的给付，不得以不存在债务为由而请求返还。就是说，在这种法律关系中，债权人不得请求给付，特别是诉请履行性、可执行性和自力实现性都不存在。但在另一方面，这种法律关系却构成保有给付的法律原因[1]。

《德国民法典》第762条明确地表达了两点：一是赌博不是民法债发生的原因，因此，当事人之间不发生受民法保护的债权债务关系；二是因赌博已经给付的财物，不得以不当得利请求返还。这种立场代表了大多数国家的基本态度，如《意大利民法典》第1933条规定："对赌博或者赌金债务的给付，即使是未被禁止的，也不存在诉权。发生无欺诈的赌博或者赌金结果，输者不得要求返还其已经自动给付的金额。但输者是无行为能力人的，在任何情况下均允许索回其已经给付的赌金。"意大利学者解释说：在赌博中，赢者不得向输者提起诉讼索取赌债；然而，如果在赌博中并无诈欺，输者自动偿还赌债后不得要求返还[2]。我国也有学者认为，我国法律明令禁止赌博，

---

[1] [德]迪特尔·梅迪库斯：《德国债法分论》，杜景林、卢谌译，法律出版社2004年版，第20页。

[2] [意]恺撒·米拉拜利："自然之债"，载杨振山主编：《罗马法·中国法与民法法典化》，中国政法大学出版社2001年版，第386页。

但法律并没有确认赌博发生债务属于不当得利应予以返还，反推之，法律是承认赌债的自然债务属性的[1]。尽管我国台湾地区学理上存在争议，但判例还是持肯定态度[2]。尽管法国存在争议，但《法国民法典》第1965条及第1967条也可以解释为这种态度。

许多国家的法律之所以对因赌博发生的债务采取这种态度，实际上是欲在法律的调整和社会道德规范的调整之间划出一条界线。就如德国学者所言：对于上述法律关系采取此种处理方法的原因，是立法者反对因赌博、打赌等使人遭受损害。但另一方面，人们有时会将这种债务视为名誉债务，甚至会以特别的激情去履行，但法律并不能够阻止人们去实施这种行为[3]。

也就是说，一方面，赌博是有害的，因此必须防范以免使人遭受损害。对于这一方面，无论是刑法还是民法，必须明确不予支持和惩罚的态度。在刑法方面，符合犯罪构成要件的，要接受刑事处罚；在民法方面，通过"赢者不得请求给付，输者给付后不得请求返还"来表示惩罚的态度。就如我国《大清民律》第一草案第855条的立法理由所言："此项契约，虽非正常，然实际行之者甚众，故不能不以法律明示其关系。……博戏及赌事既无益于社会之经济，且使风俗浮躁之害，不宜使其发生债务，以维持公义。至因博戏及赌事已为给付者，其后亦不得以债务不存在为由而请求归还。盖败者博戏及赌事已为给付者，咎由自取，法

---

[1] 张俊浩主编：《民法学原理（下）》，中国政法大学出版社2000年版，第634页。

[2] 王泽鉴：《民法学说与判例研究（第二册）》，中国政法大学出版社1998年版，第120~123页。

[3] [德] 迪特尔·梅迪库斯：《德国债法分论》，杜景林、卢谌译，法律出版社2004年版，第20页。

律不必保护之。"[1]正是基于这种考虑。

另一方面，这种行为的非法性非常模糊，而且群众基础甚广。例如，我国有群众基础特别雄厚的麻将之风，说这种行为非法或者违反善良风俗似有过甚之嫌，"小赌怡情"，不仅无害，反而可以娱乐。另外，它具有社会道德基础的支持：如果输者不履行给付义务，会被耻笑为不义气，也就是德国学者所谓的"名誉债务"。对于这种债务的履行，法律也没有任何必要去规定其无效，而是留给社会、道德去解决：如果符合社会、道德的普遍认同，就让它作为有效的给付；如果不给付，法律也不强制其履行。这种对赌债的态度，恰恰符合我们前面讨论的判断一项义务是否为自然债务的标准。

法律对赌债的这种态度，也再次印证了我们前面提及的一个重要的观点：法律对于如赌博、打赌这种行为本身并不纳入自己的调整范畴，属于道德规范或者社会规范调整。但这些行为的后果却与财产有关，所以，法律对财产的归属不能不作出调整：法律不承认这种行为本身的效力会产生任何法律上的权利义务，但因此交付的财产却不能请求返还。所以，它与不当得利一样，是从结果入手来统一它们的。

（四）因限定继承而发生的债务

我国《继承法》第33条第1款规定："继承遗产应当清偿被继承人依法应当缴纳的税款和债务，缴纳税款和清偿债务以他的遗产实际价值为限。超过遗产实际价值部分，继承人自愿偿还的不在此限。"这就是我们所谓的"限定继承"。继承法的该条规定

---

〔1〕 参见王泽鉴：《民法学说与判例研究（第二册）》，中国政法大学出版社1998年版，第124页。

并没有明确"继承人自愿给付超过遗产实际价值部分的不得请求返还",而仅仅说"不在此限",其真实含义是什么呢?如果解释为"自然债务",当然就不得请求返还。但我国很少有学者用自然债务的视角去解释这一条文,张俊浩先生恰恰认为其为自然之债[1]。我同意张俊浩先生的观点,从该条立法的本意来看,似应解释为继承人自愿支付超过被继承财产实际价值的,不得请求返还,因此,用"自然之债"解释更为合适。因为,多数学者认为,所谓遗产,不仅应包括"积极财产",也应包括"消极财产"[2]。那么,既然包括消极财产——债务,则继承人就应对被继承人的债权人负有义务,只不过法律为公平计,使债务人对超过遗产实际价值部分不负担强制履行的义务,而是让继承人(债务人)自己作出决定:他既可履行,也可拒绝。但是,这绝不意味着他对债权人无"债务",而是无"责任"。因此,应该将这种债务解释为自然债务为宜。

(五) 因婚姻家庭或者同居关系而发生的义务

在意大利,法官通常将在非因婚姻而同居之人之间产生的财产性给付视为自然之债;对因事实婚而同居之人进行扶助的义务不是法定义务,因此,不得请求强制执行,但是,法律将履行扶助义务的行为认定为自然之债中的财产性给付。尽管该义务属于自然之债财产性给付的范畴,不具有强制执行的效力,但是,因同居仍然产生相互给予精神和物质扶助的义务和分担共同生活必要开支的义务;以前,法官曾经将给予因婚外关系而遭受损害的

---

[1] 张俊浩主编:《民法学原理(下)》,中国政法大学出版社2000年版,第634页。

[2] 江平主编:《民法学》,中国政法大学出版社2008年版,第794页;张俊浩主编:《民法学原理(下)》,中国政法大学出版社2000年版,第955页。

女性的财产性补偿视为报酬性赠与,也就是说,当事人是出于慷慨而作出的给付,而不是履行某一确定的给付义务。随后,法官又将这一给付界定为自然之债[1]。

而在法国,已经离婚的双方之间有相互扶助的自然债务关系,而法律并不强制要求此种给付。这一原则被司法实践所认可;在同居双方之间亦是如此;在非婚生子女与生父的亲子关系未得到确认前,生父对其负有给付抚养费的自然债务;父母无偿地为刚刚参加工作的年轻劳动者提供住所,属于自然债务;情人在抛弃与其具有姘居关系的女子时,对该女子负有"保证其将来生活"的自然债务等[2]。

在我国,以上债务是否能够认定为自然债务,需要研究。例如,非婚生子女,因具有与婚生子女同样的权利,故在这种亲子关系确认前,父母不负有自然债务;一旦确认,就是法定义务。另外,在非婚同居者之间的许多义务,能否认定为自然债务,正在讨论中。最高人民法院正在起草的"关于适用《中华人民共和国婚姻法》若干问题的解释(三)"(草案)第2条规定:"有配偶者与他人同居,为解除同居关系约定了财产性补偿,一方要求支付该补偿或支付补偿后反悔主张返还的,人民法院不予支持;但合法婚姻当事人以侵犯夫妻共同财产权为由起诉主张返还的,人民法院应当受理并根据具体情况作出处理。"有学者认为,该条的前半部分包含了两层含义:第一层意思是对婚外同居补偿协

---

〔1〕 [意]恺撒·米拉拜利:"自然之债",载杨振山主编:《罗马法·中国法与民法法典化》,中国政法大学出版社2001年版,第382~383页。

〔2〕 [法]雅克·盖斯旦、吉勒·古博:《法国民法总论》,陈鹏等译,法律出版社2004年版,第687页;罗结珍译:《法国民法典》,法律出版社2005年版,第949~950页。

议，钱款未支付的，同居一方向法院起诉要求该补偿的，法院不予支持；第二层意思则是若补偿钱款已支付，支付人反悔主张返还的，人民法院也不予支持。这条解释依据的是自然债务原理[1]。但是，如果不区分有配偶者与他人同居和双方都没有配偶者同居住，而一概认定为自然债务，恐怕不妥。这也不符合我们前面所确定的认定自然之债的基本标准：是否为社会、道德普遍认同的义务。因此，有学者对草案的这种观点提出批评：一个不能否认的事实是，不论各国立法与学术存在如何的差异，但有一点是可以明确的，那就是自然债务的正当性是建立在合乎具有普适性的道德观念的基础之上的。以此观之，最高人民法院"关于适用《中华人民共和国婚姻法》若干问题的解释（三）"（草案）第2条，将自然债务原理适用于婚外同居的时候，无疑是在冒道德和法律的风险[2]。因此，应该区分双方都是未婚的同居与婚外同居的情形：对于前者可以认为是自然之债，对于后者可以认定为赠与，但这种赠与是否会因"违反社会公共道德"而被确认无效，还要具体分析。

除此之外，还有一种情形是可以讨论的，即我国社会普遍存在的"彩礼"问题。因我国长期的习惯，认可女方在订婚或者结婚时，男方要给付彩礼。这在今天大的城市已经淡化，但广大农村仍有此习惯认同。如果结合我国《最高人民法院关于适用〈中华人民共和国婚姻法〉若干问题的解释（二）》（以下简称《解释（二）》）理解，或许能够对其自然债务的性质进行说明。该《解释（二）》第10条规定："当事人请求返还按照习俗给付的彩

---

[1] 金眉："婚外同居关系的补偿"，载《法学》2010年第12期。
[2] 金眉："婚外同居关系的补偿"，载《法学》2010年第12期。

礼的,如果查明属于以下情形,人民法院应当予以支持:①双方未办理结婚登记手续的;②双方办理结婚登记手续但确未共同生活的;③婚前给付并导致给付人生活困难的。适用前款第2、3项的规定,应当以双方离婚为条件。"这种情形按照我们前面确定的标准,显然应当属于自然之债:首先,彩礼是"按照习俗给付的",也就是说,社会普遍认同;其次,除非男方主动给付,接受方不能通过诉讼获得;最后,除了《解释(二)》规定的三种情形外,一旦给付就不能请求返还。

(六) 破产程序[1]终结后免责的债务

破产程序一般都是在债务人的财产不足以清偿其全部债务的情况下开始的,因此,在绝大多数情况下,破产程序结束后,债权人的债权不能得到全额清偿。而在破产程序中不能清偿的债务,在程序结束后,法律一般会免除债务人继续清偿的责任,也就是我们常说的"免责制度"。具体来说,免责是指在破产程序终结后,对于符合法定免责条件诚实的自然人债务人,对于其未能依破产程序清偿的债务,在法定范围内予以免除继续清偿的责任的制度[2]。世界上绝大多数国家的破产法都规定有"免责制度",如《德国破产法》第286条规定:债务人为自然人时,依第287条的规定对破产程序中未能清偿的债务免除向破产债权人负责。《美国破产法典》第727条(a)(1)、《日本破产法》第248条等对此都有规定。那么,在破产程序中没有被清偿而又被免责的这一部分债权,对债权人和债务人来说具有什么效力呢?

---

[1] 这里的破产程序是我国《破产法》上的广义的破产程序,包括破产清算程序、和解程序和重整程序。

[2] 李永军:《破产法律制度》,中国法制出版社2000年版,第347页。

在破产程序中没有被清偿而又被免责的这一部分债权,继续有效[1],即债权并不因破产程序的终结而被消灭,但债务人已经被免除清偿的责任,债权人不得再请求强制执行。但如果债务人自愿履行的,不得以债权人不当得利为由请求返还。

但必须指出的是,这种免责制度仅仅在自然人作为破产债务人时,才有意义。而我国的破产法不适用于个人,因此,在我国目前并不存在因破产免责而产生的自然之债。

(七)判决或者裁决后确定的债权超过了申请执行期间

根据我国《民事诉讼法》第239条的规定,申请执行的期间为2年。但该2年可以适用关于诉讼时效中止与中断的规定。该2年的期间从法律文书规定履行期间的最后一日起计算。法律文书规定分期履行的,从规定的每次履行期间的最后一日起计算。法律文书未规定履行期间的,从法律文书生效之日起计算。如果权利人在该期间内未申请执行的,债务人(被执行人)可以提出抗辩,抗辩后的债权即变为自然之债。按照我国《最高人民法院关于适用〈中华人民共和国民事诉讼法〉的解释》第483条[2]之规定,超过申请执行时效期间申请强制执行的,法院也应受理,如果被执行人对申请执行期间提出异议,经审查成立,则不予执行。但如果被执行人履行了全部或者部分义务后又以不知道执行期间届满为由而请求执行回转的,法院不予支持。因此,可以说,判决或者裁决后确定的债权超过了申请执行期间且被执行人提出异议的,为自然债务。

但是,不能认为,在执行中达成的和解协议所确定的债权债

---

〔1〕 李永军等:《破产法》,中国政法大学出版社2009年版,第245页。
〔2〕 2014年12月18日由最高人民法院审判委员会第1636次会议通过,自2015年2月4日起施行。

务关系属于自然之债。我国《民事诉讼法》第230条规定："在执行中，双方当事人自行和解达成协议的，执行员应当将协议内容记入笔录，由双方当事人签名或者盖章。申请执行人因受欺诈、胁迫与被执行人达成和解协议，或者当事人不履行和解协议的，人民法院可以根据当事人的申请，恢复对原生效法律文书的执行。"该条看起来似乎是和解协议，没有可执行性，像自然债务。但实际上，这是一种误解。这种和解实际上具有民法上的实体法效力，但是，在法院的执行阶段却因无执行名义而无法被法院执行。如果说：被执行人不履行和解协议，申请执行人也不申请执行原生效文书，而是根据和解协议到法院起诉，重新获得法院判决，是否可行？当然可以。因此，不能认为，执行和解协议属于产生自然债务的协议。

三、小结

给所有的自然之债列出详细的清单是不可能的，甚至在某些特别的场合，自然之债与赠与、不当得利也不好区分，尤其是在我国理论和判例对自然之债这一工具性概念还没有充分认识和重视的情况下更是如此。我国的法律往往重视"非此即彼"的分明义务，却没有对类似自然之债这种在法律边缘上徘徊的"灰色地带"充分予以重视，例如，离婚后的相互抚养、照顾义务等，要么是法律义务，要么就没有该义务。但是，在道德、社会义务与法律义务之间就不能有中间地带吗？意大利学者指出：社会道德义务不属于国家法律调整的范畴，这类义务完全由当事人自愿决定是否履行。无论是依据这些义务的起源，还是根据适用于这些义务的规范，我们都可以清楚地看到，社会道德义务是独立于法律义务以外的义务；然而，当这类义务本身符合自然之债的本质特征——自动履行后不得请求返还时，国家法律承认这一履行产生的后果具有法律约束力。由此可见，自然之债理论的确是通向非法律规范——社会、道德规范的桥梁。通过对自然之债自动履行后产生的法律约束力的承认，国家法律对纯属于社会行为规范范畴的准则给予了充分的肯定和重视。正是以上述方式并且在上述范围内，社会生活中存在的非法定义务在国家法律中占有了重要的地位[1]。日本学者也认为：当该债务存在不承认法律的强制性的特殊情况时，从反面来看，包含了由非法律规范调整的意旨。如果这样，将其统一地纳入自然之债的范畴中是非常自然的推理。不仅如此，在现代已构建的法秩序下承认自然之债，还具有促使国家考虑到该债权的社会作用，将其委托给其他规范调整的实际意义。特别是在社会关系中鼓吹诚信原则支配作用时，依诚信原则应允许自愿履行的法律义务存在，这不仅在立法论上有重要意义，在解释论上也具有重要意义[2]。当然，从实证的角度看，自然之债的大门永远是敞开的，其清单也永远无法终结性地列举，只能随着社会和观念的变化由法官确定。就如意大利学者所言，"自然之债的类型，完全取决于法官对社会生活共同性的认识"。对于自然之债，立法者无法穷尽其类型，因此只能由法官去裁量哪些履行属于值得保护的，再以履行自然之债的名义去维护履行后的稳定性[3]。

---

[1] [意] 恺撒·米拉拜利："自然之债"，载杨振山主编：《罗马法·中国法与民法法典化》，中国政法大学出版社2001年版，第380、386页。

[2] [日] 我妻荣：《新订债法总论》，王燚译，中国法制出版社2008年版，第62~63页。

[3] L. Barassi, la teoria delle obbligazioni, II, Le fonti, Milano, 1964. p. 406.

第五节　对未来我国民法典中自然之债的设计思路

一、我国未来民法典规范自然之债的立法模式

我一直主张，我国未来民法典应该制定带有"债总"的民法债法体系。而在债总中，构建自然债务的一般规范。规范在整体上，按照《法国民法典》与《意大利民法典》的模式规定"自然之债"，即遵循"一般规定＋具体的个别化处理"模式来宏观规划我国未来民法典中的自然债务规范体系。

在"债总"中，用几个条文来对自然之债作一般性规范。我不建议在一般性规定中简单列举哪些是自然债务，而是应交给法官去判断。但对于具体的一些典型的自然债务，在各个部分作个别化处理。

建议在"债总"中用一节来设计自然债务的一般性规范：

第××节　自然之债

第×条：自然债务的权利人对债务人无民法上的请求权，但义务人一经履行即不得以自然债务为由请求返还，债权人有权接受履行并合法取得履行及利益。

第×条：自然债务可因当事人的约定产生，但该约定不适用本法关于法律行为及合同的规定。

第×条：自然债务的部分履行并不改变未履行部分自然债务的性质，债权人对其余部分不具有民法或者诉讼法上的请求权[1]。

---

〔1〕　该条参考了徐国栋教授主编的《绿色民法典草案》，社会科学文献出版社2004年版，第458页。

第×条：第三人对自然债务设定的担保，不得以所担保的债务为自然债务而主张无效。自然债务人本人所提供担保的，亦同。

其余的具体的自然债务则分别由民法各个部分的规范单独处理，例如，诉讼时效期间届满后债务人抗辩后的债务、不当得利中涉及的因自然债务而排除请求权的情况、赌博与博彩等。

二、结论

我们对自然之债的源流作了上述考察后，也许应作出一个概括性结论。但我觉得，由于各国学理和判例对自然之债的认识有较大的差别，加之它是一个发展的概念，作出一个令人满意的结论确实不太容易。正如法国学者所言：自然债务处于法律与道德之间的中间地带，这决定了它的特殊性和复杂性。对其性质的确定在很大程度上是一项哲学工作而不是技术性工作[1]。但是，我还是想给自然之债作如下的总结：

自然之债是经由诉讼不能实现的债，债务人的履行或者承诺履行将激活其对债务人的强制效力，债务人一旦自动履行即不得请求返还。它具有下列属性：①自然债务的履行或者承诺履行不构成赠与，债务人仅是完成应负的义务；②自然之债在各国法或者判例中都有实证的存在，其发生具有多元化特点，但其结果是统一的，即不得请求不当得利的返还；③对自然之债的认定，与其说具有统一的理论基础，倒不如说是掌握在法官手中有权的灵活的工具，使他们能够在社会道德义务与法律义务之间找到平衡。

---

〔1〕［法］雅克·盖斯旦、吉勒·古博：《法国民法总论》，陈鹏等译，法律出版社2004年版，第674页。

我想在最后特别强调，自然之债是一种工具性概念，它描述和表达的是处在法定义务与社会、道德义务之间的一种"亚类义务"，用"自然"加"债"表明了这种义务的边缘性和跨域性（法律领域与社会道德领域）特征。因此，意大利学者说"自然之债不过是有财产性的社会债"[1]，是有一定的道理的。也许有人对于用"自然之债"这种表达和统领这些义务颇有微词，但除此之外，还有什么概念能够更确切或者更合适用来表彰这一灰色地带呢？我们最好借助于历史上形成的这样一种概念，赋予其较为确定的内涵，从而为我们的司法实践提供一种便利的工具来规范处在法律与社会之间的这些义务。

---

[1]［意］彼德罗·彭梵得：《罗马法教科书》，黄风译，中国政法大学出版社1992年版，第305页。